인터넷 군중을 이끄는 마케팅

크라우드 서핑

인 터 넷 군 중 을 이 끄 는 마 케 팅

크라우드 서핑
CROWD SURFING

마틴 토마스 · 데이빗 브레인 공저
신승미 옮김

군중 위로 뛰어올라 서핑하기

크라우드 서핑(Crowd surfing). 공연장에서 관객들이 사람을 머리 위로 들어 올려 공연장의 한 지점에서 다른 지점으로 옮기는 과정. '크라우드 서퍼(crowd surfer)'는 관객들이 머리 위로 손을 들어 올려 옮기는 사람을 말한다. 미국의 록 가수이자 작곡가 이기 팝(Iggy Pop)이 처음 시작한 행위로 알려져 있다.

－위키피디아

출처가 분명하지는 않지만 한 대학의 캠퍼스를 설계한 건축가의 흥미로운 일화가 있다. 개장일에 총장이 건축가에게 물었다.

"건물들이 정말 멋지군요. 그런데 왜 건물들 사이에 보도를 하나도 놓지 않았지요?"

건축가는 다 이해한다는 표정으로 싱긋 웃으며 대답했다.

"학생들이 건물 사이에서 주로 어느 방향으로 지나다니는지 6개월쯤 지켜보고 나서 보도를 만들 겁니다."

이 사람은 현명한 건축가라면 길을 놓을 위치를 정할 때 자신의 생각을 강요하거나 정교한 컴퓨터 시뮬레이션 모형에 의지하는 대신 군중의 행동에 따라야 한다고 믿었던 것이다.

크라우드 서퍼의 세상에 온 것을 환영한다. 이 새로운 세상에서 신세대 사업가와 정치 지도자는 주권이 강화된 군중의 활동력과 아이디어, 열의를 활용하는 방법을 이미 익혔다. 이들과 같은 크라우드 서퍼는 현명하게도 전 세계 사람들(새로운 탐구 정신과 자기표현 정신 덕분에 열광적이고 대담해졌으며, 인터넷 덕분에 힘이 강화된)이 게임의 규칙을 바꿨다는 사실을 깨달았다. 이들은 오히려 '자율(사업이나 정치 과정에서 고객, 협력사, 유권자, 직원에게 발언권을 아주 많이 부여)'이 사업 또는 정치의 운명을 확실하게 관리할 가장 효과적인 방법이라고 이해한다.

최근 들어 많은 신문이 소비자주권 강화(consumer empowerment)라는 주제를 집중적으로 다뤘다. 〈이코노미스트〉는 이미 2005년 4월에 소비자가 '왕'이라고 했다. 〈타임〉은 2006년 올해의 표지 인물로 '소비자'를 선정하면서 그해는 위대한 인물의 활동이 아니라 사상 최대 규모의 공동체와 협동 덕분에 발전을 이루었다고 설명했다. 일반적으로 올해의 표지 인물은 전 세계에서 가장 위대한 정치 지도자나 사업가에게 주는 명예다.

군중의 집단지성(collective intelligence, 다수의 개체가 서로 협력하거나 경쟁해 얻은 지적 능력에서 생긴 집단적 능력-옮긴이)은 구글이나 위키피디아 같은 새로운 사업 모형을 만들었다. 이는 제임스 수로비에츠키(James Surowiecki)의 베스트셀러 《군중의 지혜(The Wisdom of Crowds)》의 주제가 되기도 했다. 이 책에서 수로비에츠키는 "다양한 개인이 참가하는 대규모 집단은 최고로 숙련된 정책결정자보다 더 우수하고 확실하게 예상하며 더 지성적인 결정을 내릴 것이다"라고 주장했다.

이 인용문에서 핵심 단어는 '다양한'이다. 수로비에츠키는 무분별한 폭도의 법칙을 옹호하는 게 아니라 독자적으로 생각하는 사람들로 구성된 무리의 집단적 힘을 믿는 것이다. 이런 집단에서는 개개인이 다양한 경험과 능력을 제공한다. 그의 견해에 따르면 개별적 지식수준의 이런 다양성이 군중을 움직이게 한다.

사업계와 정치계는 이런 경향을 재빠르게 포착했다. 현재 이사회와 마케팅부, 선거운동 사무실에서 소비자주권 강화를 주제로 토론이 오간다. 이 주제는 모든 마케팅 회의의 협의 사항에 올라간다. 일부 사업계와 정치 평론가에게 이는 신시대의 출현을 의미한다. 즉 기업이나 여러 단체가 이해관계자와 의사소통하고 협력하는 방식에 혁명이 일어난 것이다.

돈 탭스콧(Don Tapscott)과 앤서니 윌리엄스(Anthony Williams)는 소비자주권 강화의 대표적 전도사다. 두 사람은 협력운동 분야의 권위 있는 책 《위키노믹스(Wikinomics)》에서 "개인과 소규모 생산자들에게 소비자주권 강화는 새 시대 또는 전성기 도래라고까지 할 수 있다. 이는 이탈리아 르네상스 또는 아테네 민주주의 부활과 동일한 가치가 있다"라고 과감하게 주장했다.

많은 정치 평론가들은 정치 지도자의 능력이 소비자주권 강화를 활용해서 민주적 절차를 부활시키는 것으로 판가름 난다고 보고, 돈 탭스콧과 앤서니 윌리엄스의 과장된 주장을 반복해서 전파했다. 그러니 모든 이의 사랑을 받는 신세대 정치인이자 인터넷을 정치 도구로 성장시키는 데 선봉에 선 앨 고어(Al Gore)가 '인터넷이 민주주의의 구세주'라는 주장을 지지하는 것이야말로 당연한 일이다.

앨 고어는 《이성의 위기(The Assault on Reason)》에서 이렇게 설파했다.

"따라서 민주주의를 괴롭히는 요소의 구제책은 단순히 나은 교육(중요하긴 하다)이나 시민 교육(중요해질 수 있다)이 아니라 개개인이 의미 있는 방식으로 참여할 수 있는 진정으로 민주적인 토론을 복구하는 것이다. 민주적 토론은 개인이 내놓은 가치 있는 아이디어와 의견에 실제로 의미 있는 답변이 나오는 평등한 대화를 말한다.

다행히 인터넷은 입헌 체제에서 국민의 역할을 부활시킬 잠재력을 지녔다. 인터넷은 개인의 진입을 막는 장벽이 거의 없다. 게다가 인터넷은 역사상 상호작용이 가장 강한 매체이며, 개인과 개인 그리고 개인과 다량의 지식을 연계할 가능성이 농후하다. 또 인터넷은 진실을 추구하는 기반이자 아이디어를 분산해 창조하고 분배하는 기반인데, 이는 시장이 상품과 서비스를 분산해 생산하고 분배하는 것과 동일하다. 즉 인터넷은 이성의 기반이다."

이 책을 쓰는 목적은 소비자주권 강화의 원인을 토론하며 잔소리를 늘어놓거나 기업이나 기타 단체가 소비자주권 강화를 받아들여야 하는 이유를 덧붙이려는 것이 아니다. 우리는 소비자주권 강화가 사업과 정치의 종말을 의미한다는 과장된 의견에 찬성하지 않는다. 그렇지만 소비자주권 강화의 현실성이 폭넓게 받아들여졌다고 믿는다. 사업가와 정치권의 지도자와 대화(그리고 이들에게 충고한 대화)를 많이 나눠왔지만 소비자주권 강화가 소비자나 직원, 유권자나 기타 중요한 이해관계자와 의사소통하고 협력하는 방식에 큰 영향을 미친다는 점을 부정하는 사람은 없었다.

이들은 의사소통 과정에서 일부 통제권(독백이 아니라 대화를 조장하고 참여 수단을 제공)을 포기해야 소비자, 직원, 이해관계자, 협력자, 정치인이 유권자에게 신뢰를 얻을 수 있다는 생각을 전반적으로 받아들였다.

이들이 이견을 보이는 것은 이 난관에 접근하는 방식이다. 일부는 통제권을 잃을까 봐서 걱정하며 경계해왔다. 수십 년 전에 마셜 맥루언(Marshall McLuhan)이 말한 대로 '현재의 일을 과거의 도구와 개념을 가지고 하려고 노력했던 것'이다. 반면에 통제권 포기를 편하게 받아들이는 사람도 있다. 이들이 바로 우리가 말하는 크라우드 서퍼다. 이들은 카레이서 마리오 안드레티(Mario Andretti)가 말한 "모든 것이 통제권에 있다는 생각이 들면 충분히 빨리 안 가는 것이다"라는 격언에 동의한다.

이런 크라우드 서퍼로 프록터앤드갬블(Procter & Gamble)의 대표이사 회장이자 최고경영자인 래플리(Lafley A. G.)가 있다. 래플리는 사업가들이 '다분히 자율적인 세상에서 경영하는' 방법을 설명했다. 그는 '자율'을 줘서 상업적 이득을 얻은 훌륭한 예로 십대 소녀를 대상으로 하는 자사 사이트 비잉걸닷컴(BeingGirl.com)의 성공을 강조했다.

"프록터앤드갬블(P&G)이 소비자들이 해야 할 행동을 강요하려 했다면 이 사이트는 그처럼 높은 인기를 얻지 못했을 것이다."

우리는 누구나 래플리 같은 인물들의 경험(성공과 실수)에서 교훈을 얻을 수 있다고 믿는다.

델은 고난을 많이 겪은 뒤에야 크라우드 서퍼가 됨으로써 얻게 되는 가치를 인식했다. 자신의 이름을 따서 회사명을 지은 회장 마이클 델(Michael Dell)은 현재 비평에 개방적이고 솔직하게 접근할 때 얻는 가치를 이해한다.

"델은 한 해에 컴퓨터를 4,000만 대 판매합니다. 유감스럽게도 모든 제품을 하자 없이 완벽하게 생산하기는 불가능하고, 이런 일이 발생할 때마다 타격을 입지요. 어쨌든 (이런 사안에 대한) 대화가 시넷닷컴(CNET.com, 제품 평가와 가격이 게재되는 웹사이트-옮긴이)이나 다른 사이트에서 진행될 것이라는 사실을 재빨리 인식하고, 가능하면 이런 이야기가 델닷컴(Dell.com)에서 거론돼 빠르게 대처할 수 있게 해주십시오. 그리고 전 세계에서 진행되는 대화에 참여해 대처 시간을 단축하고 여기에서 배우는 능력을 향상시킵시다."

우리는 델이 크라우드 서퍼가 되는 과정을 소개하고, 마이크로소프트와 애플의 아주 다른 접근법을 서로 비교해볼 것이다. 애플은 대중주의적인 모든 특성을 지녔는데도 군중을 받아들이려는 의지가 가장 약해 보이는 회사다. 또 거대 제약업체인 화이자가 사내 군중의 재능을 성공리에 활용하는 과정을 검토한다. 이와 대조적으로 P&G가 사내 연구개발 인력에 국한되지 않고 사외 군중의 창조적 기술을 활용해온 과정을 살펴본다.

일부 기업은 군중과 싸우려고 발버둥치며 소송에 기대서 소비자주권 강화의 물결을 저지하려고 노력했다. 이런 기업들은 복잡한 난관에 봉착하면 그저 과거에 사용해본 믿을 만한 방법을 다시 시도한다. 그런 방법이 해당 상황에 더는 적합하지 않은 게 분명한 때에도 말이다. 자문가가 본능적 충동으로 무력해진 '거부 상태'라고 표현하며 안타까워할 만한 태도를 고집하는 것이다.

이 책은 이런 공격적 전술이 군중의 영향력을 완화하기는커녕 도리어 예상도 못했던 커다란 역효과를 초래하는 과정을 보여줄 것이다. 물론 소중한 지적재산권을 보호하거나 외부인이 회사 명성에 먹칠하는 행위를 막으려는 노력은 문제될 게 없다. 그렇지만 기업은 법정 공방을 벌여야 할 때를 더욱 신중하게 선택해야 하며, 소송만으로 모든 상표권 위반을 막거나 비평을 잠재우기는 불가능하다는 사실을 받아들여야 한다.

이 책은 또한 사업계 외부로 영역을 넓혀 미국과 유럽의 정치인들이 소비자주권 강화라는 개념을 받아들인 과정을 분석한다. 많은 경우에서 이런 정치인들은 마케팅 종사자들보다 훨씬 빠르게 소비자주권의 의미를 이해했다. 한 정치 평론가는 인터넷을 "정치의 무법 국경, 즉 학생 해커와 반사회적 이상성격자와 파괴를 일삼는 운동가가 도사린 장소다"라고 지칭했다.

그러나 버락 오바마(Barack Obama), 니콜라스 사르코지(Nicolas Sarkozy), 데이비드 캐머런(David Cameron, 영국 보수당 당수—옮긴이) 같은 신세대 정치인은 정당의 정치 유세 방법을 전환하려고 웹을 기반으로 한 대화, 특히 소셜 미디어(social media, 다수 의견과 경험, 관점 등의 집단지능이 나오는 매체로 블로그나 온라인 커뮤니티, UCC 등이 있음—옮긴이)를 활용했다. 그리고 오바마는 젊은 유권자의 정치열을 소생시키려고 소셜 미디어를 활용했다. 이런 정치인들이 유권자 참여를 촉진하는 동시에 유권자들이 정치에 다 개입돼 있음을 느끼게 하려고 도입한 많은 방법은 사업계에도 동일하게 적용할 수 있다.

정치인과 사업가에게 필요한 새로운 마케팅 커뮤니케이션의 요체는 참여, 협동, 대화다. 우리는 이런 참여욕의 원동력을 탐구하고, 정보를 지닌 개인이 군중 행동이 형성되는 과정에서 어떤 역할을 하는지 분석할 것이다.

크라우드 서퍼가 되려면 각종 난관이 따른다. 군중의 분위기는 다분히 변덕스럽다. 우리는 아무리 현명한 회사라도 군중의 요구를 만족시키느라 고전할 수밖에 없는 과정을 보여줄 것이다. 대체로 선봉에 블로그 커뮤니티를 갖춘 군중은 늘 의심이 아주 많으며 본래 냉소적이다. 군중은 기업이 다양한 이해관계자를 상대하는 과정에서 보이는 모순적이거나 위선적이거나 부정직한 행동의 사례를 재빨리 감지할 것이다. 이 책은 최고로 현명한 마케팅팀마저도 실수하는 과정을 보여줄 것이다.

크라우드 서퍼가 되는 과정에서 겪는 또 다른 주요 난관은 내부에서 생긴다. 인간은 천성적으로 주변 상황을 일일이 간섭하려는 지배광이다. 인간은 통제에서 벗어난 느낌을 지극히 싫어한다. 특히 직장에서 그렇다. 유감스럽게도 어느 정도 통제를 포기하고 위험을 감수하며 업무상 쾌적한 환경을 벗어나야 크라우드 서퍼가 될 수 있다. 이 책은 크라우드 서퍼가 되기에 가장 적합한 성격을 검토할 것이다. 그런 성격을 지닌 사람들은 복잡성을 어떻게 극복하는가? 일반적으로 여성 관리자의 특성에 해당되는 공감, 감수성, 유연성 같은 행동 기술이 미래에 더 중요해질 것인가?

이 책은 경이로운 신기술을 다루지는 않는다. 우리 두 사람은 흔히 말하는 기술 열광자는 아니다. 사춘기 직전인 우리 아이들이 지금 컴퓨터에 대해 알고 있는 내용이 우리 두 사람이 앞으로 배울 내용보다 훨씬 많을 게 확실하다. 그러나 우리는 새로운 의사소통 기술이 기업의 일상에 미친 영향력을 목격했으며, 다행히 기술 분야의 일류 전문가들과 이야기할 기회가 많았다.

이런 전문가들은 미래의 기술 발전이 미칠 영향에 대해 흥미로운 견해를 제공했으며, 우리는 이를 여러분에게 전달할 것이다. 크라우드 서퍼라고 해서 기술을 좋아할 필요는 없지만 그들이 군중과 맺을 관계의 속성을 현재와 미래에 기술이 어떻게 바꿔놓을지는 이해해야 한다.

우리 두 사람은 스스로 실용적 현실주의자라고 생각한다. 우리는 도합 40년 이상이나 가지각색의 기업과 단체가 사회적·정치적·경제적 변화에 대응하는 과정을 도왔다. 우리는 이 과정에서 이들의 경영법과 행동을 변경할 최선책에 대한 유용한 견해를 얻었다. 게다가 우리는 지금이야말로 소비자주권 강화를 수용하기 위해 필요한 사항을 엄숙하게 평가해야 할 때라고 생각한다.

우리는 군중과 협력이라는 '개방형 모형' 전도사가 유일한 방법은 아니며 모든 의사소통에 개방형 대화가 수반돼야 한다고 믿지도 않는다. 각종 증거는 협력적인 사업 문화가 성공할 가능성이 더 높으며 독백보다 대화가 더 효율적인 경향이 있음을 보여준다. 그러나 기업이나 정당을 운영하면서 접하는 현실을 감안하면 항상 군중 위로 뛰어올라 서핑할 수만은 없다.

마찬가지로 스스로 지배광이라고 인정하는 스티브 잡스(Steve Jobs)가 운영하던 시절의 애플이 성공한 사례를 보면 개방적이고 지속적인 대화 요구를 무시한다고 해서 꼭 경영에 손해가 나는 것은 아니라는 교훈을 배우게 된다. 애플의 독특한 사업 모형이 크라우드 서핑의 필요성을 무시할 수 있었던 이유를 자세히 살펴본다.

크라우드 서핑은 모든 통제를 포기하고 군중의 변덕과 편견에 무조건 복종해야 한다는 뜻은 아니다. 단순히 군중을 기쁘게 하거나 대중영합주의자가 되라는 뜻도 아니다. 이는 정치적으로 옳더라도 대중적 인기가 없어 결단을 내리지 못하는 정치인들이 흔히 듣는 비평이다. 지도자는 지도해야 한다. 논쟁점을 군중과 토론하고, 의견이 영향력을 발휘하도록 노력하며, 필요하면 반대 견해도 취할 수 있어야 한다. 영국체신공사(Royal Mail) 대표이자 사업계에서 가장 존경받는 지도자 앨런 레이턴(Allan Leighton)은 "때론 올바른 일을 하기가 가장 힘들다. 리더십은 인기 경쟁이 아니다"라고 상기시켜준다.

아주 숙련된 진행자는 회의나 워크숍에서 드러내지 않으면서도 논쟁 수위를 통제할 수 있다. 크라우드 서퍼도 이런 방법으로 군중 안의 더 폭넓은 토론에 대응하거나 토론을 형성할 수 있다. 이 책에서는 일부 기업이 우리가 말하는 '군중 지도자'가 된 과정을 보여준다. 이런 기업은 당장의 이익과 상관없는 논쟁에 스스로 합류했다. 이런 기업은 설사 일부 이해관계자와 사이가 틀어질 여지가 있는 논쟁일지라도 확고한 자세를 고수하며, 전통적 회사라기보다는 운동단체처럼 행동한다.

이 책을 쓰는 가장 큰 목적은 소비자주권 강화로 생긴 난관을 고민하는 이들에게 비슷한 도전을 경험했던 다른 기업과 단체에서 도출된 실제적 충고를 하기 위해서다.

소비자주권 강화가 우리가 알던 사업 형태의 종말을 의미한다는 떠벌리기식 주장 따위는 잊어버리자. 크라우드 서퍼가 되는 과정은 흥미로운 도전의 연속이다. 때로 어렵고 가끔 불가능하다는 생각도 들지만 의지만 있다면 모든 단체가 크라우드 서퍼가 될 수 있다. 그리고 크라우드 서퍼가 되면 궁극적으로 조직이 더 강해지고 결국 성공하게 될 것이다.

차 례

머리말_ 군중 위로 뛰어올라 서핑하기 ● 5

1. 통제할 수 없을 것 같은 세상 ● 21
   군중의 처분에 맡기다 ● 26
   항상 여론의 압력에 굴복할 것인가 ● 45
   자사 명과 함께 '재수 없다' 가 검색된다면 ● 53

2. 세계적인 기업들의 대응 양상 ● 71
   크라우드 서퍼가 되기까지 굴곡 많았던 델 ● 77
   군중이 상표 정착을 주도하게 한 마이크로소프트 ● 93
   군중에 영합하기를 거절한 애플 ● 110
   크라우드 리더가 되고 싶은 기업들 ● 124
   사내 직원들에게도 크라우드 서핑 원칙은 적용된다 ● 134

3. 정치인에게 배울 만한 것들 ● 147
   스스로 활동하는 열성적인 팬 확보하기 ● 151
   나를 따르는 사람들 따르기 ● 171

4. 크라우드 서퍼에게 필요한 리더십 기술 ● 181
   주권이 강화된 사람들 쉽게 다루기 ● 202

5. 고객이 마케팅하게 만드는 마케팅 ● 205
   바이러스처럼 퍼뜨리기 좋아하는 군중 활용하기 ● 209
   사회적으로 연줄이 많은 사람 파악하기 ● 232
   흥미로움을 유지하는 기술 ● 245
   마케팅 서비스 대행사 선택하기 ● 256

6. 가능성이 부족한 기업을 구제해줄 기술 ● 271
   CEO의 블로그 활동 ● 275
   소셜 미디어 다루는 법 ● 282
   미래 세상에서 살아남으려면 ● 291

   글을 마치며_ 크라우드 서핑은 규칙이라기보다 사고방식 ● 307

1
통제할 수 없을 것 같은 세상

새로운 기술을 도입할 때 대부분 그 기술로 발생할 커다란 변화를 완전히 예상하지 못한다. 원래 변화는 통제할 수 없으며 사실 통제할 수 있다면 효과도 없을 것이다.

ㅡ윌리엄 깁슨(Willian Gibson), 과학소설가이자
'가상현실(cyberspace)'이라는 말의 창시자

많은 사업가들은 세상이 통제 불능이라고 생각한다. 이런 생각이 들 수밖에 없는 이유는 현재 대중이 기업 활동을 감시하는 수위가 사상 최고로 높으며, 부정행위라고 판단되는 기업 활동에 대한 비판이 놀라운 속도로 퍼지기 때문이다. 그리고 국내 사업계의 논쟁점이 순식간에 세계적으로 확대되며, 각국 정부는 순전히 소비자 보호라는 명분 아래 반기업 법률을 서둘러 제정한다. 게다가 사내 문서가 CEO의 사무실에서 나오기도 전에 어느새 인터넷에 유포된다.

그뿐만 아니라 노동쟁의가 공개된 동영상 사이트로 장소를 옮겨 벌어진다. 잠재적 고객이 구매 여부를 결정하기 전에 이전 고객의 상품평을 조사하는 판국이니 화려한 브로슈어나 새 광고에 실린 그럴싸한 문구들이 효과가 없다. 전에 한 여행사 직원은 "이제 수준 낮은 호텔을 권하지 못합니다. 모든 고객이 계약금을 내기 전에 익스피디아(Expedia, 호텔 예약과 자동차 대여, 여행 상품 등의 비교 사이트—옮긴이)에서 검색하니까요"라고 말했다. 이는 과거에는 상상도 못했던 일이다.

올림픽 금메달리스트이자 런던올림픽조직위원회 의장 세바스찬 코(Sebastian Coe) 경도 이런 정서에 공감할 것이다. 2006년 6월 6일 세바스찬 코와 그의 팀은 런던올림픽 새 로고를 발표했다가 엄청난 항의에 부딪혔다. 발표하고 24시간도 지나지 않아 거의 5만 명이 로고에 반대하는 온라인 탄원서에 서명했다. 마케팅과 디자인 분야의 모든 아마추어와 전문가들이 로고에 관한 의견을 밝혔다. 신문과 방송은 며칠 동안 이 사태를 대서특필했다. 여기에서는 군중이 이렇게 반응했던 원인을 살피고 세바스찬 코의 대응이 효과적이었던 이유를 분석한다.

또 법적 조처를 취하며 소비자주권 강화의 물결을 저지하려고 노력했던 업체들이 봉착했던 어려움을 자세히 살펴본다. 이들의 행동은 법적 견지에서는 옳았을지 모르지만 현실적으로는 역효과만 발생했다. 온라인 세상에서 목소리가 가장 큰 많은 구성원은 언론자유가 근본적 권리라고 생각하며, 이런 자유를 침범하려는 모든 시도를 온라인 커뮤니티 전체에 대한 공격으로 받아들인다.

그러니 법적 조처에 의지했던 회사들은 '귀사를 혐오하는 소비자를 사랑하라'는 교훈을 주장한 온라인 기자 제프 자비스(Jeff Javis)의 현명한 말에 귀를 기울여야 했다. 자비스의 충고처럼 우리는 최고로 탄탄한 기업이라면 고객의 비판을 잘 견뎌낼 수 있어야 한다고 생각한다. 사실 현명한 기업이라면 비판을 가장 소중한 피드백 형태로 여겨야 한다.

군중의 처분에 맡기다

군중은 예측불가능하고 변덕스럽다. 군중은 막대한 행복감과 공동 정체성을 만들어낼 수 있다. 동시에 엄청나게 부정적이며 비이성적이기도 하다. 군중은 논쟁을 좋아하는지라 질서를 유지하려는 사람들에게 위험하고 두려운 존재다.

$-$ 마크 얼스(*Mark Earls*)

폴 잉글리시(Paul English)는 총명하고 의욕이 넘치며 인맥이 탄탄한데다 사업가들이 도무지 손을 쓸 수 없는 골칫거리라고 여기는 사람이다. 도무지 연결되지 않는 기업의 전화 시스템 때문에 몇 시간씩 허비한 적이 있는가? 이 미국인 블로거는 이런 모든 이에게 영웅 같은 존재다. 오늘날에는 기업의 쌍방향 멀티 옵션 전화 시스템 때문에 실제 담당자와 직접 통화하기가 하늘의 별따기다.

폴은 '커닝 페이퍼(cheat sheet)' 라고 이름붙인 온라인 전화번호부 www.gethuman.com을 개발했다. 이 사이트는 자동화 시스템을 우회해서 실제 직원과 통화할 수 있는 전화번호를 알려준다. 두말할 것도 없이 폴의 웹사이트에 실린 기업들은 이 '반항아' 의 행동을 막으려고 온갖 시도를 했다. 그러나 폴에 따르면 "회사들이

제 사이트에 대응하려고 쌍방향 음성 응답 시스템을 변경하면 그 회사 직원들이 새 번호와 암호를 내게 알려준다"라고 했다.

아무리 세계 최강의 기업이라도 폴 잉글리시처럼 단독으로 활동하는 운동가나 자동화 시스템이 고장 나도록 돕는 자사 직원들의 행동을 모두 제어할 수는 없다. 이 사례는 힘의 균형이 기업에서 소비자 쪽으로 이동한 과정을 여실히 보여준다.

이 때문에 전 세계 많은 기업의 이사회는 무력감에 빠졌다. 광고대행사 사치 앤드 사치의 대표 케빈 로버츠(Kevin Roberts)는 이를 다음과 같이 요약했다.

"이는 소비자가 지배자가 된 최초 사례다. 앞으로 과거의 방식과 지식이 전혀 먹혀들지 않을 것이라는 점에서 아주 겁나고 무서우며 놀라운 일이다."

그러나 케빈 로버츠의 의견은 과장됐다. 소비자주권이 강화되기 전에 알았던 모든 사항이 무용지물이 되거나 모든 마케팅 기법이 폐기처분되지는 않았다. 소비자들은 그 어느 때보다 정보를 많이 입수할 수 있으며 정치가와 제품, 서비스 공급자의 활동에 영향력을 더 많이 행사할 수 있다고 느낀다. 그렇지만 현재의 핵심적인 신념과 가치관, 필요사항은 과거 세대와 동일하다.

마케팅 커뮤니케이션 분야에서 떠도는 과장된 말을 접할 때면, 광고 평론가이자 제이 월터 톰슨과 광고협회의 전 회장인 제러미 불모어(Jeremy Bullmore)의 현명한 조언이 도움이 될 것이다.

"모든 문서를 보지 못했기 때문에 내 의견이 틀릴 수도 있다. 그렇지만 나는 1955년 이후 작성된 모든 마케팅 전략에 '소비자 교양이 높아지는 현실 인식은 필수'라는 문장이 들어 있다고 생각한다……. 이는 자기기만에 빠진 곤혹스러운 형태다. 시대에 따른 비교는 의미 없다."

불모어가 조심스럽게 거론하지만 그의 말에서 적어도 힘의 중심이 소비자에게 유리한 쪽으로 이동한 반면 과거의 독단적 기업에게서 멀어졌음을 감지할 수 있다. 이런 변화 뒤에 도사린 원동력이 인터넷인 것은 분명하다. 포레스터 리서치 사는 이를 입증하려고 세계 20대 최고 상표를 구글에서 검색했다. 검색 결과 제품을 생산한 회사와 링크되는 경우는 20퍼센트에 불과했다. 반면 검색 결과의 약 절반이 전문가와 언론, 기타 사이트였다. 나머지 26퍼센트(이 비율은 증가 추세)는 개인 블로그와 제품 평가 페이지 등 소비자가 만든 사이트였으며, 모두 군중이 회사와 제품을 파악하고 평가할 때 더 큰 영향력을 행사했다.

미국 젊은이들을 대상으로 한 연구에서 위키피디아는 두 번째로 믿을 만한 정보처로 선정된 반면 기업 광고는 가장 신뢰할 수 없는 정보처로 판명됐다. 이 연구 결과에 함축된 의미는 상당히 놀랍다. 상표 소유자와 관리자가 정작 온라인에서 자사 상표의 제품과 서비스 정보를 직접 관리하지 못한다. 그러니 몇 년 동안 스스로 통제자라고 착각했던 많은 기업이 위협을 느낄 수밖에 없다.

이처럼 단기간에 일어난 상황 변화를 살펴보기 위해 2000년으로 돌아가서 나오미 클라인(Naomi Klein)의 책 《노 로고(No Logo)》를 떠올려보자. 반세계화를 선언한 이 책은 소비자가 세계적 상표 소유자의 노예상태였던 세상을 자세하게 묘사했다.

그 세상에서는 소비자의 자유가 공격을 받았으며, 세계적인 상표의 위력이 너무 막강하고 과도하게 지배력을 발휘하였다. 나오미 클라인은 '기업이 상표정체성에 강박관념이 있어서 공공과 개인 공간(학교를 비롯한 공공기관, 젊은이의 정체성, 국적 개념, 점유되지 않은 공간의 장래성)에서 교활하고 공공연하게 전쟁이 벌어지는 상황'을 설명한다.

나오미 클라인은 상표에 대한 기업의 강박관념 때문에 소비자가 희생당했다고 생각했다.

"우리가 협찬의 세계에서 살고 있음은 자명하다. 광고 금액이 높아질수록 한낱 바퀴벌레에 지나지 않는 우리는 이런 교묘한 속임수에 더 빠져들어 최소한의 분노마저 하기 어렵거나 의미 없어 보일 것이다."

이는 당시 많은 사람이 주요 기업에게 품었던 의혹에 영합했으며 교활한 상표 전문가들의 편집증적 이미지를 바탕으로 한 견해였다. 여기에서 '교활한 상표 전문가들'은 길가의 구석구석까지 상표를 내건 커피전문점이 들어서고, 모든 사람이 영양실조에 걸린 어린이들의 노동력을 착취해 생산한 나이키 운동화를 신고 다니기 전에는 절대로 쉬지 않을 사람들을 말한다.

이제 돌아보니 위에 묘사한 세상의 이미지가 어찌나 순진한 생각에서 나왔는지 마음이 혹할 정도다. 그러나 예상과 달리 21세기에는 소비자 운동과 주권 강화 조류가 확산되면서 세계적인 상표를 자랑하는 기업들이 막강해지기는커녕 오히려 힘과 영향력이 약해졌다. 클라인이 비판했던 세계적인 상표가 대부분 어려움을 겪었다. 나이키는 제3세계의 노동 정책 때문에 통렬한 비판을 받고 주춤했다.

스타벅스 대표 하워드 슐츠(Howard Schultz)는 "스타벅스의 원칙은 물론 일부에서 자사 상표 상품화라고 비판하는 정책을 약화시킬 작정이다"라고 했다. 심지어 코카콜라도 활기를 잃었으며, 많은 신제품을 출시하면서 미국 내 판매 부진을 만회하느라 고전을 면치 못했다. 현재 소비자들의 전체적인 기업 신뢰 정도는 사상 최저다.

기업의 경영진은 점차 비이성적이 돼가며 추측하기 힘든 소비자들의 행동을 예측하느라고 회의실에 앉아 많은 시간을 허비한다. 영국 마케팅 담당자들을 대상으로 한 여론조사에서 응답자의 65퍼센트가 소비자들과 의사소통하기가 더욱 어려워졌다고 답했다. 나머지 35퍼센트는 질문에 답할 의욕조차 없었다. 크랜필드대학 스티브 브라운(Stephen Brown) 교수는 크랜필드 뉴 마케팅 리서치그룹 창립식에서 새천년을 바라보는 비관적인 분위기를 이렇게 토로했다.

"마케팅의 버팀목이던 소비자의 기대감과 행동, 분할과 의사소통의 확실성이 사라지고 있습니다. 마케팅 담당자들은 사회구조 분열, 기호 변화, 미디어 영향력 붕괴에 적응하느라 고전하고 있습니다."

에델만 신뢰도 지표조사는 최근 몇 년 동안 일어난 변화를 보여주는 경험적 연구다. 이 연구는 여론 형성자(기본적으로 상당히 유복한 35~64세의 전 세계인)에게 신뢰하는 사람과 사물을 묻는다. 이 연구는 8년 동안 '믿을 수 있는 정보원은 누구인가?'라는 질문을 던졌다. 눈에 띄는 태도 변화가 2005년에 나타났다. 응답자들은 기업의 CEO같이 정평이 난 인물에 비해 경제분석가나 전문가처럼 권위 있는 독자적 인물을 선호했다. 1년 뒤에는 변화가 더 많이 일어나 '나와 비슷한 사람'이 가장 믿을 만한 정보원으로 대두됐다. 2007년 연구에서는 '나와 비슷한 사람'이 가장 믿을 만한 대변자로 확정된데다가 기업의 CEO는 7위로 밀려났다.

그렇다면 '나와 비슷한 사람'은 누구인가? 에델만의 연구에 따르면 이는 출신 배경이 자신과 비슷한 사람을 말하는 것이 아니라 '관심사가 같은(61퍼센트)' 사람이나 '정치적 신념이 비슷한(67퍼센트)' 사람이다. 중요한 또 다른 기준은 '같은 공동체 출신' 또는 '같은 직업'이다. 이는 직관적일 것이다. 우리는 자신과 의견이 같거나 관점이 비슷한 사람의 의견이나 판단을 믿는 경향이 강하다. 상대방이 '나와 비슷할수록' 그를 더 믿으며 행동을 따라 하게 된다.

이 연구 결과는 다른 여러 조사에서도 입증됐다. 이런 조사는 사람들이 친구와 동료의 충고는 물론 심지어 자신과 같은 처지인 소비자의 충고까지도 중요하게 생각한다는 점을 강조한다.

'나와 비슷한 사람'을 더욱 신뢰하게 된 배후는 인터넷이다. 인터넷은 검색이라는 기적을 통해 자신과 특정한 경험이나 관심사가 같은 사람을 찾는 환경을 조성한다. 이제 사람들은 제품, 회사, 정치인에 대한 정보를 얻으려고 이른바 공식 출처(기업 성명, 정치 선언, 언론 발표)에 기댈 필요가 없다. 이제 책을 사거나 여행지를 선택하거나 새 차를 살 때 자신과 처지가 같은 소비자 의견이 기존의 공식 출처와 비슷하거나 더 많은 영향력을 행사한다.

이 새로운 활동 규칙을 가장 잘 보여주는 사례로 의사와 환자의 관계가 있다. 한 세대 전만 해도 병원 방문은 아주 중요한 일이었고 일종의 경외심마저 따랐다. 전 세계와 공동체에서 직업을 불문하고 환자에게 의사는 존경스럽고 권위 있는 인물이었다. 의사의 위상은 몇 년에 걸친 학습으로 보강됐으며 사회와 계급 체계에서 아주 높은 위치에 있었다. 20년 전만 해도 환자는 필요한 정보를 거의 얻지 못했고 그저 의학 전문가인 의사에게 모든 것을 맡기고 만족해했다. 환자는 흰색 가운을 입은 전능한 남성(당시 의사는 거의 남자)의 진료나 처방전에 대해 거의 질문하지 않았다.

이런 과거의 모습을 현재 의사의 실상과 비교해보자. 오늘날 환자들은 다양한 웹사이트와 환자들의 모임에서 출력한 자료를 한 뭉치씩 들고 의사를 찾아간다. 많은 사람이 진료실에 들어서기 전부터 자신의 병을 진단하고 심지어 원하는 처방전이나 약품의 상표까지 염두에 둔다. 의사들은 진퇴양난에 빠졌다. 의학 분야가 방대한데다 조사를 많이 한 환자는 수년 전에 의대에서 배운 기억을 되살려 진료하는 일반 개업의보다 최신 정보를 확보했을 가능성이 다분하기 때문이다. 그리고 지식이 있으면 자신감이 생기는 법인지라 인터넷에서 찾은 자료를 보유한 환자는 부모 세대보다 말을 많이 하고 질문하며 도전한다.

이쯤에서 균형 잡힌 시각이 필요하다. '군중의 지혜'가 강한 힘을 발휘하는 것은 사실이지만 대부분 PC와 초고속 인터넷을 갖췄다고 해서 자신의 병을 정확하고 안전하게 진단해 올바른 치료법을 처방할 수 있다고는 믿지 않는다(이렇게 할 수 있는 사람도 있을 것이다). 어쨌건 사람들이 원하는 것은 의사와 대화를 충분히 하고 그 대화에서 언급된 대로 치료받는 것이다. 지난날 대화에서 탄원자였던 환자가 이제 협력자(하급자이지만)가 됐다.

의학이 복잡하고 아무리 신종 질환이라도 입수 가능한 정보와 의견이 넘친다는 점을 감안하면 오늘날 의사는 지식 독점을 거의 주장하지 못하며, 공정하게 말하면 이런 주장을 하는 의사는 거의 없다. 다른 모든 직업에서와 마찬가지로 순전히 공식 직함이나 직위, 대학 졸업장이나 사회적 지위만으로 존경과 복종과 충성과 헌신을 바치던 시대는 지났다.

이 새로운 규칙에서 권위는 저절로 생기는 게 아니라 반복해서 획득해야 하는 요소이며, 과거와 아주 다른 대화의 어조, 훨씬 강도 높은 평등과 공정함을 바탕으로 하는 관계가 필요하다. 현명한 CEO, 정치인, 학자와 마찬가지로 현명한 의사는 이 점을 이해한다. 불안감과 불확실함이야 여전히 많이 존재하지만 말이다.

사람은 불안하면 혼란스러운 상황에 규칙을 적용하려는 본능적 충동을 느낀다. 사업계 권위자인 톰 피터스(Tom Peters)는 "지도자는 겁을 먹으면 명령과 지배 모형에 의지한다. 즉 자신들(지도자)이 벌어지는 상황에 전혀 감을 못 잡고 있다는 것을 추종자들이 알아챌까봐 너무 겁나는 것이다"라고 주장한다. 사람은 두려움이 생기면 더 조심하고 통제하는 반면 덜 협조한다. 크라우드 서퍼와 완전히 정반대다.

웹으로 강해진 운동가들이 선봉에 정렬한 군중은 세계 최강의 기업에게까지도 대중적이지 못한 정책을 취소하도록 압력을 행사한다. 자칭 소비자를 위한 투사이자 미국 대통령 후보로 등장하기도 한 랄프 네이더(Ralph Nader)는 다음처럼 주장했다.

"사람들은 대부분 기업의 판매액을 대폭 줄여야 한다고 생각한다. 그러나 기업의 판매액을 2~5퍼센트만 줄이게 해도 성공한 셈이다. 따지고 보면 기업의 판매액을 5퍼센트까지 줄이는 것은 아주 어렵다. 대규모 조직이 필요하기 때문이다."

물론 세계적인 운동가 사회의 조직이 결여됐다고 탓할 수 없다. 미얀마 군사 정권과 교역을 중단하라고 기업에 압력을 넣거나, 모피 교역을 폐지하자고 선전하거나, 더욱 환경 친화적 정책을 추구하라고 기업에 촉진하는 등 다양한 운동이 있다. 어쨌든 목적이나 형태에 상관없이 모든 경우에서 성공을 알리는 나팔소리는 대단히 감동적이다.

운동가 사회에서 가장 주요한 승리는 미국 농약회사 몬샌토가 유전자조작 밀 생산 계획을 철회하게 만든 것이다. 이 회사의 대대적인 로비스트와 과학 전문가 군단은 농부와 환경 단체 연합의 적수가 되지 못했다. 특히 운동가들이 세계 일류 식품 제조업체들에게 유전자 변형 재료 사용을 포기하라고 압력을 넣은 뒤에는 더욱 기를 못 폈다.

그린피스는 이 결정을 "유전적으로 가공된 보존 식품을 '거부' 하던 모든 환경 단체, 모든 소비자, 모든 사이버 운동가들이 힘겹게 쟁취한 승리다"라며 축하했다. 여전히 몬샌토는 유전자 변형에 반대하는 운동가들 때문에 곤혹을 치르고 있다. 프랑스 사르코지 정부의 첫 활동은 프랑스 농부들이 경작하던 유전자 변형 품종 재배 금지였다. 이는 정부가 환경운동가들의 압력에 굴복한 결과다.

특히 식품은 전반적인 대중의 감정에 가장 많이 호소하는 주제다. 마스(Mars)의 정제 사업 부문이 유명한 초콜릿 바 조리법을 변경해 동물성 제품을 첨가하기로 하자 엄청난 항의가 이어지고 인터넷에 기반을 둔 반대 운동이 일어났다. 채식주의자들이 이 운동에 동참했으며 마스의 모든 제품에 불매운동을 펼쳤다.

위협이 효과를 발휘했고, 며칠 지나지 않아 마스는 애초 계획을 철회하고 공식 사과했다.

"본사가 명백하게 실수했다는 사실이 즉각 드러났으며 이 점을 사과합니다. 영국에는 채식주의자가 300만 명이나 됩니다. 본사는 이들을 실망시켰을 뿐 아니라 수많은 소비자를 혼란에 빠뜨렸습니다."

심지어 세계 최대 은행인 HSBC조차 다방면으로 연계된 신세대 소비자의 힘에 저항하지 못했다. 영국 HSBC는 대학 졸업생에게 과다 청구를 강요하던 정책을 어쩔 수 없이 포기하고 수치스럽게 방향을 정반대로 전환해야 했다. 여러 학생 단체들이 사회 소셜 네트워크 사이트인 페이스북(Facebook)을 활용해 아주 능숙하게 주도한 온라인 운동 때문이었다. HSBC의 한 중역은 자사가 페이스북 사이트를 잘 몰랐던 것이 핸디캡이었다고 인정했다.

"우리는 기꺼이 페이스북을 방문하고 싶으며 이를 놓고 토론하고 싶다. 하지만 그 사이트는 미지의 영역이다."

HSBC처럼 방대한 자원과 마케팅 인재를 보유한 업체에게 페이스북이 여전히 '미지의 영역'이었다는 것은 기업들이 새로운 미디어가 지닌 의사소통의 힘을 수용하고 운동단체와 경쟁하느라 치렀던 고전을 여실히 보여준다.

HSBC만 이런 경험을 하는 게 아니다. 이른바 '소비자 보복 웹사이트'들은 영국 금융 서비스 제공업체 대부분을 비판하는 운동을 펼쳤다. 마크 갠더(Mark Gander)가 만든 consumeractiongroup.co.uk를 예로 들 수 있다. 그는 로이즈 티에스비(Lloyds TSB)가 은행 수수료로 150파운드를 부과한 것이 부당하고 불법이라고 판단해 이에 대한 분노를 표현하려고 사이트를 개설했다. 마크 갠더도 이후 일어난 상황에 놀랐다.

"이 사이트는 원래 로이즈은행에 보복하고 혐오감을 표현하는 마당이었습니다. 기껏해야 200~300명쯤 방문해 그 은행을 비판할 거라 생각했죠. 그런데 현재 매달 100만 명이 방문하고, 회원수가 17만 5,000명이 넘습니다."

또 가너의 선구적 활동이 대단히 효과적이었다는 사실도 입증됐다. 공정거래청(Office of Fair Trading)은 은행들이 인출 제한을 초과하거나 반송 수표나 지불 기일을 넘긴 사람들에게 수수료를 부과하는 식의 불공정한 행동을 한다는 가너의 주장에 따라 해당 은행들에게 법적 조치를 취했다. 당연히 가너는 이른바 '은행 개조혁명'이라는 목표를 이루고 얻어낸 성과를 대견해한다. 그리고 자신의 활동 덕에 "은행과 기타 업체들은 약자를 괴롭히는 술수를 더는 쓸 수 없다는 것을 깨닫게 됐다"라고 강조한다.

거의 모든 기업이 적어도 한 운동단체의 공격을 받고 있다. '윤리적인 소비자(Ethical Consumer)'가 수집한 불매운동 명단은 다양

한 소비자 단체가 기업들에게 화를 내는 이유를 개략적으로 보여
주어 흥미롭다.

'윤리적인 소비자'의 영국 불매운동 명단

업체	운동단체의 불만 사항	주요 운동단체
3 모바일	미얀마에 투자	미얀마 운동
아디다스	일부 부츠 제조에 캥거루 가죽 사용	비바(Viva)
알트리아 (옛 필립 모리스)	공화당에 기부	boycottbush.net
아스다/월마트	공화당에 기부	boycottbush.net
바카디	쿠바 반대 로비	RATB
바클레이즈 은행	인도 나마다 댐과 트랜스 타이 말레이 가스관에 자금 투자	코퍼레이트워치
보디숍	동물 실험, 인권 문제, 로레알 인수에 이은 차별	보이콧 보디숍, 네이처워치
캐터필러	이스라엘에 불도저 판매	워 온 원트
셰브런 텍사코	아마존 강에 독성 폐기물 폐기, 이후 폐기물 정화 실패	www.chevrontoxico.com
코카콜라	콜롬비아에서 직종별 노동조합 활동 제지, 인도에서 지하수 자원 고갈	콜롬비아 단결 운동, 인도 자원 센터
콜게이트-팔모리브	동물 실험	비유에이브이(BUAV)
대우인터내셔널 주식회사	미얀마 서부 연안의 가스 프로젝트 중단	SCHWE 가스 운동
드 비어스	보츠와나 정부가 부시먼을 재정착 수용지로 강제 이주시키는 정책 지원	서바이벌 인터내셔널
돌체 앤 가바나	광고에 침팬지 이용	동물 보호 인터내셔널
도나 카란	산하 제조업체 공장에서 노동 착취 상황	노동 착취 반대 국가 총동원
엔터프라이즈 렌터카	보스턴 공장에서 노동조합을 조직하려던 직원 해고	국제 전기 근로자 조합
에소	기후 변화에 대한 국제적 활동 방해	www.stopesso.com

	행위, 조지 부시에게 기부	(http://www.greenpeace.org. uk/climate/stop-esso로 변경됨—옮긴이)
램스(P&G 소유)	동물 실험	해방 운동
조지프유한회사	의류에 동물 모피 사용	모피 교역 반대 운동
융커스	인도네시아 열대 우림지역 산으로 추정되는 목재로 제작한 바닥재 판매	환경 조사 에이전시
킴벌리-클라크	화장지를 제조하려고 북미의 오래된 삼림 파괴	그린피스
론니 플래닛 가이드 (BBC 소유)	미얀마 여행안내서 출판	영국 미얀마 운동
로레알	화장품에 동물 실험	네이처워치
루코제이드 (글락소스미스클라인 소유)	공화당에 기부	boycottbush.net
엠비엔에이(MBNA)	공화당에 기부	boycottbush.net
마이크로소프트	공화당에 기부	boycottbush.net
네슬레	유아 분유 마케팅	베이비 밀크 액션
누벨	원시림에서 나온 목재 펄프 사용 및 조지 부시에게 '보수적 환경 결정론' 조언 제공	윤리적 소비자 잡지
파키스탄 인터내셔널 항공	항공 근로자 희생	인터내셔널 운송 근로자 연합
푸조	생산 기지를 영국에서 프랑스와 비용이 적게 드는 슬로바키아로 이전	아미커스, T&G
P&G	화장품, 주방용품, 애완동물 먹이에 동물 실험	비유에이브이
레킷 벤키저	주방용품에 동물 실험	비유에이브이
사브 밀러	지배 주주 필립 모리스가 공화당에 기부	boycottbush.net
에스시 존슨	주방용품에 동물 실험	비유에이브이
쉘	석유 탐사가 나이지리아 오고니족의 환경에 미친 영향	오고니족 생존 운동
스타벅스	에티오피아 커피 경작자들에게 불리한 조건	유기농 소비자 협회
싱가포르항공사	IMF와 세계은행 회의 동안에 싱가포르 정부 위협	지구의 벗

슈퍼드러그	모회사 장강실업유한공사가 미얀마에 투자	미얀마 운동
스즈키	미얀마에 투자	미얀마 운동
테스코	제품이나 포장에 무선주파수 인식표 사용해 사생활 침해, 중국 매장에서 살아 있는 바다거북과 남생이, 개구리 판매	카스피언(CASPIAN), 야생 인터내셔널 보호
유니레버	동물 실험	비유에이브이

위 명단에 여러분 회사가 아직 등장하지 않았는가? 걱정할 것 없다. 얼마 지나지 않아 명단에 들어갈 게 확실하니 말이다. 그리고 세상이 미쳐 돌아간다(적어도 사업계에서 보기에는 미친 것처럼 보인다)는 말을 이해하지 못하겠거든 유니레버가 사회의식이 강한 아이스크림업체 벤 앤드 제리스를 매입했을 때 부딪쳤던 상황을 고려하면 이해될 것이다. 유니레버는 계약 조건으로 반기업운동단체에 500만 달러를 기부해야 했다. 이 기금의 일부는 반자본운동단체 루쿠스 소사이어티(The Rukus Society)에게 전달됐다. 결국 이 단체는 유니레버의 가장 큰 고객인 월마트의 불매운동 진행에 이 기금을 사용했다.

운동단체만이 대기업이 활동도 변경하게 압력을 넣을 수 있는 것은 아니다. 카메라 폰, 인터넷 연결, 창조적 생각으로 무장한 열받은 개인들도 이런 운동에 나선다. 과거 마케팅계의 정설은 불만을 느낀 고객은 주변 사람 10명쯤에게 불쾌했던 경험을 퍼뜨린다고 했다. 그러나 아무도 델타항공의 승객 로버트 맥키(Robert Mckee)에게 10명에게만 불만을 털어놓으라고 강요하지 못했다.

맥키는 델타항공기 7시간 지연 상황을 담은 동영상 '6499, 활주로에서 7시간(영화 〈스네이크 온 어 플레인〉과 마찬가지로 창조적 제목은 아니지만 어쨌든 오해의 여지없이 내용을 그대로 전달한다)'을 유튜브에 올렸다. 이 동영상은 30만 회 넘게 조회됐고 프라임 타임에 CBS 뉴스로 방송됐다. 이 동영상 또한 효과가 있었다. 맥키의 인터넷 동영상이 급속도로 퍼져 많은 사람들에게 영향을 준 뒤에야 델타는 지연을 참은 승객들에게 항공료 일부를 환불했다.

소셜 네트워크(베보(Bebo)나 마이스페이스, 페이스북같이 웹에 기반을 둔 온라인 커뮤니티. 사용자들이 프로필을 제공하고 인맥을 구축해 공동 관심사나 취미 등 공유─옮긴이)는 소비자가 제품과 서비스 생산자와 접하는 경험(좋든 나쁘든)을 배포한다. 유튜브가 있는 마당에 굳이 고객 불만센터의 전화번호를 알아둘 필요가 있겠는가(어쨌든 고객불만센터에 전화해봤자 회사 측은 답변하지도 않을 것이다)?

사내 군중 또한 더 과감하고 영리하게 신기술을 사용한다. 오스트레일리아 항공사 콴타스는 최근 서비스 기준에 반대하며 일어난 노동쟁의에서 지연작전에 부딪혔다. 이 항공사의 노동조합은 유튜브에 홍보 동영상을 올렸다. 이를 보고 불만을 품은 승객들이 수백 통의 항의 이메일과 서명한 엽서를 회사로 보냈다.

오스트레일리아 서비스 유니언의 차관보 린다 화이트(Linda

White)는 유튜브의 강력한 힘을 의심할 여지는 없다고 말했다.

"사진 하나가 1,000단어 가치가 있습니다. 사람들은 사진에 공감할 것입니다. 사진 덕분에 사람들이 그 웹사이트를 보게 되고 자신의 생각을 콴타스에 전달할 것입니다."

인터넷을 기반으로 한 운동은 점차 직종별 노동조합의 직접 활동 가운데 동맹파업과 노동쟁의를 대체하고 있다. 다른 나라의 직종별 노동조합 운동가들은 콴타스의 반대파들이 사용한 전술을 많이 따라 했다. 영국 민영부문에서 가장 큰 노동조합인 유나이트는 소매상 마크스 앤드 스펜서와 노동자 권리를 놓고 쟁의를 벌일 때 마케팅 검색 기법을 차용했다. 구글 검색창에서 'M&S'를 입력하면 일반 검색 결과와 함께 마크스 앤드 스펜서가 자체적 상업 윤리 기준을 지키지 못하는 것을 비판하는 유나이트의 광고로 바로 연결됐다. 유나이트는 단 몇 백 파운드를 투자해서 전 세계 지지자들에게 영향을 주었고, 조합의 주장을 폭넓게 알리는 상당한 효과를 거둘 수 있었다.

또 유나이트는 공장 폐쇄와 일자리 해외 이전을 반대하는 여러 동영상을 유튜브에 올렸다. 이 노동조합의 공동대표 토니 우들리(Tony Woodley)는 현대 직종별 노동조합 운동에서 인터넷이 중요하다는 것을 추호도 의심하지 않는다.

"인터넷의 힘은 노조원의 범위를 넘어 수백만 명에게 직접 호소하며, 소비자에게 영향을 줄 가능성도 있다. M&S 같은 회사는 상표가 아주 중요하다. 회사 활동에 반하는 연대운동은 노동쟁의에 아주 효과적인 보충활동이다."

직종별 노동조합 운동이 상표의 명성이 훼손될까봐 두려워하는 점을 기업의 잠재적 약점으로 파악한 과정은 아주 흥미롭다. 노동쟁의에서 상표의 명성 하락 위협은 단순한 파업보다 훨씬 강력한 무기다.

한편 주부는 기업 활동 변화에 특히 큰 힘을 발휘하는 소비자집단이다. 인터넷은 집에 틀어박혀 어린 자녀를 키우는 전업주부에게 바깥세상과 소중한 연계 고리를 제공했다. 기저귀나 텔레토비나 플라스틱 장난감과 동떨어진 세상 말이다. 영국의 웹사이트 www.raisingkids.co.uk와 www.mumsnet.co.uk는 특히 부모의 힘을 효과적으로 활용한 것으로 인정받는다.

최근 대형 슈퍼마켓 울워스는 영국 주부들이 인터넷을 기반으로 거세게 반발하자 여아용 침실 가구 '롤리타' 인터넷 판매를 금지했다. 주부들이 반발한 이유는 롤리타(어린 소녀를 대상으로 한 성도착증을 다룬 소설로 1955년에 출판되었으나 다음 해에 판매금지. 이후 롤리타는 성적으로 조숙한 여아를 연상시키는 단어가 됨-옮긴이)라는 상표가 여아용 제품에 적절하지 않아서였다. 울워스 대변인은 직원을 고용할 때 문학 지식을 심사하지 않는다고 인정했다.

"그 웹사이트를 운영하는 직원이 롤리타를 전혀 몰라서 일어난 일입니다. 롤리타를 아는 직원이 없었습니다. 위키피디아에서 찾아봐야 했을 정도니까요. 물론 이제는 롤리타가 누군지 확실히 압니다."

그러나 울워스의 무능함을 보여준 이 일화도 영국의 대형 소매업체 테스코의 사례에 비하면 빛을 잃는다. 테스코는 자사 웹사이트의 장난감과 게임난에서 폴 댄스(무희들이 기둥을 잡고 추는 춤─옮긴이) 세트를 팔려다가 인터넷을 기반으로 반발이 거세지자 재빨리 번복했다. 일부 사업가는 자사가 군중의 불공정한 비판에 희생됐다고 주장한다(소비자의 기대치가 비현실적이라는 것). 그러나 소비자들은 기대치 실망이 아니라 단지 이런 기업의 어리석음을 지적했을 뿐이다.

인터넷은 소비자의 반발 조성 속도를 빠르게 만들었지만 소비자 대부분이 항의하는 주요 주장(기업이 행동 결과를 예상하지 못함, 중요한 이해관계자와 의논하지 않음, 상식을 조금도 고려하지 못한 무능력)은 수십 년 동안 변함없었다. 훌륭한 관리자는 사업계와 경제, 사회의 특수한 상황을 헤쳐 나가는 기술이 있다.

또 이런 관리자는 《웹 강령 95조(The Cluetrain Manifesto)》의 작가가 말한 잔혹한 현실에 익숙해져 있다.

"비밀은 없다. 정보화가 정착된 시장은 제품을 낸 회사보다 그 제품을 많이 안다. 좋은 소식이든 나쁜 소식이든 간에 모든 사람에게 그 소식이 퍼진다."

따라서 현실을 부정하는 무능한 관리자와 제대로 관리가 안 되는 회사는 군중 비판의 물결에 휩쓸려 쉽게 침몰한다.

항상 여론의 압력에 굴복할 것인가

"아래에 서명한 우리는 런던 2012 올림픽의 우스꽝스러운 로고를 폐기하고 변경할 것을 런던올림픽위원회에 요구한다."
런던올림픽 로고가 공개된 날 인터넷에서 탄원 운동이 시작됐다. 마감일까지 4만 8,614명이 서명했다.

올림픽 육상 2관왕인 세바스찬 코(작위를 받아 현재는 코 경)는 영국에서 많은 인기를 누려왔다. 대중의 지지를 얻지 못한 존 메이저 정부에서 정치인으로 잠깐 활동할 때조차 그의 명성은 빛을 잃지 않았다. 세바스찬 코는 언론사 카메라 앞에서 침착하고 자신감 넘치는 모습을 보이며, 전 세계 스포츠계에서 나무랄 데 없는 인맥을 갖고 있다.

그가 2012년 올림픽을 런던에 유치하기 위한 조직위원회 위원장이 된 것은 당연했고, 누가 봐도 그는 최종 투표에서 런던이 선정되는 데 결정적인 영향력을 행사했다. 2007년 여름 런던올림픽 로고를 공개할 때까지만 해도 그는 유치 성공의 행복감을 누렸다.

이후 상황에 세바스찬 코가 대비할 여지는 거의 없었을 것이다. 런던올림픽 로고 폐지를 요구하는 온라인 탄원서에 단 며칠 동안 거의 5만 명이 서명했다. 이 내용은 뉴스의 헤드라인을 장식했고 영국 블로거들에게 가장 관심 있는 주제로 부상했다. 자칭 마케팅과 디자인 전문가들이 토론에 참여해 경험담을 코에게 이야기하며 다른 디자인을 제안했다.

이전의 다른 올림픽에서도 로고 발표 직후 얼마간 비판은 있었지만 이 정도는 아니었다. 런던 로고를 둘러싸고 인터넷에서 일어난 분노는 전 세계로 번졌다. 런던올림픽조직위원회 LOCOG 웹사이트에 178개국에서 35만 명이 방문하는 유례없는 사태가 일어나기도 했다.

그렇다면 코처럼 유능하며 언론을 잘 다루는 인물과 아주 노련한 홍보팀(《웹 강령 95조》의 작가 한 명도 포함)이 도대체 무엇 때문에 군중과 충돌했을까? 어쨌든 코는 최고로 영리한 크라우드 서퍼들이 활용했던 많은 기법을 도입했다. 런던의 주요 블로거에게는 새 로고의 일부가 담긴 홍보 동영상을 미리 입수할 독점권을 주었다.

그리고 런던올림픽 웹사이트에는 쌍방향 디자인 대회란이 있었다. 게다가 세계적인 디자인 업체 울프 올린스에서 로고를 제작했다. 울프 올린스는 기업의 새 로고가 공개될 때마다 일어나는 군중의 비판을 해결하는 데 이력이 난 회사였다. 이들의 작품은 인기 연예인들이 대거 참여한 행사, 즉 기자와 여론 주도자들에게 반응이 좋을 게 분명한 자리에서 발표됐다. 그런데도 잘못될 일이 뭐가 있단 말인가?

2012년 올림픽 유치가 확정된 2005년 6월 6일 영국 전역은 기쁨의 소용돌이에 빠졌다. 한때나마 정치적 이견을 잊었으며 런던 유치에 반대했던 비평가들마저 긍정적 분위기에 편승하는 듯했다. 유감스럽게도 이 분위기는 24시간도 가지 못했다. 바로 다음 날 런던은 역사상 최악의 테러를 당했다. 런던 교통망을 목표로 폭탄 4개가 터져 51명이 사망하고 수백 명이 다쳤다. 당연히 올림픽 유치가 아니라 테러리즘과 보안 문제가 화두로 떠올랐다. 런던이 2012년 올림픽 개최권을 따냈다는 IOC위원장 자크 로게의 발표에 동반돼 피어나던 선의가 모두 맥없이 시들었다. 긍정적이던 분위기가 다 사라졌다.

이렇게 되자 유서 깊은 영국 사회에서는 2012년 올림픽의 예산과 계획이 정치권의 불씨로 타올랐다. 이스트 런던에 올림픽 파크를 조성하자는 제안 때문에 직접적 불이익을 받은 사람들이 협력해 자체 운동을 조직했다. 이 가운데 많은 사람이 부동산을 강제로 팔아야 하고 영업장을 불리한 장소로 이전해야 했다.

또 이스트 런던 외부 비판자들에게도 목청을 높여 반대할 거리가 많았다. 이들이 제기한 문제는 다음과 같다. 일단 올림픽 경기는 예술계 예산을 착취할 것이다. 올림픽 예산이 초과되어 결국 영국 납세자와 런던 주민이 충당해야 할 것이다. 올림픽을 보려고 몰려든 관객들 때문에 대중교통이 정체될 것이다.

그뿐만 아니라 영국은 그런 경기를 일정에 맞춰 조직할 능력이 없으며, 그렇게 되면 올림픽은 실수투성이가 돼서 국가적으로 망신살만 뻗칠 것이다. 도대체 누가 올림픽 따위에 신경이나 쓴단 말인가?

그리고 마지막 걸림돌은 영국 언론이었다. 언론은 올림픽 준비 기간에 잠시 애국심이라는 너울을 쓰고 있었지만 순식간에 절망적인 기사들을 쏟아냈다. 이 소재는 적어도 4년 동안 반복될 것이며, 담당 관리를 꾸짖고 정치인을 모욕할 좋은 소재가 될 것이다. 의욕이 충만하고 조리 있는 반대자들과 냉소적인 언론은 간단한 목표물에 공격 초점을 맞출 수 있었다. 로고가 바로 공격 목표였다. 애초에 이 로고의 의도는 불만이 있는 젊은이들이 올림픽을 재평가하게 만들도록 확실한 '충격'을 주는 것이다. 그런데 이런 의도로 만들어진 디자인을 악에 받친 사람들에게 공개했으니 불에 기름을 부은 셈이었다.

위키피디아에 따르면 로고는 '빠르게 인식되고 경외심을 일으키는 신뢰, 감탄, 충성, 우월성 암시'를 목표로 디자인되었다. 원래 로고는 이해와 여론 형성이 아주 쉬워야 한다. 폴크스바겐이 포드보다 나은 차인지 결정하는 것과 다른 차원이다. 확실한 견해를 정립하기 전에 적당히 복잡한 지적 사고 과정과 기술 지식이 필요한 것이 아니다. 로고는 즉각적 반응을 유발하며, 이런 반응은 대체로 본능적이다. 이것이 바로 로고의 목표다. 따라서 2012년 런던올림픽 로고가 발표됐을 때 대중은 그저 '마음에 드는지' 아닌지만 결정했어야 했다. 그러나 대부분 그렇지 않았다.

코와 그의 팀은 울프 올린스에게 이른바 '구글 세대'에 맞는 로고를 만들라는 지시만 간결하게 했다. 코는 싱가포르에 모인 IOC 위원들을 설득할 때 런던은 올림픽을 젊은 층이 참여하는 행사로 만들 능력이 있음을 강조했다. IOC 자체 조사 결과가 젊은 세대가 올림픽에 싫증을 느끼는 추세를 반영하던 때였다. 젊은이들에게 올림픽은 별스럽고 시대에 뒤떨어진 행사처럼 보였다. 이른바 '멋진(cool)'의 정반대 말이다. 따라서 로고는 젊은 층을 목표로 제작됐다. 충격적이고 생기가 넘쳐 아주 현대적이게 말이다. 이는 디지털 세대를 위한 로고였으며, 평면 출력에서보다 온라인 형태에서 훨씬 멋져 보였다.

부정적 평가가 인터넷에 이어 시청자 참여 라디오 프로그램을 강타하자마자 비평과 논평, 솔직한 독설이 넘쳐나는 분위기가 정신없이 전개됐다. 모든 사람의 관점이 타당한 주제(누구나 내심 디자인 전문가라고 여긴다)에 자기 견해를 소리 높여 주장하고, 여기에 2012 올림픽 주최 전반에 개인의 불평까지 덧붙일 호기였다.

신문은 독자를 대상으로 새로운 로고 디자인 경진대회를 개최했고 곧이어 무자비하게 공격했다. 게다가 로고를 발표한 웹사이트에 실린 동영상이 스트로브 조명 효과를 잘못 사용해 간질 발작을 유발하는 시각 이미지를 생성할 가능성이 있음이 발견됐다. 지옥 같은 상황에 불을 더 지핀 격이었다. 결국 로고가 많은 사람들에게 소름을 끼치게 하는 것은 물론 실제로 사람을 아프게 만들 여지까지 있었다.

따라서 디자인에 집단적 혹평을 보내는 국민과 여기에 책임 있는 사람들에게 코가 어떤 행동을 취해야 할까? 한 가지 해결책은 대중의 뜻에 굴복하고 디자인을 변경하거나 처음부터 다시 제작하는 방법이다. 신문과 정치인이 일반인을 대상으로 디자인을 공모하자고 했고, 여기에서 코가 한 발 물러서는 결정을 하면 그는 여론에 바로 대처하고 융통성 있는 사람이라는 칭찬을 들을 것이다.

그러나 코는 지극히 막무가내로 반응했다. 육상 경기장의 혈전에서 승리한 운동선수다운 옹고집을 드러내며 한 걸음도 물러서지 않았다. 코는 BBC 스포츠 방송과 인터뷰하면서 이렇게 말했다.

"이 로고가 당장 모든 사람의 입맛에 맞지는 않을 것입니다. 그러나 각고의 노력이 필요하더라도 이 로고가 …… 젊은이들이 올림픽에 동참하도록 영향을 줄 상징이라고 진정으로 믿습니다. 앞으로 5년 동안 우리가 풀어야 할 과제이지요."

크라우드 서핑은 항상 여론의 압력에 굴복해야 한다는 의미는 아니다. 제임스 수로비에츠키라면 일반적인 '군중의 지혜'에 굴복할 수밖에 없는 주장을 했겠지만 군중이 항상 옳지는 않다. 특히 미적 판단력이 필요한 문제에서는 더욱 그렇다. 많은 이들의 사랑을 받는 건축물과 예술 작품이 처음 발표됐을 때 군중의 비판을 받은 경우가 아주 많지 않은가?

마찬가지로 위대한 예술 작품이나 진정으로 상상력이 풍부한 디자인이 공동의 창조적 노력의 결실이었던 경우가 과연 얼마나 되는가? 코는 로고 개발에 투입했던 우수한 사고력을 신뢰했다. 많은 군중이 로고를 싫어하는 상황에서도 그는 디자이너의 전문성과 해석의 완결함을 확신했다.

코와 그의 팀은 느리지만 확실하게 논쟁의 열기를 식혔다. 올림픽 후원자들을 비롯해 로고 디자인을 지지하는 사람들이 재빨리 방어에 나섰다. IOC 전 광고 감독 마이클 페인(Michael Payne)이 조금 더 긴 안목으로 보자고 한 것도 여기에 속한다.

"IOC에서 20년간 일하면서 발표한 날 바로 결론을 내리면 안 된다는 것을 배웠습니다. 런던의 로고는 시간이 지나면서 발전할 것입니다."

또 런던올림픽 조직팀은 올림픽 주최 도시의 6년 주기를 비꼬는 투로 설명한 한 문서에서 위안을 얻었다.

이 문서는 원래 시드니올림픽 준비자들이 작성한 것이었다. 이 주기는 "첫째 해 행복감, 둘째 해 환상에서 깨어남, 셋째 해 잘못한 사람 수색, 넷째 해 결백한 사람 학대, 다섯째 해 행사를 성공적으로 개최하고 완료, 여섯째 해 관계없는 사람이 칭찬받음"이다. 이는 기업에서 중요한 새 사업에 참여한 사람이라면 누구나 공감할 순환 주기다.

코와 그의 팀은 로고를 놓고 벌어진 이 논쟁에서 군중(영국인 수백만 명과 전 세계 올림픽 관객)의 행동양식에 관한 중요한 교훈을 배웠다. 극적이거나 자극적인 사안, 즉 토론을 촉진할 사항을 제안할 때는 군중의 질책을 감수해야 한다는 점이다. 코의 마케팅 팀원 한 명은 "우리 임무 가운데 하나는 광고의 도움 없이 새 상표의 정체성을 확립하여 유명한 트레이드마크로 보존하는 것이었습니다. 그러니 우리가 로고를 널리 알리지 못했다고 비난할 사람은 없겠죠"라고 했다. 로고가 확실히 알려지기는 했으니 이 경우는 '모든 홍보는 이익'이라는 말이 들어맞는다고 할 수 있다.

자사 명과 함께 '재수 없다'가 검색된다면

고객에게 고소하겠다고 위협한 적이 있는가? 그렇다면 고객의 말에 귀 기울이는 것이 현명하다. 특히 고객에게 동기를 부여하면 더는 귀찮게 하지 않을 것이다. 어찌됐든 제품이 실패했기 때문에 고객이 문제를 제기하는 것이다.

– 조나단 슈왈츠(Jonathan Schwartz), 선 마이크로시스템스 CEO 겸 사장

　　미국인 호세 아빌라(Jose Avila)는 정리에는 영 소질이 없지만 창조력은 아주 뛰어나다. 어느 날 아빌라는 집에 낡은 페덱스 상자가 가득하고 현금에 쪼들리고 있음을 깨달았다. 그는 상자를 가구로 변형할 기발한 아이디어를 떠올렸다. 처음에는 친구들에게 가구를 디자인해주다가 소문이 퍼지면서 새로운 형태의 재활용 가구를 www.fedexfurniture.com에서 판매하기로 했다. 세상에서 가장 아름다운 디자인이라고 할 수야 없지만(페덱스 상자일 뿐이지 않은가) 독창적이라는 점만은 분명했다.

　　페덱스 측은 아빌라의 재활용 아이디어로 환경 보호에 기여하는 기업이라는 이미지를 얻을 수 있었다. 그렇다면 페덱스는 회사 이미지를 강화할 좋은 홍보 기회를 어떻게 받아들였을까? 페덱스의 홍보부 직원들이 절호의 홍보 기회를 알아챌 만큼 현명했고, 페덱스의 고위직에게 아빌라의 프로젝트로 유발될 장점을 설득할 만큼 영향력이 있었는가? 그렇지 못했다.

페덱스의 변호사들이 아빌라에게 저작권과 상표권을 위반했다며 웹사이트 폐쇄를 요구했다. 아빌라는 다행스럽게도 사회의 약자를 좋아하는 사람들과 인맥이 탄탄했고 스탠퍼드 로스쿨 출신 변호사 친구들의 협력을 동원하여 싸움에 나섰다. 다들 힘없는 일반인의 입을 틀어막으려는 기업의 작태를 지켜봐서 알겠지만 싸움 결과는 너무 뻔했다. 아빌라는 영웅이 됐고 페덱스는 언론의 집중 공격을 받았다. 더욱이 페덱스는 돈을 전혀 들이지 않고 소비자의 창조력과 열정을 이용할 아주 좋은 기회도 놓쳤다.

페덱스는 맥도날드의 선례를 멀리서나마 따른 셈이다. 과거에 맥도날드는 소비자의 행동에 과잉 반응한 나머지 자사와 갈등관계인 당사자를 경솔하게도 화제의 주인공으로 만드는 실수를 범한 적이 있다. 맥도날드 명예훼손소송(McLibel)이 시작된 지 어느덧 20년 흘렀지만 이 사건은 아직까지 맥도날드의 명예에 먹칠을 하고 있다.

런던에 사는 헬렌 스틸(Helen Steel)과 데이브 모리스(Dave Morris)가 맥도날드 체인점 앞에서 패스트푸드업체의 정책과 활동을 비판하는 그린피스 전단지를 배포했다. 그러자 맥도날드는 이들을 명예훼손 혐의로 고소했다. 전단지의 제목은 '맥도날드의 문

제가 무엇인가: 맥도날드가 소비자에게 감추는 전말'이었다. 전단지에는 맥도날드가 직원을 착취하는 실상, 환경에 미치는 피해, 비만과 심장 질환을 유발하는 건강에 해로운 음식 판촉 등 논쟁을 일으킬 만한 주장이 들어 있었다.

맥도날드 명예훼손소송은 영국 역사상 가장 긴 소송 사건으로 기록됐으며, 1997년 6월에 나온 판결은 맥도날드의 손을 들어줬지만 그저 무의미한 오욕의 승리였을 뿐이다. 〈가디언〉이 보인 독실한 어조가 전형적 반응이었다.

"피로스(고대 그리스 에피루스의 왕—옮긴이)가 승리자를 질질 끌고 나오게 한 이래로 …… 공공연하고 무분별하게 소송을 걸어대는 것으로 악명 높은 맥도날드는 직업이 없는 두 환경운동가를 끝까지 못살게 괴롭힌 일에 대해 태도를 밝히지 않고 굳게 입을 다물어 왔다. 그러나 맥도날드 왕국 어딘가에서 누군가는 거북한 질문을 던지고 있을 것이다. 홍보 분야에서 대대적인 실패가 계속 나올 테지만 군중의 비판에 무분별하고 부적절한 대응으로 치면 이번 행동은 대실패 가운데 최우수상감이다."

2년 뒤 항소법원은 전 세계 맥도날드 매장의 직원들이 "봉급과 근무 조건 면에서 형편없는 대우를 받는다"라는 말이 공정한 비판이었으며 "맥도날드에서 판매하는 식품을 많이 먹으면 지방 등을 과다하게 섭취해 심장 질환에 걸릴 위험이 있다"라는 게 사실이었다고 판결했다.

이른바 맥도날드 명예훼손소송은 국제 운동가 사회에 큰 반향을 일으켰고 맥도날드의 명성에 심각한 피해를 입혔다. 이 소송을 주제로 장편 다큐멘터리가 제작됐으며, 아직까지도 다국적 기업을 무너뜨리는 지팡이로 사용되고 있다. 〈가디언〉은 20년이 지난 뒤에도 여전히 소송 관련 기사를 썼다.

"런던 그린피스 전단지가 처음 배포된 이후 공장에서 생산된 식품과 기업에 대한 논쟁이 엄청나게 늘어났다. 돌이켜보면 대대적인 맥도날드 명예훼손소송은 세계화 실황을 여실히 보여주는 역할을 했으며 거대기업의 수상쩍은 수많은 음모를 폭로하는 데 도움을 줬다."

실제로 맥도날드는 이 소송에서 교훈을 얻었으며 진정한 크라우드 서퍼가 되어가는 기색을 보이는 듯하다. 모건 스펄록(Morgan Spurlock)의 컬트 다큐멘터리 〈슈퍼사이즈 미〉 발표 여파로 언론이 부정적인 보도를 쏟아내자 맥도날드는 변호사들을 내세워 대응하는 대신 전례 없이 공공연하게 개방적 선전을 벌였다.

현재 맥도날드의 웹사이트에는 치즈버거부터 밀크셰이크에 이르기까지 모든 제품의 영양 정보가 완벽하게 실려 있다. 게다가 고객이 고른 세트(예컨대 햄버거, 감자 칩, 탄산음료)를 영양이 완전한 식단으로 만들려면 어떻게 균형을 맞춰야 하는지를 보여주는 한 끼식사 계산기도 있다.

또 맥도날드는 기업 책임 블로그 '토론 광장(Open for Discussion)'

에서 이름을 예스럽게 붙인 이른바 '정중한 대화'를 조장한다. 이 대화란은 맥도날드의 고위 관리자와 교류하면서 '논쟁점에 대해 개인 견해를 확인하고, 맥도날드가 직면한 난관의 공개적 평가를 들으며, 맥도날드의 상징인 금색 아치에서 실무자들과 대화할' 기회를 고객과 이해관계자에게 제공한다. 맥도날드 측은 과감하게도 도살장에서 찍은 동영상을 블로그에 올리기까지 했다. 이는 맥도날드 하면 연상되는 빨간 머리의 피에로 로널드 맥도날드와 선뜻 연결하기 힘든 이미지이지만 실제로 맥도날드가 자유롭게 공개 '대화'할 준비가 돼 있다는 증거였다.

또 맥도날드는 운동단체의 반발에 대처하는 방법이 과거에 비해 나아졌음을 증명했다. 영국 그린피스가 열대우림 지역에서 재배한 콩을 가축 사료로 사용한 것을 비판하자 맥도날드는 재빨리 경청하는 자세로 전환했다. 맥도날드는 산림을 벌채한 지역에서 재배된 콩의 구입을 일시적으로 중지하고 회사의 견해를 운동가들에게 설명하려고 노력했다. 영국 맥도날드의 언론담당 부사장 닉 힌들(Nick Hindle)에 따르면 이는 발전을 의미한다.

"맥도날드는 지난 몇 년 동안 운동단체에 대처하는 사고방식을 바꿔왔고, 이는 명백하게 이득이 됐습니다. 운동단체는 본사의 이해관계자이고 우리의 운영 상황을 알 권리가 있습니다."

맥도날드가 새로 도입한 개방 문화는 전 세계 주부들이 참여하는 자문단체 세계어머니토론단(Global Moms Panel)을 탄생시켰다.

사람들은 이런 형태의 시도를 냉소적으로 바라보기 십상이다. 그러나 맥도날드는 생활양식과 자녀의 건강을 비롯한 각종 사안에 정보를 얻으려는 여러 배경의 주부들이 참여하는 독자적인 토론단을 설립하려고 진심으로 노력하고 있다. 영국 맥도날드 대표 스티브 이스터브룩(Steve Easterbrook)은 이러한 접근법의 변화에서 얻을 이익을 재빨리 인식했다.

"나는 맥도날드가 지난 몇 년 동안 변한 것은 상대방이 건설적 자세를 취하는 한 대화에 훨씬 더 개방적으로 참여하는 자세를 갖게 된 것이라고 생각합니다. 또 이 시기에 본사는 계속 사업 방향을 변경했습니다. 본사가 정말로 긍정적 의도로 진보적인 방향으로 발전하는 과정에서 비평하는 목소리가 조금 잦아들었다고 생각합니다."

기업의 명성을 지키는 최선책은 반대자 고소라고 생각하던 때에 비하면 맥도날드는 분명히 많이 진전했다.

20년 전 맥도날드 같은 기업들은 운동가들이 자사 매장 밖에서 전단지를 배포하거나 언론사에 항의 편지를 보내는 것을 두려워했다. 현재 운동가와 기업 사이의 전장은 인터넷, 특히 어디서나 애용되는 구글 같은 검색 엔진으로 이동했다. 운동가의 활동을 대변하는 통로로 구글이 발휘하는 힘을 알고 싶으면 온라인 기자 제프 자비스의 조언을 들어보자. 자비스는 회사들이 구글 검색창에 자사 상표에 이어 'sucks('재수 없다', '짜증난다' 정도의 어감—옮긴이)'란 단어를 쳐봐야 한다고 충고한다. 일단 자비스의 충고를 따르면 이 검색에 상당히 중독된다.

실제로 가장 실망스러운 회사를 찾으려고 동료와 경쟁하는 새로운 놀이가 사무실에서 유행할 정도다. 당연히 평소에 미심쩍은 회사들(고객에게 격렬한 비난을 듣는 업체)의 검색 결과가 가장 많이 나온다. 따라서 '테스코 삭스'는 15만 2,000건, '월마트 삭스'는 16만 9,000건, '엑슨 삭스'는 15만 6,000건이다. 놀랍게도 'BA', 즉 '영국항공 삭스'는 검색 결과가 160만 건에 이른다. 이들은 분명히 수하물을 분실한 사람들일 것이다. 게다가 이는 실패로 돌아간 히스로공항 제5터미널 개장 전에 검색한 결과였다. 영국항공의 '비판 순위'는 구글에 나온 비판에서 부동의 1위 자리를 고수하는 조지 부시보다 약간 낮았다.

활동가들이 구글을 사랑하는 이유는 이 사이트 기술의 핵심에 있는 복잡한 알고리즘을 활용할 수 있기 때문이다. 이는 일정한 웹사이트에 링크된 사이트의 개수에 따라 그 웹사이트의 순위를 정하는 알고리즘이다. 운동가 단체가 각자 사이트와 블로그와 포럼을 특정한 항의 사이트에 링크하면 구글의 '체계적인' 검색 과정을 거쳐 관련된 기업의 공식 사이트가 항의 사이트와 함께 뜬다.

예를 들어 구글 검색창에 '엑슨'을 치면 엑슨의 공식 사이트인 www.exxon.com에 이어 항의 사이트인 www.exxposeexxon.com과 www.exxonsecrets.org가 검색 랭킹에서 상당히 상위에 나온다. 이 두 사이트는 세계 온난화 운동 반대를 막으려는 엑슨의 반복된 시도를 비난하는 운동 사이트다. 미국의 전 부통령 딕 체니가 대표이사인 핼리버튼(Halliburton, 에너지 공급과 관련 기기 제작—옮긴이)의 공식 웹사이트들도 마찬가지로 배임행위와 편파주의를 비판하는 많은 운동 사이트로 둘러싸여 있다. 이런 형태의 기업 반대 운동 사이트는 일단 생기면 제거하기가 아주 힘들다.

일부 업체들은 소송하겠다고 위협하며 항의 사이트를 강제로 없애려고 했다. 그렇지만 미국의 일자리 검색 업체 제이 엘 커크 앤드 어소시에이츠(J. L. Kirk & Associates, 취업 지원자에게 배우자 또는 '후원인'과 함께 면담에 참석하게 해서 취업의 어려움을 강조하고 난 뒤 헤드헌터와 취업 알선소의 수수료조로 5,000달러를 즉시 완납하게 종용—옮긴이)의 경험은 변호사를 활용해 온라인 비판의 조류를 저지할 수 있다고 생각하는 모든 업체에게 교훈을 준다. 이 회사는 캐서린 코블(Katherine Coble)이라는 여성과 전형적인 다윗과 골리앗 식의 분쟁에 빠졌다. 캐서린은 이 회사가 자신과 실직 중인 남편에게 한 대우에 불만을 제기하는 내용의 긴 글을 블로그에 올렸다.

이 글은 비난으로 점철된 야단법석을 떠는 내용이 아니었다. 캐서린은 경험담을 침착하고 사려 깊게 풀어나갔다.

"나는 두려움을 자극해서 다른 사람을 이용하려는 사람들에게 화가 났다. 당신네가 지옥의 불을 거론하는 전도사이든, 보험 외판원이든, 중고차 판매원이든, 밤도둑이든 상관하지 않는다. 당신이 부자가 되려고 다른 사람의 두려움과 취약점을 찾아내고 그 취약점을 이용해 돈을 벌려는 행위는 치사하고 음흉한 술책이다. 이런 행위는 나쁘고 잔인하다……. 남편과 나는 바보가 아니다. 우리 둘다 모든 취업 알선업체에서 서비스를 받았으면 돈을 내는 게 당연하다고 생각한다. 우리는 책임감 있는 성인으로 대우받고 싶을 뿐이다."

다들 느꼈겠지만 이 글의 내용은 기업 반대 운동과 거리가 멀다. 그러나 검색 알고리즘의 불가사의한 힘이 작동했고, 구글에서 제이 엘 커크를 치면 캐서린의 블로그가 검색 결과의 최상단에 있다. 제이 엘 커크는 어떻게 대응했는가? 이 업체는 코블 부부에게 협박 편지를 보내 '블로그의 글과 모든 댓글을 내리'라고 요구했다. 또 테네시 주 법률에 따라 중상모독죄를 범했다고 비난했으며 '부정한 간섭으로 재정상 피해'를 줬다고 위협했다.

법률적 관점에서 제이 엘 커크의 이런 대응은 정당한 권리였다. 이 업체는 자사의 명성이 손상됐으며 변호사가 작성한 강경한 내용의 편지로 문제를 해결할 수 있다고 믿었다. 불행하게도 극도로 네트워크화된 새로운 인터넷 세상에서 이 업체는 온라인 항의라는 벌집을 들쑤셔놓은 꼴이 됐다.

몇 시간도 지나지 않아 블로그 커뮤니티에서 이 이야기가 화제로 떠올랐다. 블로거들은 특히 기업이 언론의 자유를 억압하려 했다는 점에 관심을 가졌다. 캐서린의 이야기는 다른 블로그에 실리거나 여러 사이트에 링크됐으며 구글 검색 순위에서 중요도가 올라갔다. 블로거들은 이 일을 큰 반향을 일으킬 파렴치한 사건으로 봤다.

다음 블로거와 같은 댓글이 일반적인 반응이었다. "재삼 강조하지만 표현의 자유를 차단하려는 이 야비한 시도는 우리 모두를 공격하는 것이다." 약간 더 원색적인 반응도 있었다. "댁의 회사를 어리석은 고집쟁이처럼 보이게 만들 거리를 블로거들에게 보내지 마라. 블로거들은 그런 내용을 블로그에 담는다."

단 한 사람의 불평을 억누르려던 제이 엘 커크의 시도는 인터넷 항의의 영향력을 더 확대시켰을 뿐이다. 또 이런 시도는 캐서린의 이야기를 뉴스거리에 타당한 사건으로 전환시켰으며, 이는 블로거가 소송을 걱정하지 않고도 자신의 주장을 되풀이해서 강조할 수 있다는 의미였다.

캐서린의 사연이 블로그에 올라온 지 1년이 지난 현재 구글에서 제이 엘 커크를 검색하면 상위 10개는 모두 이 회사가 코블 부부와 벌인 분쟁을 다룬 글이 실린 블로그들이 차지한다. 이 가운데 한 블로그에는 테네시 주의 뉴스 방송에서 이 사건을 토론한 유튜브 동영상이 실려 있다. 결과적으로 이 기업의 무모한 대처는 평판을 유지하는 현명한 방법이 아니었다.

오스트레일리아의 소프트웨어 업체 2클릭스(2Clix)도 비슷한 방법을 쓰려 했다. 이 경우 대상은 한 개인이 아니라 광대역 통신을 주제로 토론하는 유명한 포럼 월풀이었다. 이 포럼에는 제품의 내력과 독자적인 제품 평가가 함께 실린다. 어느 날 이 포럼이 2클릭스의 회계 소프트웨어를 비판하는 평가를 해 화제의 중심에 서게 됐다. 2클릭스는 이 평가가 '악의적인 거짓말'이라고 주장하며 손해배상소송을 냈다. 하지만 여론을 억압하려는 이 기업의 시도 역시 역효과만 조장했다. 전 세계 웹사이트와 오스트레일리아, 미국, 영국의 언론사들이 이 이야기에 관심을 갖게 됐기 때문이다.

오스트레일리아의 기술 전문 웹사이트 지디넷(ZDNet)에 실린 글에서 조 베스트(Jo Best)는 법적 조처를 취하겠다는 협박 때문에 오히려 대중이 2클릭스 제품에 대한 원래의 비판적 코멘트에 관심을 갖게 됐다고 강조했다.

"컴퓨터 바이러스나 말 전달 게임(옆 사람에게 문장을 계속 전달해서 첫 사람과 마지막 사람의 문장이 어떻게 다른지 보는 게임. 정보가 전달되는 과정에서 사실과 주제가 왜곡되는 현상을 말함-옮긴이)처럼 그런 논평은 스스로 증식하며 기술을 더 많이 아는 사람과 소프트웨어 구입자들의 귀로 퍼져나간다. 이야말로 애초에 2클릭스가 피하려던 상황이었을 것이다. 2클릭스가 자사 변호사들을 격양시켜서 법정 소송을 시작하지만 않았더라도 이 업체의 화를 돋운 사용자들의 평가는 시간이 지나면 그저 인터넷의 바다에 묻혔을 것이다."

결과적으로 소송이 철회됐고, 현재 2클릭스는 법정관리를 받고 있다.

오스트레일리아의 두 부동산 업자는 온라인 기사로 평판에 손상을 입을 사태에 다른 방식으로 대처했다. 이들은 인터넷에 비평적인 논평을 실은 사람 대신 구글 자체를 명예훼손 혐의로 고소했다. 멜버른에 있는 부동산 업체 카스트란 길버트의 마크 포리타즈(Mark Forytarz)와 폴 카스트란(Paul Castran)은 구글 검색에서 나온 기사 때문에 명예가 훼손됐으며, 비방 기사의 링크를 없애달라고 요구했지만 구글이 거절했다고 했다. 이 책을 쓰는 동안 이 사건은 여전히 오스트레일리아 대법원에서 진행 중이지만 두 사람이 재판에서 이길 것으로 생각하는 사람은 거의 없다.

페덱스, 맥도날드, 제이 엘 커크, 2클릭스가 권력의 위대함을 믿고 한 행동은 자사의 평판을 지키는 데 전혀 도움이 안 됐다. 장담하건대 이 기업들 모두 늦게라도 다른 대응책을 고려했을 것이다. 법적으로는 이 기업들의 행동이 옳았을 수도 있다. 스틸과 모리스가 배포한 전단지는 맥도날드의 명예를 훼손했고, 호세 아빌라의 www.fedexfurniture.com은 분명히 저작권이나 상표권을 위반했으며, 캐서린 코블은 제이 엘 커크의 명예를 훼손했다고 볼 수 있으니 말이다. 그러나 법률팀에 의지해서는 비판의 물결을 저지할 수 없다는 점만은 분명하다. 도리어 단순한 일부 개인의 불만을 매스 미디어의 뉴스로 바꿔놓았을 뿐이다.

기업의 평판과 상표권을 보호하려고 법률전문가에게 의뢰하면 주권이 강화된 소비자와 필연적으로 분쟁에 휘말린다. 블로거들은 언론의 자유라는 원칙에 따라 자신들이 보호받는다고 믿는다. 여론조사 업체 유고브(YouGov)의 연구에 따르면 영국 네티즌의 절반에 조금 못 미치는 수가 블로거들이 의견을 발표할 때 기자들과 동일한 법률 기준을 보장받아야 한다고 했다. 그리고 블로거들 사이에서는 4분의 1만이 동일한 기준의 적용을 받아야 한다고 했다. 이와 마찬가지로 유튜브 같은 친목 동영상 사이트에서 세계적으로 유명한 상표를 찬양하거나 서투르게 개작하거나 비웃는 영화감독 지망생들은 자기표현의 권리가 있다고 믿는다.

유고브에 조사를 의뢰한 던컨 카로(Duncan Calow)는 디지털 미디어 법률전문가이자 디엘에이 파이퍼의 공동 운영자다. 그는 견해가 달랐다.

"블로그와 온라인 포럼은 형태와 목적 면에서 전통적인 미디어와 다르다. 그러나 블로그와 온라인 포럼도 공개적으로 사용되며 피해와 비방을 유발하고 다른 사람의 권리를 침해할 가능성이 미디어와 동일하다. 사용자가 만드는 콘텐츠는 특히 위험하다. 법률의 보호를 받지 못하는 상황인지라 포럼의 콘텐츠는 특히 해당 업체와 충돌할 위험이 다분하다."

카로의 충고에도 회사들은 대부분 법적 조처에 신중한 자세를 보인다. 지적재산권 업체의 한 대표는 체념하는 분위기로 다음과 같이 시인했다.

"유튜브 같은 사이트에서 모든 내용을 추적·조사할 시간이 전혀 없어요. 그리고 어떤 경우라도 우리가 민간인(집에서 비디오를 제작하는 아이들)을 대상으로 법적 조취를 취하면 회사 이미지만 나빠질 것입니다. 우리는 그저 상표권을 침해해 돈을 버는 거물이나 회사의 평판에 심각한 피해를 끼치려고 위협하는 사람들을 골라내는 데 중점을 두려고 합니다. 궁극적으로 중요한 점은 우리가 싸울 전투를 신중하게 골라내는 거지요."

BBC는 한 시청자의 창조력 때문에 가장 소중한 프로그램의 지적재산권이 침해됐을 때 법에 호소할 수밖에 없었다. 마츠마타츠라는 예명을 사용하며 취미로 뜨개질하던 한 사람(뜨개질하는 사람조차 예명이 필요한 세상이다)이 BBC의 드라마 '닥터 후'에 등장하는 여러 인물을 패러디해서 뜨개질 방송을 만들자 BBC는 법적 조취를 취하겠다고 위협했다.

그렇지만 〈타임스〉가 이를 '아주 영국다운 항의'라고 일컫자 BBC는 바로 번복했다. 〈타임스〉의 독자들은 BBC의 처사에 반대하고 나섰으며 3일 뒤 BBC는 '팬의 창조력'을 보여준 이 사례를 후원할 계획이라고 발표했다. 이후 BBC 중역들은 마츠마타츠를 초대해 '한정판 독점 프로모션 프로그램'을 제작할 방안을 토론했다.

녹음업계가 음악과 영상의 공유를 막지 못한 과정을 살펴보면 지적재산권을 보호하려는 회사들의 노력이 얼마나 비현실적인지 대충 감이 잡힐 것이다. 2003~2005년 사이에 미국 녹음업계협회는 저작권으로 보호받는 음원을 불법으로 입수한 혐의로 1,500명 이상을 고소했다. 그러나 동일한 기간에 불법 파일 공유가 사실상 배로 늘었다. 이 사례에서 법적 조치라는 위협은 소비자 행동을 변화시키기에 부족하다는 점을 확실히 알 수 있다. 특히 소비자가 자신의 행동이 잘못이 아니라고 생각할 때는 더욱 그렇다.

그렇다면 법적 조치가 효과가 없는 상황에서 회사들은 인터넷을 기반으로 한 비판에 어떻게 대응해야 하는가? 중요한 것은 토론 관리다. 부정적 논평을 막을 수는 없지만 반격할 수는 있다. 직설적으로 반박하고, 타당한 비판인 경우 대처할 계획을 설명하는 방식으로 말이다. 무엇보다도 인터넷상의 모든 대화가 기록으로 남으며 자세히 분석해볼 수 있으므로 회사들이 신중하게 대응해야 한다.

그리고 더욱 신경 써야 할 점은 회사가 대응하는 방식에 대한 외부 시각이다. 법률 관련 부서가 대단히 공들여 준비했으며 회사 중역들에게 적당해 보이는 공문이 다른 사람에게는 냉정하고 계산된 기업 연설의 전형적 사례로 여겨질 수 있다.

마이크로소프트의 블로거 스티브 클레이턴(Steve Clayton)은 온라인 대화에 참여하려는 모든 업체에게 간결하고 실제적인 조언을 했다.

"나는 〈선〉(영국의 타블로이드 신문)이나, 고객이나, 경쟁사나, 상사나, 엄마가 그 온라인 대화를 본다면 어떤 일이 벌어질지를 상상해봅니다. 일반적으로 이런 생각은 자기 검열 역할을 하지요.”

대중 토론에 참여하는 모든 기업은 개방성, 정직함, 사리 분별을 슬로건으로 삼아야 한다. 기업이 모든 비평을 두고두고 명성을 훼손할 엄청난 치욕이 아니라 잠재적으로 건설적인 비판으로 받아들이면 도움이 된다. 그렇다고 해서 일방적으로 독설을 늘어놓는 의견에까지 대처할 필요는 없다. 논쟁에 관여된 모든 사람은 맥도날드가 고수하는 ‘정중한 대화’의 원칙을 준수해야 한다. 이런 원칙을 준수하지 않는 사람에게는 반응하지 않을 권리가 있다.

또 기업은 비판을 받아들임과 동시에 공격에 조금 둔감하게 반응할 수 있게 기반이 튼튼해져야 한다. 모든 고객을 항상 만족시킬 방도는 없다. 사실 비평이 긍정적으로 작용하기도 한다. 부정적 논평을 아예 안 들으려는 기업(고객 불만 접수창구 폐쇄, 웹사이트에서 ‘연락처’ 버튼 제거, 회사 변호사 소집)은 정보와 충고를 얻을 아주 소중한 출처를 스스로 차단하는 셈이다.

온라인 기자 제프 자비스가 기업들에게 자주 하는 “귀사를 싫어하는 고객을 사랑하자”라는 말은 핵심을 찌르는 충고다. 자비스는 비평하는 사람은 오히려 그 기업에 엄청난 호의를 베푸는 것이라고 주장한다.

“이제 이런 사람들에게 화내지 말자. 그 대신 이들이 귀사에 앙갚음하게 도와주자. 이렇게 화가 난 사람들은 귀사에 큰 호의를 베푸는 셈이기 때문이다.

생각해보자. 이런 고객은 당신 회사의 제품이나 서비스의 문제점을 정확히 말해줄 만큼 당신 회사에 신경 쓰고 있다. 이런 비평을 하지 않는 고객은 그저 당신 회사를 버리고 경쟁업체로 발길을 돌릴 여지가 다분하다. 반면에 비평하는 고객은 고칠 점을 말해준다. 이런 고객의 말에 귀를 기울이자. 이들을 돕자. 이들에게 조언을 구하자. 그러면 이 고객은 당신 회사에 조언해줄 것이다."

고객 불만 접수부서에 직원을 더 고용하면 회사에 그만한 값을 할 것이다. 특히 온라인 세상에서 논쟁이 진행되는 과정을 아는 직원이 적당하다. 그리고 법률팀에게 안식 휴가를 연장해주거나 최소한 이들이 마케팅 부서의 동료들과 긴밀하게 협조하도록 만들어야 한다. 크라우드 서핑은 법률적 관점에서 '옳은' 행동을 한다거나 중요한 지적재산권 보호에 실패한다는 의미가 아니다. 중요한 점은 싸움을 현명하게 선택하고, 도움이 되는 비평을 받아들이며, 궁극적으로 대중과 협력하는 것이 싸우는 것보다 효과적이라는 사실을 깨닫는 것이다.

2
세계적인 기업들의 대응 양상

내 말을 들어라. 내게서 배워라. 내가 최고가 된 이유는 재빨리 죽였기 때문이 아니다. 그 이유는 군중이 나를 사랑했기 때문이다. 군중의 지지를 얻으면 자유를 얻을 것이다.

－프로시모(Proximo), 영화 〈글래디에이터(Gladiator)〉에서

많은 업체들이 스스로 자신들의 운명이 군중의 처분에 달려 있
다고 생각하는 이유를 앞에서 설명했으니, 여기에서는 세계적으로
유명한 일부 기업이 소비자주권 강화에 대응한 양상을 분석해본
다. 이 책의 사례연구에 거론된 많은 기업이 소비재 기술 부문에
속한다. 세부적인 이유는 필자들이 이 분야에 인맥이 많아서다. 그
러나 주된 이유는 선도적 기술 업체들은 어쩔 수 없이 소비자주권
강화의 가장 극단적인 표출 형태를 다뤄야 하기 때문이다.

이 중에서 으뜸은 '개방형(open source, 무상으로 공개된 소스코드
또는 소프트웨어—옮긴이)' 운동이다. 이 운동은 전 세계에 소프트웨어
개발자들이 산재한 네트워크다. 이들은 제품의 변경과 향상을 위
해 소프트웨어 코드가 모두에게 개방돼야 하며, 그 대신 그 결과

나온 변경과 향상이 다시 공유돼야 한다고 주장한다. 개방형 소프트웨어의 가장 유명한 사례가 리눅스 운영 체계다. 그러나 독점권이 있는 소프트웨어 제품에 수십억 달러를 투자한 기업들은 이런 정신을 이해하지 못한다.

또 기술 회사들은 커뮤니케이션 신기술의 채택을 검토할 때 채택곡선의 상층부에 위치한 소비자, 직원, 협력자, 기타 이해관계자를 상대해야 하는 어려움에 부딪힌다. 당연히 이들은 대부분 블로그나 소셜 네트워크에서 열성적으로 활동하는 사람들이다. 따라서 인터넷을 기반으로 하는 상호작용에 대한 요구를 만족시키기는 거의 불가능하다.

이 장에서는 먼저 델이 블로거들에게 버림받은 존재였다가 소비자주권 강화의 주요 지지자로 발전하기까지 여정을 돌아보면서 설명한다. 델이 실험과 고난 과정을 거쳐 결국 구원받는 과정의 사례연구는 군중의 처분대로 따라간다고 느끼는 모든 기업에게 도움이 많이 될 것이다. 마이클 델은 새로운 사업 방향이 중요하다고 확신했다.

"현재 이 (블로그 활동의) 규모와 속도가 역사상 가장 급격하게 성장하고 있다. 이를 받아들이고, 여기에서 배우며, 고객과의 대화를 바탕으로 자사의 미래를 제대로 촉진하는 것이 대단하고 중요하다."

이어서 마이크로소프트와 애플의 완전히 다른 철학을 비교해본다. 에릭 에이브러햄슨(Eric Abrahamson)과 데이빗 프리드먼(David H. Freedman)은 《완벽한 혼란(A Perfect Mess)》에서 이렇게 말했다.

"마이크로소프트의 이미지가 골리앗인 데 반해 애플의 이미지는 다윗이었다는 것을 감안하면, 마이크로소프트가 육중하고 융통성이 없으며 관료적인 반면 애플은 자유분방하고 즉흥적이며 반항적이라고 넘겨짚기 쉽다. 그러나 이와 정반대다. 사실 마이크로소프트는 항상 유용하지만 혼란스러운 방식으로 운영돼온 반면, 애플은 완고한 절차를 고수하는 기업의 전형이다."

이 책에서는 애플이 대중의 장단에 맞추기를 거절한 태도를 다른 업체들이 모방할 수 있는지 아니면 그저 애플의 독특한 사업 모형의 특성으로 보아야 하는지 탐구할 것이다.

우리가 말하는 대중 지도자(crowd leader)가 된 업체가 몇 곳 있다. 때로 여론이 안 좋더라도 당장의 이익보다 훨씬 장기적으로 도움이 될 대의를 지향하는 업체들 말이다. 우리는 보디숍, 파타고니아, 베네통 같은 업체들이 일부 이해관계자들이 멀어질 위험이 있는데도 물의를 일으킬 만한 사안에 분명한 태도를 보이도록 준비해놓은 이유를 살펴볼 것이다.

마지막으로 내부 군중의 도전을 살펴본다. 거대 제약 업체인 화이자는 자사 직원의 지성과 분석 능력에 따라 생사가 판가름 난다. 신약 개발 비용이 엄청나고 실패할 위험성이 대단히 커서 지식을 가둬놓으면 자체 지식보다 수준이 높은 제품을 개발할 여력이 없어진다. 우리는 화이자가 신기술을 사용해 지식과 정보의 확산을 고양할 수 있었던 과정을 소개한다.

크라우드 서퍼가 되기까지 굴곡 많았던 델

"우리가 일을 망쳤군요! 그렇죠?" …… 좋든 싫든 상관없이 어차피 (고객과) 이런 대화가 진행되기 마련이다. 그렇다면 여러분은 대화에 참여하고 싶은 가, 아닌가? 다들 그렇다고 대답할 것이라고 확신한다. 누구나 이런 토론에서 배울 수 있다. 그리고 대처 시간을 줄일 수 있다. 게다가 다른 사람의 말에 귀 기울이고 대화에 참여함으로써 더 나은 회사로 거듭날 수 있다.

― 마이클 델(Michael Dell)

블로거의 이미지는 정신 나간 활동가(인터넷이 등장하기 전 시대에 기업에 항의 편지를 초록색(고객 불만 접수부가 늘 완전히 정신이상자를 의미한다고 믿는 색깔) 잉크로 써서 보낼 법한 사람)에서 소비자 자유 쟁취자로 발전됐다. 이제 블로거는 영웅이 됐다. 블로거는 기업의 평판을 산산조각 낼 힘과 영향력, 인기가 없는 정치 판도를 단번에 바꿔놓을 강제 단체를 지니게 됐다.

제프 자비스는 사람들이 생각하는 전형적 반란자는 아니다. 학자 분위기가 풍기는 자비스는 현재 뉴욕시립대 언론대학원 부교수이자 쌍방향 저널리즘 프로그램 책임자이며, 영국 〈가디언〉의 뉴미디어난에 칼럼을 기고하고 있다. 이전에 자비스는 〈엔터테인먼트 위클리〉, 〈뉴욕 데일리 뉴스〉, 〈샌프란시스코 이그재미너〉, 〈시카고 트리뷴〉, 〈시카고 투데이〉에서 기자와 편집자로 근무했다.

그러나 자비스를 유명하게 만든 주요 원인은 혼자서 델과 전쟁을 선포하고 결국 이 회사를 무릎 꿇게 만든 블로거였기 때문이다. 델의 불량 휴대용 컴퓨터와 형편없는 고객 서비스에 불만을 제기했을 때 회사에서 아무 반응이 없자 그는 자신의 블로그 버즈머신(Buzzmachine)에 '델 헬(Dell Hell)'이라는 글을 올렸다. 그와 마찬가지로 불만이 많은 델컴퓨터 사용자 수천 명이 이 블로그에 링크하고 댓글을 달면서 델과 이 회사 제품에 대한 비평이 봇물처럼 터졌다.

자비스의 말을 빌리면 '쇠갈퀴를 든 격노한 군중'을 촉발했고, 이들은 '델 성(Castle Dell)'을 습격하려고 작정했다. 많은 사람들이 www.ihatedell.net 사이트에 모여들었고, 곧이어 기이한 일이 일어났다. 불평사항이 나오면 네티즌끼리 문제를 해결하려고 서로 도왔다. 기술적인 문제부터 각 장비를 가장 잘 활용하는 방법 등이 쏟아졌다. 그때까지 델은 공식적으로 아무 조치도 하지 않았다. 델의 일부 직원은 비공식적으로 대응에 나서서 조언하거나 댓글을 달았다. 공식 전화상담 서비스에서 완전히 독립적인 개인의 활동이었다.

구글에서 델을 입력하면 검색 결과 윗부분에 www.ihatedell.net이 나온다. 심지어 현재까지도 이 사이트를 둘러보면 델의 직원과 이 회사의 면접 후보자 사이의 대화를 볼 수 있다. 기자와 직원,

직원의 가족 그리고 물론 고객이 이 사이트를 방문했다. 이곳은 델에 불만을 품은 모든 사람이 찾아오는 사이트가 됐다. 그리고 곧 델과 관련된 사항에 관심 있는 모든 이를 위한 사이트로 발전했다. 델만이 이 사이트에 전혀 개입하지 않았다. 이러한 전개 과정은 자사의 평판을 지키지 못하는 델의 명백한 무능력을 드러내는 상징이 되었다.

자비스가 걸작, 즉 2005년 8월 17일 마이클 델에게 보낸 공개 서한을 발표했을 때 델은 거의 밑바닥까지 추락했다. 이 서한은 거의 크라우드 서핑 선언문이라고 볼 수 있으며, 따라서 전문을 아래에 인용한다. 또 자비스가 기업 블로거에게 들려주는 '친절한 무료 조언'을 인터넷에서 찾아 출력한 다음 게시판에 붙여놓자.

여러분

귀사의 고객 만족도가 폭락하고, 시장점유율이 위축되며, 주가가 떨어지고 있습니다. 고객의 관점에서 그 이유를 설명하겠습니다. 대하소설처럼 긴 내용을 세세하게 늘어놓으며 귀하를 지루하게 할 생각은 없습니다. 가장 중요한 사항만 말하지요. 나는 저가 쿠폰 때문에 델컴퓨터를 샀지만 제품이 불량이었고, 고객 서비스는 끔찍할 정도로 엉망이었습니다.

오늘 그 컴퓨터를 반송했습니다. 조지 씨, 단지, 단지, 내가 귀하에게 이메일을 썼으니, 환불을 받을 수 있겠지요? 나는 이 편지를 애플의 파워북 컴퓨터로 작성하고 있습니다. 또 나는 집에서 사용하려고 애플 컴퓨터를 두 대 더 샀습니다.

그러나 귀사가 단지 PC 석 대와 고객 한 명을 놓쳤다고 생각한다면 착각입니다. 오늘 귀사는 나 한 명을 놓치면서 고객 한 명이 아니라 그 고객의 친구들까지 놓칠 위험에 처했습니다. 그리고 인터넷과 블로그와 소비자의 순위 결정과 리뷰 서비스 덕분에 귀사 고객들은 전 세계에 많고 많은 친구가 있습니다.

나는 블로그 활동을 합니다. 그리고 나는 델컴퓨터 때문에 고생한 사연을 블로그에서 공유했습니다. 수백 명 이상이 이 주제에 공감했습니다. 직접 방문해 많은 댓글을 읽어보십시오. 너무 바쁘다고요? 그렇다면 인턴사원이나 MBA 출신에게 시키면 되겠네요.

그리고 그들에게 다른 블로거의 많은 글도 모두 읽어보라고 하십시오. 내가 올린 글에 찬성하고 귀사의 제품과 서비스, 상표에 불만을 함께 나누며, 많은 경우에 앞으로 절대 귀사 상표가 붙은 제품을 사지 않겠다고 선언한 다른 사람의 많은 글을 읽어보게 하십시오. 일부 글을 보면 배우는 바가 많을 것입니다.

새로 나온 팝캐스트라고 들어봤나요? 그러면 귀하도 같은 무리입니다. 팝캐스트가 만든 기자단의 글을 읽어보십시오. 귀하는 안 읽더라도 기자단은 블로그를 읽고 있으니까요. 아니면 기자단은 물론 블로그마저 신경 쓰지 말고, 그냥 식당에 가서 소비자들이 귀사를 두고 실제로 무슨 말을 하는지 들어보십시오.

토론토에 있는 한 회사의 부회장 릭 시걸(Rick Segal)은 우연히 회사의 식당가에서 다음 장면을 목격했습니다.

"우연히 우리 건물에 있는 티디 캐나다 트러스트은행 직원 둘의 건너편 테이블에 앉게 됐지요. 전에 본 적이 있는 여성들이라서 직장을 알고 있었답니다."

여성 1 : "델컴퓨터 신제품을 살 작정이었거든. 근데 제프 자비스가 델과 치르는 전쟁에 대해 들어봤어?"

여성 2 : "응, 그 IT 전문가가 나한테 이야기해줬는데 말이지, 델과 아예 상대하지 말라는 글이 코블러란 사람의 블로그에 실렸다고 하네."

좋습니다. 이 이야기를 비웃고, 스코블을 코블러로 잘못 부른 것을 비웃고, 델과 있었던 일을 담은 블로그 글을 이야기하는 두 은행원을 비웃고 나서, 다 웃었다면 관심을 기울이십시오.

나는 IT 전문가가 스코블의 블로그를 읽는 것을 인정하겠습니다. 심지어 그가 의견을 내놓는 것도 인정하겠습니다. 어쩌다보면 그 의견이 들려오기도 합니다.

관심을 기울일 부분 : 많은 사람(혹시 델?)이 '보통 사람' 또는 '대중'은 블로그를 제대로 보지도, 읽지도 않는다고 생각합니다. 우리는 참았다가 잊지요.

엄청난 실수입니다. 또 〈휴스턴 연대기〉의 기술 칼럼니스트가 기고했듯이, 귀사는 소비자 포럼 하나를 폐쇄했으며 회사 대변인은 블로그에서 고객과 이야기를 나누지 않는 게 회사의 정책이라고 발표했습니다. 하지만 이는 엄청난 실수입니다.

그러나 이 블로그 문제에 도움이 되는 충고를 무료로 해드리겠습니다. 변모된 모습으로 화답해주기 바랍니다.

1. 블로그를 읽으세요. 테크노라티, 아이스로켓, 구글, 블로그라인스, 퍼브서브에 방문해 델을 검색한 뒤 이들이 귀사에 대해 하는 말을 읽어보십시오. 이들이 '블로거', 즉 쓸데없는 말이나 주절거리는 이상한 고집쟁이라는 고정관념을 버리세요. 이들은 귀사의 소비자이고, 시장이며, 고객입니다. 귀하가 운이 좋다면 말입니다.

   이들은 그저 사람입니다. 귀사는 사람들이 무엇을 생각하는지 알아내려고 소비자조사와 설문조사, 포커스그룹과 싱크 탱크에 돈을 많이 지출합니다. 블로그에서는 많은 사람들이 돈을 받지 않고도 속내를 털어놓습니다. 귀하는 그저 읽기만 하면 됩니다. 귀하가 해야 할 일은 그저 듣는 것입니다.

2. 소비자와 이야기하세요. 델의 한 중역이 블로그에 관한 한 '보되 관여하지 말 것'이라는 정책이 있다고 말했습니다. 정말로 무례한 말입니다. 귀사는 소비자를 무시합니까? 귀사는 우리가 존재하지 않는 것처럼 행동합니까? 귀하가 수천 달러를 준 사람이 귀하를 무시하면 기분이 어떻겠습니까? 귀하는 그런 대우를 받는 데 익숙하지 않을 겁니다. 우리도 마찬가지입니다. 이는 그저 무례한

행동입니다. 이런 블로거들은 귀사의 제품과 서비스, 상표를 이야
기할 만큼 귀사에 신경 씁니다.

귀하가 할 수 있는 최소한의 행동은 이들과 합류해 대화에 참여하
는 것입니다. 싱크 탱크가 시장이 원하는 제품에 대해 하는 말보
다 훨씬 많은 내용을 배울 것입니다. 그러면 다음 단계로 갑시다.
귀사가 어떻게 해야 하는지 소비자에게 물어보십시오. 그러면 더
나은 제품을 만들어 더욱 만족한 소비자에게 그 제품을 좀 더 많
이 팔게 될 것입니다. 귀사가 허용한다면 이 소비자들은 서로 돕
기까지 할 것입니다. 여러분, 이것이 훌륭한 업체입니다.

3. 블로그 활동을 하세요. 마이크로소프트와 선, 심지어 GM까지도
   최고로 멋진 블로그를 가지고 있다면 귀사도 좋은 블로그를 만들
   어야 하지 않을까요? 아니면 더 나은 질문을 해보지요. 무엇 때
   문에 블로그를 가져야 할까요? 블로그가 유행이기 때문일까요?
   아닙니다. 블로그가 있으면 자녀들에게 멋져 보이기 때문일까요?
   아닙니다. 소비자들과 만나는 것에 개방적이고 이를 두려워하지
   않는다는(음, 그보다는 만나고 싶다는) 점을 보여주기 때문에 블로
   그 활동을 해야 합니다.

4. 귀사에 관해 안 좋은 언론기사와 반대 블로그, 안 좋은 홍보와 소
   비자 불만족, 주가 하락과 저가 전략의 실패에 귀 기울이세요. 귀
   사에 문제가 있다는 점을 블로그에서 인정하세요. 그러고 나서
   품질 개선 계획을 제시하고 우리가 돕도록 허용하십시오. 더 나

은 컴퓨터를 만들고 고객에게 편의를 제공하는 고객 서비스 직원을 고용하세요.

너무 간단하고 아주 어리석은 소리처럼 들리나요? 그러나 현재 귀사는 바로 이런 활동을 안 하고 있습니다. 바로 이 때문에 귀사가 고객으로서 나를 놓친 것입니다. 그러나 현재 귀사를 빼놓고 고객들끼리 진행되는 대화에 참여하면 지금이라도 늦지 않을 것입니다.

-충심을 담아 제프 자비스

추신 : 아들이 쓰게 델컴퓨터 한 대를 남겼습니다. 바로 어젯밤에 아들이 컴퓨터 아래 놓을 냉각팬이 필요하다더군요. 게임할 때마다 그래픽 카드가 과열돼 속도가 떨어지는 것을 막으려면 열을 빨아들여야 한다고 하더군요. 아들은 인터넷에서 검색하다가 델에 불만을 제기하는 사람을 많이 발견했답니다……. 그런데 그런 불만에 아무도 귀 기울이지 않았더군요. 그나저나 우리가 한 말은 귀담아들을 건가요?

자비스의 현명한 말이 주목을 받았고 전 세계의 블로그, 신문, 잡지에 링크됐다. 또 이는 델에서도 히트했다. 당시 인터넷에서 원성이 가장 높던 폭풍이 일고 나서 몇 달 동안 완전히 조용하다가 2006년 7월 델은 다이렉트투델(Direct2Dell)을 개설했다. 이는 델의 첫 벤처 블로그이며, 자비스는 이를 '대화' 라고 불렀다.

이 블로그는 완벽하지 않았고, 비평가들은 콘텐츠, 어조, 블로그 관리와 최적화 방법에서 델이 잘못하고 있음을 줄줄이 지적했다. 이 블로그의 원래 이름은 텍사스의 데킬라 술집과 XXX 등급 사이트 이름과 비슷했다. 어쨌든 델은 적어도 토론에 기꺼이 참여해 소비자와 연계 고리를 만들려는 시도를 보여줬다. 많은 사람이 여전히 화냈고, 일부는 그저 궁금해했으며, 더러는 델과 이 회사 제품을 지지했다.

델에 베테랑인 17세의 라이오넬 멘차카(Lionel Menchaca)는 델의 첫 번째 공식 블로그의 주요 필자이자 편집자가 됐으며, 따라서 그는 델 헬 폭풍의 새 피뢰침이 됐다. 이 블로그는 회사가 직접 통제하지 않는 장에서 자사와 제품, 서비스에 부정적인 평이 외부로 표명된다는 면이 있지만 공식 포럼(지지자는 물론 비평가도 회사의 운영 실적을 평할 수 있음)의 경우에도 이런 부정적인 평들이 회사 서버에서 자체 상표 아래에 나오기는 마찬가지다. 그러니 기업이 외부 공격에 둔감해지면 이럴 때 유용하다.

멘차카는 델 안의 많은 직원이 기껏해야 회의적 반응을 보였다고 인정하지만 그래도 델이 최소한 인터넷 혁명의 유산을 보유했다고 강조한다. 인터넷 혁명은 과거나 현재나 고객과 연결된 주요 방법이다. 이것은 델이 사업을 시작했을 때 시장에서 다른 업체와 구별되는 주된 다른 점이었다. 이 덕분에 보편적으로 제3자와 소매상을 통해 영업했던 경쟁사들보다 싸게 판매할 수 있었다.

그렇지만 델의 인터넷 경험은 과거의 온라인 행동 모형을 기반으로 한 것이었다. 고객이 회사 사이트에 방문해서 교류한 뒤 나가는 모형 말이다. 델닷컴과 여러 나라에 있는 델의 홈페이지들은 상당히 효율적인 판매 사이트다. 그러나 이런 사이트는 기본적인 기술을 지원하는 질의와 응답 페이지의 차원일 뿐 상호 의사소통을 조장하게 만들어지지 않았다.

멘차카는 제프 자비스가 촉발한 성난 군중 안의 개인들이 제기한 특정 문제에 답변을 올리기 시작했다. 많은 경우 고객관리 담당이나 기술 서비스 담당에게 연결하는 정도였지만, 이는 적어도 델이 귀 기울이려 하고 비평에 따라 행동할 준비가 돼 있음을 군중에게 보여줬다. 사람들은 델이 미리 대책을 강구하라는 요구를 받아들이고 자신들의 문제를 해결하려는 진정한 노력을 보이자 이를 화제로 삼기 시작했고, 결과적으로 비판과 더불어 긍정적 이야기도 퍼졌다. 심지어 델 헬을 충동질한 당사자인 제프 자비스마저 델이 개별적인 고객과 관련된 문제와 기타 많은 불만사항을 해결하려고 노력하는 점을 칭찬했다.

멘차카는 이 뒤의 어려움을 솔직하게 털어놓으며, 델은 고객과 대화할 때 이야기를 끌어내는 것은 물론이고 고객이 행동에 나서게 하려고 막후에서 엄청난 작업을 해야 했다고 말했다. 그는 블로그로 델과 교류한 고객들이 자신들의 중요성을 강하게 지각했고,

이는 자신들의 문제가 아주 빠르게 다뤄지기를 기대한다는 의미였음을 인정했다. 그러나 델은 진정으로 '긴급'하게 문제를 해결하는 것이 때로 몹시 어려웠다.

멘차카가 운영한 공식 블로그는 문을 연 지 2주 만에 힘겨운 첫 시험대에 부딪혔다. 델 노트북이 불길에 휩싸인 동영상이 인터넷에 올라왔고 조회 수가 엄청나게 올라갔다. 이는 델 제품의 질이 형편없는데다가 위험하기까지 하다는 증거였다. 비행기에서 노트북이 화염에 휩싸여 폭발한다면 어떻게 될지 상상해보라. 멘차카는 블로그라는 수단으로 신선하고 믿음이 가는 목소리로 답변했다. 멘차카는 그 폭발은 사실 노트북 자체가 아니라 배터리 문제로 일어났다고 강조했으며, 동일한 배터리를 사용하는 소비자에게 교환해주겠다고 밝혔다.

델의 커뮤니티와 컨버세이션 책임자 밥 피어슨(Bob Pearson)은 이는 자사에 관한 부정적 기사에 블로그를 링크한 첫 경우라고 강조했다.

"우리를 비난하는 모든 종류의 기사를 블로그에 링크했습니다. 이 사안에 관한 한 시종일관 정기적으로 링크했지요. 이를 통해 신용을 얻었고, 얼마 지나지 않아 사람들이 노트북 폭발은 델만이 아니라 많은 제조업체들이 겪는 일이라는 점을 이해했습니다. 게다가 사람들은 우리만이 이 사안을 심각하게 받아들이고 대응하는 모습을 지켜봤지요."

배터리 문제는 델의 사업에 치명적 손상을 입힐 수 있었다. 사실 델은 이 상황을 전문적으로 처리한 덕분에 정직하고 솔직하다는 새로운 명성을 얻었다. 이는 델의 첫 반격이었다.

블로그 영역에서 그리고 이후 주류 언론에서 상황은 델에게 유리하게 변했다. 개인들의 불만은 사실상 여전히 들어왔고, 고객들은 제품과 서비스에 관한 실제 또는 허구의 문제에 화가 나 있었다. 그러나 현재 이 가운데 대부분은 조직적 실패의 결과가 아니라 개인적 사안으로 여겨진다. 전체적으로 이제 이 업체는 민감하게 대응하며 정직하다고 인정받는다. 밥 피어슨은 블로그에 올라오던 부정적 댓글이 48퍼센트에서 22퍼센트로 줄었으며 이 수치가 계속 떨어진다고 말했다.

델이 크라우드 서퍼가 돼가는 굴곡 많은 과정의 마지막 단계는 아이디어스톰 웹(IdeaStorm Web) 포럼이 시작된 2007년 중반에 일어났다. 이는 제품과 서비스 제안을 위한 공개 포럼으로, 델 사용자들은 조언 5,500건과 평가 2만 4,000건을 남겼다. 가장 중요한 점은 델이 아이디어스톰 커뮤니티에서 아이디어를 얻어 21개 제품을 개발하기 시작했다는 것이다. 밥 피어슨에 따르면 아이디어스톰은 '고객이 델 건물의 복도를 걷게 하려는' 노력의 일환이다.

"일반적인 포커스그룹(테스트할 상품을 토의하는 소비자 그룹—옮긴이)의 경우 델 직원은 한두 시간쯤 토의에 참여했다가 샌드위치를 나눠주고 나서 자리를 뜹니다. 그러나 아이디어스톰의 경우 우리는 두 달 이상 진행되는 대화를 계속 듣습니다. 완전히 다른 방법 이지요."

마이클 델은 아이디어스톰이 사업에 주는 영향을 확신한다.

"아이디어스톰은 가치를 창조하고 있습니다. 고객의 아이디어를 투입해 신제품과 새로운 서비스를 개발하지요. 어떤 결과가 나올지 우리도 몰랐죠. 하지만 이런 좋은 아이디어가 있는데 시도하지 않을 이유가 없지요. 경쟁사가 이 아이디어 정보를 입수할 수 있다고 걱정하는 사람이 있지만, 그래서 어떻다는 겁니까? 여전히 중요한 점은 반응 시간이고, 어쨌든 포커스그룹보다 여기에서 대화를 진행시키고 싶었을 것입니다. 일부 아이디어는 기발했고, 일부는 실제적이었고, 일부는 충분한 생각 끝에 나왔고, 일부는 말도 안 됐습니다. 이 모든 아이디어가 상업적 성공으로 이어지지는 않습니다. 그러나 고객이 아이디어를 발휘해 창조된 힘과 직원들이 반응하는 방식을 지켜보면서 아주 놀랐습니다."

밥 피어슨은 자사 제품의 마케팅 전략을 정해주는 아이디어스톰의 능력에 흥분해 있다.

"2007년 2월 리눅스 PC를 출시할 계획이 전혀 없었습니다. 그러나 경영진 회의에서 그 주제에 투입된 질과 양을 읽고 나니 사람들이 원하는 제품이 확실해지더군요. 아이디어스톰 위원회에서 리눅스 PC를 제안했고 투표에서 압도적으로 찬성했기 때문에 최대한 빨리 리눅스 PC를 제공해야 했습니다. 이 점이 아이디어스톰에서 중요한 부분이지요. 그저 회의실에 앉아 토론하다가 옳든 그르든 무조건 말싸움에서 이기는 사람의 생각대로 고객이 원하는 사항과 자신의 몫을 결정하는 경우와 다릅니다. 이제 아이디어스톰에서 실시간으로 고객이 원하는 사항을 파악할 수 있습니다."

델은 리눅스 PC를 제작하자는 제안을 받아들인 뒤 원하는 리눅스의 기본 플랫폼을 물었다. 그러자 분명하고 큰 소리로 '우분투(Ubuntu)'라는 답변이 돌아왔다. 피어슨이 말했다.

"다른 예는 윈도우 XP입니다. 비스타를 출시한 뒤에도 XP의 수요가 아주 많다는 점이 명백했습니다. 과거라면 그저 새 시스템을 도입했을 것입니다. 그러나 이제 우리는 옛 시스템을 원하는 고객도 있음을 알 수 있죠. 따라서 두 시스템을 모두 제공하기 때문에 고객이 원하는 대로 선택할 수 있습니다."

현재 델은 이른바 '수용된 해결책'을 위해 더욱 공식적인 플랫폼을 만들고 있다. 델의 고객이 다른 고객이 올린 질문에 답을 게재하면(그 답이 맞고 대중과 델 모두에게 효과 있으면) 이 사이트에 올라가서 풍부한 고객 서비스 해결책의 일환이 된다. 고객이 고객 문제를 해결해주는 것이다. 델로서는 비용효과가 가장 높은 방법이다.

또 델은 제안과 아이디어가 관련된 제품과 서비스를 담당하는 팀으로 원활하게 전달되도록 이른바 시스템 '재처리'를 향상하는 작업을 하고 있다. 많은 회사들은 고객들이 겪는 문제점이나 필요사항을 가장 잘 해결해줄 직원에게 고객을 연결하는 부분에서 어려움을 겪는다. 델은 이 문제의 단기적 해결책으로 안내서 시스템을 도입했지만 고위 관리자들은 자동 시스템 개발이 '관련 부서장에게 최우선 항목'이라고 말한다.

이 밖에 델은 아이디어스톰의 배경이 된 발상을 활용해 직원을 참여시키고 특별한 전문성과 지식을 도입하는 방법으로 전환했다. 밥 피어슨에 따르면 반응은 놀라웠다.

"지금까지 직원들이 3,000개 이상의 아이디어를 냈습니다. 이 아이디어들은 심도 깊은 기술적 솔루션부터 '더 많은 할인 혜택'에 이르기까지 범위가 다양하지요……. 그나저나 우리는 직원들이 원하던 대로 할인 혜택을 더 많이 줬답니다."

또 사내에 블로그 문화를 조장해 블로그에 IT 산업계의 개발 동향을 담았다. 사실 이런 블로그는 델이 직원들과 의사소통하는 주요 방식으로 자리 잡았다. 밥 피어슨은 미래에 큰 기대를 건다.

"온라인에 대규모 커뮤니티들이 새로이 탄생하고, 새로운 네티즌이 날마다 50만 명씩 생깁니다. 우리는 이들과 이들이 원하는 바에 초점을 맞춰야 합니다. 그리고 5억 명에 달하는 인도의 힌두교도나 3억 명의 러시아인을 비롯해 이제야 직접적·개인적으로 접촉하기 시작한 큰 커뮤니티들도 있습니다."

마이클 델이 직원들에게 다음 말을 거의 전도사처럼 되풀이하는 걸 보면 현재 그는 크라우드 서퍼의 대열에 완전히 올라섰다.

"델은 한 해에 컴퓨터 4,000만 대를 판매합니다. 유감스럽게도 모든 제품을 하자 없이 완벽하게 생산하기는 불가능하고, 이런 일이 발생할 때마다 타격을 입지요. 어쨌든 (이런 사안에 대한) 대화가 시넷닷컴(CNET.com)이나 다른 사이트에서 진행될 것임을 재빨리 인식하고, 가능하면 이런 이야기가 델닷컴에서 거론돼 빠르게 대처할 수 있게 해주십시오. 그리고 전 세계에서 진행되는 대화에 참여해 자사의 대처 시간을 단축하고 이로부터 배우는 능력을 향상시킵시다."

모든 크라우드 서퍼가 겪는 어려움은 소비자주권 강화의 물결을 계속 타야 하는 것이다. 마이클 델은 델이 이 어려움을 해결할 수 있다고 믿는다.

"우리 회사와 고객의 관계가 더욱 가까워질 겁니다. 제품과 서비스의 공동 창조 또는 점점 빠른 반응 시간 등 여러 형태로 나타나겠지요. 이 관계는 델이 처음부터 항상 고객의 특정 요구에 맞춰 제품을 만들던 강점을 기반으로 형성됩니다. 그리고 나는 상상도 못하지만 고객들은 상상할 수 있는 다른 아이디어가 많다고 확신합니다. 이제 우리는 피드백을 받아들여 가치 있는 요소로 바꿀 탄탄한 과정이 확립되었습니다. 이 정도 규모의 회사는 몇 사람으로는 아이디어를 낼 수 없습니다. 아이디어를 내고 그런 아이디어의 힘을 이용하려면 수백만 명이 동원돼야 합니다."

이는 델 스타일의 크라우드 서핑이다.

군중이 상표 정착을 주도하게 한 마이크로소프트

마이크로소프트는 너무 오랫동안 다른 사람(언론, 경쟁사, 특히 비방하는 사람)이 자사를 대변해서 말하게 방치했다. 스스로 더 나은 대처를 하는 대신에 말이다. 우리 두 사람은 장기적으로 다른 사람을 행복하고 성공하게 하려면 마이크로소프트가 스스로 이야기(진행 중인 작업, 그 작업을 하는 이유, 그 작업이 중요한 이유)를 더 분명하게 표명해야 한다고 확신한다. 물론 사람들이 하룻밤 사이에 기적적으로 마이크로소프트를 좋아하게 될 것이라고 기대하지는 않는다. 그러나 이렇게 할 수 있다면 사람들이(마이크로소프트 직원 포함) 이 회사에 대해 다른 관점을 갖게 할 수는 있을 것이다.
　　　　　　－휴 맥클리오드(Hugh MacLeod), 블로그 만화가이자 블루 몬스터 창안자

지난번 집계에서 마이크로소프트 직원 5,000명 이상이 블로그 활동을 하는 것으로 나타났다. 그중 해야 할 사항과 하지 말아야 할 사항을 법률팀에게 말 또는 메모로 지시나 교육을 받은 직원은 거의 없었다. 이 직원들은 이미 수백만 명의 마이크로소프트 고객, 경쟁사, 언론, 협력자, 입법자, 동료, 다른 직원과 날마다 끊임없이 이야기한다. 홍보부와 마케팅부는 직원들이 올리는 글에 전혀 관여하지 않는다. 직원들은 마이크로소프트가 블로그 스마트 원칙 (Blog Smart Principles)의 형태로 지도만 하는 것을 선호한다.

이 원칙은 다행히도 짧다. 게다가 실제이든 상상이든 많은 이유로 공격하는 사람들에게 괴롭힘을 당하고 미국과 유럽에서 언론의 강한 감시와 입법자의 압력에 시달리는 회사에서 이런 원칙만

으로 직원들의 블로그를 관리한다. 그렇다면 소송과 언론의 부정적 논평에 휘말리지 않으면서도 그렇게 많은 직원이 수많은 주제에 대해 회사 처지에서 회사를 위해 이야기하게 만든 비결은 무엇인가? 마이크로소프트의 전 직원은 어떻게 해서 공과 사의 미묘한 선을 그토록 잘 지킬 수 있는가?

사실 이는 수년간 쌓인 경험으로 무장한 반백의 홍보 전문가들에게나 믿고 맡길 업무다. 기자가 생각하기도 전에 언론의 모함 전략과 주요 질문을 미리 파악할 수 있는 전문가들 말이다.

블로거들에게 위의 질문을 하면 마이크로소프트가 '우리를 성인처럼 대한다'는 답이 나올 것이다. 마이크로소프트 직원이자 영국에서 가장 많은 사람이 읽는 블로그 '가면을 쓴 컴퓨터 광(Geek in Disguise)'의 주인장인 스티브 클레이턴은 '회사의 지침은 그저 지침일 뿐'이라고 한다. 하지 말아야 할 사항보다 해야 하는 사항과 할 수 있는 사항에 대한 조언이 더 많다.

어쨌건 모두에게 교훈이 되는 핵심은 '블로그 스마트'다. 이는 지침의 제목이자 마이크로소프트가 직원에게 기대하는 바다. 따라서 모든 직원이 자기주장을 할 수 있으며, 현명한 자세로 블로그를 운영하는 한 아무 문제가 없을 것이다.

"넘어서는 안 될 선이 분명한 주제가 있습니다. 그리고 핵심은 블로그에 글을 싣거나 다른 사람의 블로그에 댓글을 남기기 전에 누구나 그 글을 읽을 수 있으며 여러 뜻으로 해석될 여지가 있음을 명심하는 겁니다."

마이크로소프트의 블로그 스마트 정책은 아주 계몽적이라 이 책에 전문을 싣는 게 마땅하다. 경고가 아닌 격려가 몇 번이나 나오는지 세어보자.

마이크로소프트에서 블로그 잘 운영하기 : 최선책 안내

마이크로소프트 직원은 웹블로그, 즉 블로그 덕분에 고객과 연계되고, 신뢰를 쌓으며, 업계와 쌍방향 대화를 할 수 있게 됐다. 마이크로소프트 블로거의 성공은 자신의 블로그를 회사를 위한 의사소통 도구로 책임 있게 사용하는 능력이 있었기에 가능했다. 아래는 가장 효과적으로 블로그 활동을 하게 돕고 일반적인 함정을 피할 수 있는 간단한 지침이다.

현명하라

마이크로소프트 직원들은 올바르게 행동한다는 점에서 폭넓은 신뢰를 받고 있다. 그러니 고객과 협력사, 언론과 대화하거나 의사소통할 때 동일한 상식을 블로그 활동에 적용하자. 회사의 가치관, 행동 기준과 일치하는 방식으로 행동하자. 블로그에 게재하기 전에 협의회에서 발표하거나 고객에게 설명하거나 심지어 비행기에서 옆에 앉은 승객에게 이야기할 때도 다룰 만한 내용인지 자문해보자.

훌륭한 블로그 예절

블로그의 대상이 그저 가족이나 친구이든, 애호자가 다섯 명이든, 제품 개선과 고객 관계 확립을 목적으로 하든, 날마다 방문자가 수천 명이 넘든 모든 상황에서 블로그를 최대한 잘 활용할 간단한 사항이 몇 가지 있다.

- 자주 지속적으로 블로그 활동을 한다. 처음에 거창한 목적으로 시작했다가 점차 활동이 잦아드는 블로그야말로 최악이다. 진짜 왕성하게 블로그 활동을 할 작정이 아니라면 아예 블로그를 시작하지 말자. '죽은' 블로그는 더는 필요 없다.
- 인간미가 넘치는 목소리를 사용하며 자연스럽게 행동하자.
- 둔감해지자. 과도하게 행동하지 말자. 반응하기 전에 생각하자.
- 일관된 URL을 유지하자. 그렇게 해야 사람들이 블로그를 찾기 수월하다. 마이크로소프트 직원들은 blogs.msdn.com, 곧 개시할 blogs.technet.com 또는 엠에스엔 스페이스(MSN Spaces) 같은 무료 서비스에 블로그를 개설할 수 있다.
- 피곤하거나 기분이 나쁘거나 스트레스를 받을 때는 블로그 활동

을 쉬자. 기분 때문에 판단력이 흐려지게 하지 말자.

➤➤ 댓글에 답글을 달자. 블로그는 쌍방향으로 운영될 때 가장 효과가 크다.

➤➤ 가장 관심 있는 부분에 글을 올리자. 자신의 분야에서 권위자가 되자.

➤➤ 블로그를 Microsoft.com에 등록해 다른 사람들이 자신의 블로그를 찾을 수 있게 하자.

➤➤ 다른 블로그와 링크하자. 그러면 그 블로그의 주인들도 동일한 행동으로 화답할 것이다.

➤➤ 실수하면 알리고 잊어버리자.

블로그 쓰기

블로그의 글은 독특하게도 개인적이며 대사체다. 블로그는 개성, 생각, 아이디어, 열정 등 한 개인으로서 주인을 아주 많이 반영한다. 일과 사생활 사이의 구분이 모호해질 수 있으며, 블로그 또한 예외가 아니다. 자연스럽게 행동하고, 자신에게 편하게 여겨지는 내용을 공유하고, 마이크로소프트와 스스로에게 진실하자.

➤➤ 자신의 생각을 이야기할 때는 개인 견해라는 것을 분명하게 알리자. 개인적인 관점이나 의견이나 공약을 표명할 때 독자들에게 해당 내용이 개인 견해임을 확실히 밝히거나 IMO(in my

opinion, 제 소견으로는) 또는 IMHO(in my humble opinion, 제 부
족한 소견으로는) 등을 삽입해 의견이라는 표시를 명확히 하자.

- ▶▶ 〈뉴욕타임스〉 규칙을 따르자. 이 글이 〈뉴욕타임스〉의 1면에 인
  용되면 어떤 반응이 나올까? 혹은 슬래시닷(SlashDot, 기술 전문
  사이트–옮긴이)에 실리면 어떨까?

- ▶▶ 언론이 블로거이고 블로거가 언론이다. 블로그에 올리는 모든
  내용을 기자나 다른 블로거들이 사용할 가능성이 있음을 명심하
  자. 자신이 말하는 모든 내용이 '기록' 된다.

- ▶▶ 언론사 관계자가 직접 접촉해오면 홍보 대행자에게 조력을 요청
  하자. 자신이 작성한 내용에 앞으로 정보를 요청하는 메일을 언
  론사 측에서 보낼 수도 있다. 직접 이메일을 주고받으며 이야기
  를 나누기보다 마이크로소프트의 홍보부에 연락하라고 정중하
  게 알려주자.

- ▶▶ 확신이 없으면 물어보자. 블로그와 관련해서 궁금한 점이 있으
  면 LCA나 동료나 다른 블로거들에게 문의하자.

기밀 정보

직원들은 날마다 기밀 정보를 다루게 된다. 블로그를 운영하면
서 이런 정보를 잘 보호하는 것이 중요하다.

- ▶▶ 마이크로소프트 소유든지 다른 단체 소유든지 막론하고 기밀 암

호나 정보나 발명이나 기타 자료를 게재하지 말자.

➤➤ 다른 사람에게 기밀 정보를 요구하지 말자.

➤➤ 자신의 블로그에 올라온 다른 사람의 글에 그 사람이 공유할 권리가 없는 내용이 들어 있다면 글을 삭제하자.

➤➤ 이전 직장의 기밀을 지키자.

➤➤ 홍보 담당자에게 확인하지 않고 새로운 소식을 발표하지 말자.

➤➤ 마이크로소프트의 직원이라고 알리자. 자신과 마이크로소프트의 관계를 다른 사람들이 확실하게 알도록 관련된 게재물 또는 댓글에서 이를 명백하게 밝힌다.

➤➤ 블로그에 올린 업무와 관련된 글을 판매하거나 전달하기 전에 상관이나 홍보부나 LCA 담당자와 이야기하자. 고용 계약에 따라 마이크로소프트는 직원이 회사에 고용된 영역에서 생산된 내용을 모두 소유하기 때문이다. 기밀 정보에 관한 한 블로그 또는 다른 커뮤니케이션과 동일하다.

피드백

블로그는 제품이나 계획이나 아이디어를 수집할 아주 좋은 출처다. 다음은 의견을 제시하는 사람과 마이크로소프트를 보호하기 위해 피드백을 올바르게 수집하고 사용하게 만드는 지침이다.

➤➤ 마이크로소프트 제품의 외양, 유용성, 품질, 원하는 사양이나 기

능, 마이크로소프트가 특정 행동을 해야 하는지를 블로그 독자에게 묻고 여기에서 나온 의견을 활용하고 공유하자.

▶▶ 피드백 때문에 마이크로소프트의 제품과 서비스가 바뀐다면 특허권을 위반할 위험이 높아지므로 피드백을 처리할 때 주의하자. 따라서 자신이 제품 개발에 관여하며 커뮤니티의 피드백이 자신의 부서에 필요한 경우 커뮤니티가 해준 피드백에 특허권 위반의 위험성이 있는지와 부서의 위상을 확인해두자.

▶▶ LCA 승인 없이 마이크로소프트의 제품과 서비스를 완성할 소스 코드를 요구하거나 검토하거나 사용하거나 공유하지 말자.

▶▶ LCA의 승인이 없는 상황에서 블로그 독자에게 API, 파일, 도해 또는 이와 비슷한 아이템을 요구하거나 검토하거나 공유하지 말자.

▶▶ 마이크로소프트의 제품과 서비스에 대한 커뮤니티의 특정하거나 세부적인 피드백을 요청해야 하는 업무를 담당한다면 LCA 담당자와 협력해서 참석의 위험도를 평가하고 (또는) 피드백을 처리하는 능률적인 과정을 만들자.

▶▶ 자신이 다른 제품에 대한 피드백을 처리할 적임자인지 생각해보자. 블로그 독자들에게 제품 피드백을 받을 목적으로 만들어진 마이크로소프트의 웹사이트들(예, 엠에스위치(MSWish)와 제품 피드백 센터)에 피드백을 올리라고 부탁하는 것을 고려해보자.

▶▶ 사업 개발과 관련된 모든 제안을 기회관리센터로 넘기자.

조력하기

고객은 마이크로소프트의 기존 또는 향후 제품에 관한 자료를 본사의 웹사이트에서 못 찾으면 마이크로소프트의 블로거들에게 도움을 받으려고 한다. 도울 수 있다면 고객이 만족스러운 답을 가지고 돌아가는 것은 아주 좋은 일이다. 그렇지만 다음 기본 지침을 따라 모든 관계자에게 최선책인지 확인하기 바란다.

- ▶▶ 고객이나 협력사를 도울 때 정확하고 최신이며 공개적으로 입수할 수 있는 정보를 주자.
- ▶▶ 전문가가 아니라면 그런 척하거나 답을 날조하지 말자. 특히 보안은 진짜로 복잡한 주제이며, 잘못된 조언이 상대방과 마이크로소프트에게 피해를 줄 수 있다. 따라서 보안 업무를 중심으로 하는 실제 전문가가 아니면 안티바이러스 소프트웨어를 가동하고 방어벽을 사용하라고 말하는 것 외에 너무 깊은 부분까지 지시적으로 안내하려 하면 안 된다.
- ▶▶ 다른 제품팀을 대변해서 이야기하지 말자.
- ▶▶ 제품 지원 서비스, 뉴스그룹(온라인 토론 그룹의 일원–옮긴이), 다른 블로그, 사용자 그룹, 마이크로소프트와 커뮤니티가 운영하는 웹사이트 등 고객을 지원하는 곳이 많음을 잊지 말자. 이들을 블로그롤(blogroll)에 올려놓으면 좋다.

소프트웨어 개발 부문에서 마이크로소프트의 전문성을 감안하면 짐작되겠지만 이 회사는 블로그 활동을 하고 싶어 하는 직원들을 위해서 특수 미디어 기반을 두 개 만들었다. 이 기반 또한 고객과 협력사, 이해관계자들과 교류하는 데 사용된다.

마이크로소프트의 크라우드 서핑은 새로운 움직임이 아니다. 이 회사의 직원들은 그간 웹 포럼에 참여했으며 수년 동안 각종 컨퍼런스와 회의에서 블로그 사용을 탐구했다. 2004년 마이크로소프트의 직원들은 최초의 온라인 텔레비전 쇼를 시작하면서 모두에게 이익을 줬다. 사실 이는 손수 제작한 인터뷰를 게재한 웹사이트였다. 마이크로소프트의 기술자들이 등장해서 제품과 앞으로 계획을 설명하는 장면을 휴대용 카메라로 촬영한 것이다.

이 웹사이트는 오퍼레이팅 시스템을 풍성하고 훌륭하고 유용하게 만들어 마이크로소프트 성공의 핵심이 됐던(지금도 핵심인) 프리랜서 개발자 커뮤니티를 목표로 한다는 점을 솔직하게 드러냈다. 이 쇼의 이름은 채널 9이며, 이는 마이크로소프트에서 7년간 재직한 렌 프라이어(Lenn Pryor)의 창작물이다.

프라이어는 회사 외부에서 도입되는 새로운 형태의 참여적 미디어를 탐구하고 싶었다. 그의 꿈은 자신과 동료들이 엄청난 기반을 갖춘 개발자들(대부분 많은 시간을 온라인에서 보내며 이런 미디어의 초기 도입자)과 직접 교류하면서 가까워졌다. 중간 매개물 없이 말이다. 그렇게 되면 온라인 통신이나 무역 간행물의 편집자나 기자가 이 새로운 미디어에서 그들끼리 하는 말을 평가하지 못할 것이다. 이는 마이크로소프트 직원과 개발자 사이의 일대일 교류였다.

채널 9가 출범했을 때 마이크로소프트의 일부 인사는 이를 전혀 반기지 않았으며, 프라이어는 '귀찮은 메일'을 받거나 회사 복도에서 마주치는 사람들에게 항의를 받았다. "대체 댁이 뭔데 그러셔?" "무슨 짓 하는지 알고나 하는 건가?"가 흔한 비평이었다. IT 분야에 포진한 비꼬기 좋아하는 수많은 사람들이 마이크로소프트를 공격할 만반의 준비를 갖추고 있다는 점에서 그들의 회의론을 이해할 만했다. 프라이어와 그의 팀은 굴복하지 않았고, 회사 측에서 볼 때 그의 새로운 발상이 변화를 불러오기 시작했다는 점이 명백해졌다. 심지어 제품을 선전하기 가장 어렵고 냉소적인 시청자 사이에서도 말이다.

채널 9의 주요 대변자는 프라이어의 동료인 로버트 스코블(Robert Scoble)이었다. 그는 빠르게 사이트를 상징하는 의미가 됐고, 이론의 여지는 있지만 빌 게이츠(Bill Gates)와 스티브 발머(Steve Balmer) 이래 가장 유명한 마이크로소프트 직원으로 자리 잡았다. 로버트 스코블의 도전적 인터뷰 스타일과 회사의 공식 입장에 어긋나고 귀에 거슬리는 개인적 의견은 방송을 안 보고는 견딜 수 없게 했다. 좋은 일은 물론 나쁜 일에도 '그럴 줄 알았다'고 말하는 마이크로소프트 직원들의 열정적 모습은 수백, 수천, 급기야 수백만 시청자를 끌어모았다.

6개월도 되지 않아 이 사이트에 250만 명이 방문했으며 마이크로소프트에 회의적이었던 블로그를 포함해서 수천 개의 블로그에 링크됐다. 이렇게 다른 블로그에 링크되는 것은 중요하다. 링크하는 것은 해당 사이트가 권위 있음을 의미하며 다른 사람들이 그 사이트를 방문하도록 종용하기 때문이다.

여러 글과 프라이어와 스코블이 촬영한 새로운 동영상은 점점 많은 추종자를 불러들였다. 논평란에서 대물소송이 거론됐고 개발자와 기자와 블로거가 각종 사안을 놓고 토론을 벌였다. 대부분의 회사들과 마찬가지로 마이크로소프트는 과거에 이런 사안을 통계 브로슈어나 웹사이트, 피상적인 보도자료 형태로 간단하게 처리했다. 업무 시간에 하루 종일 앉아서 마이크로소프트 제품에 맞는 애플리케이션을 개발하는 냉소적이고 완고한 프로그래머들은 그저 사람들에게 자신들의 이야기를 하고 싶었다.

기본적으로 마이크로소프트는 채널 9를 사용해 회사에 뉴스와 기타 기업 정보를 퍼뜨리는 효율적인 수단을 제공했다. 그러나 얼마 지나지 않아 이 채널이 마이크로소프트의 디지털 생태계를 실제로 작용하게 만드는 사람들에게서 소중한 피드백을 얻는 훌륭한 방법인 것이 분명해졌다. 이해관계자와 주주, 언론은 마이크로소프트가 대화하려는 노력을 인식하기 시작했다. 이는 이른바 독점적이고 지배광인 회사에 기대한 행동이 아니었다.

동영상에 등장하는 마이크로소프트 직원들은 그저 사람이었다. 이들은 열성적이고 지식이 있으며 진정으로 헌신적이었다. 이들 가운데 일부는 상당히 재미있기까지 했고, 더욱이 회사의 치부까지 기꺼이 방송에 드러내려는 의지는 직원들과 마이크로소프트에 호감을 갖게 만들었다.

블로그 '가면을 쓴 컴퓨터광'을 운영하는 스티브 클레이턴은 마이크로소프트 안에서 직원이 주도하는 크라우드 서핑의 한계를 해결해나가는 스코블의 모범을 따라 했다. 클레이턴은 재미있지만 대체로 음울한 풍자만화 작가로 웹에서 유명한 휴 맥클리오드라는 영국 블로거를 만났다. 맥클리오드는 클레이턴과 동료들에게 감동을 받았으며, 이전에 마이크로소프트에 지녔던 나쁜 이미지와 달리 그들이 에너지와 열정이 넘치고 솔직한 것에 흥미가 생겼다. 맥

마이크로소프트, 세상을 바꾸든지 아니면 입 닥치시구려

클리오드는 직원들을 만난 뒤 '블루 몬스터'라고 이름 붙인 만화를 보냈다. 맥클리오드는 "그 만화는 직원들이 다양한 방식으로 자사에 대해 말하는 내용을 나 나름대로 요약한 것이라고 할 수 있죠"라고 했다.

클레이턴과 마이크로소프트의 다른 직원들은 맥클리오드의 만화를 마음에 들어 했다. 따라서 맥클리오드는 배경을 설명하는 클레이턴의 간략한 동영상과 함께 그 만화를 자신의 블로그인 www.gapingvoid.com에 게재했다. 마이크로소프트 직원들은 만화를 보자마자 만화가 자신들에게 말을 거는 것처럼 느꼈다. 만화는 즉시 이메일을 보낼 때 마지막에 첨부되기 시작했고 곧 명함 뒤에 새겨졌다. 마이크로소프트의 직원들이 사내 표어로 받아들이면서 만화의 다양한 버전이 각종 언어로 등장했다. 맥클리오드에 따르면 이 제목은 다양한 단계에 적용된다.

"잠재적 고객에게 세상을 바꾸든지 아니면 입 닥치라고 말하는 마이크로소프트, 직원에게 세상을 바꾸든지 아니면 입 닥치라고 말하는 마이크로소프트, 동료에게 세상을 바꾸든지 아니면 입 닥치라고 말하는 마이크로소프트 직원, 마이크로소프트에게 세상을 바꾸든지 아니면 입 닥치라고 말하는 다른 사람들 등으로 해석할 수 있지요.

마이크로소프트 직원은 약 7만 명입니다. 이 가운데 많은 수가 세상을 바꾸려고 굳게 결심했으며 대체로 이 결심을 이어가지요.

고객 수백만 명도 같은 생각을 합니다. 기본적으로 마이크로소프트는 세상을 바꾸려고 사업합니다. 마이크로소프트 측이 이 방향을 상실하면 입 닥쳐야겠지요."

물론 마이크로소프트에는 상표와 로고가 있어 그 상징을 제대로 정립시켰고 누구나 잘 인식하고 있다. 또 마이크로소프트는 일단의 대행사와 컨설턴트를 고용해 자사 상표를 보호하고 양성하는 최선책을 고민하라는 임무를 맡긴다. 이처럼 상당히 잘 통제된 상표 정립 장치 속으로 맥클리오드의 블루 몬스터가 흘러들었다. 마이크로소프트의 기업문화를 공격적으로 해석한 이 그림은 직원 7만 명과 협력사 사이로 바이러스처럼 확산됐다. 마이크로소프트는 블로그와 소셜 미디어를 활용해 내·외부 청중에게 권력을 부여한 지 4년째에 접어들었지만 그래도 군중이 주도하는 상표 정착은 새롭게 접한 영역이었다.

그러나 마이크로소프트에 새로 확산된 불간섭주의 정신 덕분에 블루 몬스터는 이 회사의 상표 정립 전문가들에게 구속받지 않고 자체적으로 발전하게 됐다. 클레이턴은 이렇게 말했다.

"블루 몬스터는 우리가 협력사와 하는 대화를 완전히 바꾸어놓았습니다……. 이제 우리 대화는 몬스터가 기가 막히게 멋지다거나 협력사들이 이 운동의 일환으로 참여하게 돼서 아주 즐거워한다는 이야기로 시작되지요. 적어도 협력사로서 마이크로소프트는 그리 괜찮은 기업이 아니었습니다. 그러나 이제 그렇게 된 것이죠."

블루 몬스터는 그동안 마이크로소프트를 완강하게 싫어했던 사람들마저 이 분위기에 동참시켰다. 과거에 이 회사에 냉소적이던 블로거들의 전형적인 글은 다음과 같다.

"스티브, 나는 마이크로소프트를 좋아하기 시작했습니다. 과거에 나를 비롯한 수백만 명은 MS를 심장이라곤 없는 거대한 조직이라고 생각했지요. 맥박도 온정도 없는 집단 말입니다. 로봇이 들어찬 체계적이고 썰렁한 소프트웨어 조립 공장 앞에 있는 빌을 제외하고는 인간이 하나도 안 보였단 말입니다.

블로그 활동을 통해 귀하와 귀하의 동료들은 MS의 문을 열어젖히고 사실 내부는 심장과 가족과 웃음을 지닌 따뜻한 사람들로 구성돼 있다는 점을 보여줬습니다. 와우, 게다가 유머 감각이 있는 사람들까지요! 정말 놀랍습니다. MS 같은 기업이 인간적일 거라고 누가 생각이나 해봤겠습니까? 이제 우리는 그렇게 생각합니다. 모두 귀하가 우리 수준에서 우리와 연계돼 있기 때문입니다. 나는 이 대화에 참여하고 이를 아주 좋아합니다. 더 많은 사람이 나와 같아지기를 바랍니다."

블루 몬스터는 한정판 와인 병에까지 등장했으며, 컴퓨터광들은 저녁을 먹는 자리에서 이 술을 주문했고, 이는 다시 흥미로운 토론을 발생시켰다. 〈파이낸셜 타임스〉는 이를 상당히 긍정적으로 평가한 터라 유럽위원회가 마이크로소프트의 불공정행위에 벌금을 부과하기로 결정한 기사를 낸 바로 그날 이 회사가 블루 몬스터를 활용한 점을 칭찬하는 기사를 동시에 실었다.

마이크로소프트는 개방적 자세로 칭찬을 많이 들었다. 렌 프라이어와 로버트 스코블, 스티브 클레이턴 같은 사람들을 기꺼이 지원하는 관리문화 정립 과정에서 이 회사가 올린 성과는 과소평가하면 안 된다. 마이크로소프트 관리자들은 상황을 통제하려는 자연스러운 본능과 싸워왔다. 채널 9를 만드는 팀은 좋은 소식은 물론 나쁜 소식도 마음대로 이야기할 자유를 부여받았다.

마이크로소프트가 블로그 활동을 하는 직원 5,000명에게 내린 지침은 현명한 자세와 융통성을 지니라는 것이다. 블루 몬스터는 전략안을 작성하는 고위 마케팅 담당자의 관리가 없어도 자체적으로 사람들 속으로 파고들어 단결시키고 회사 이미지를 고양시켰다. 마이크로소프트는 직원을 믿으며 이를 보여주는 것이다.

군중에 영합하기를 거절한 애플

시간은 제한돼 있으니 다른 사람의 인생을 살면서 시간을 낭비하지 마라. 남들의 독단적 주장에 발목을 잡히지 말자. 다른 사람이 생각한 결과에 맞춰 살아가지 말라는 말이다. 다른 사람의 시끄러운 의견에 자기 내면의 목소리가 묻히게 하지 말자. 가장 중요한 점은 자신의 감정과 직관을 따르는 용기다. 여러분의 감정과 직관은 자신이 진정으로 되고 싶어 하는 모습을 이미 알고 있다. 그 밖의 모든 것은 별로 중요하지 않다.

－스티브 잡스(Steve Jobs)

　　스티브 잡스는 경영자와 공상가로 확실하게 존경받고 있다. 그는 애플을 공동 창업했을 뿐만 아니라 12년 동안 권력에서 물러나 있다가 회사가 어려움에 빠지자 돌아와서 회생시켰다. 그의 사업체는 시가 총액이 1,050억 달러로 인텔보다 규모가 크다. 업계의 원로 경영자 잭 웰치(Jack Welch)조차 스티브 잡스를 '오늘날 가장 성공한 CEO'라고 했다. 스티브 잡스는 탁월한 세일즈맨이자 흥행사로서 애플 상표의 상징인데, 그렇다면 그가 크라우드 서퍼인가?

　　분명히 잡스는 애플의 사업에서 가장 중요한 특정 군중을 이해하고 존중한다. 이 특정 군중은 신제품을 사려고 늘어선 줄의 맨 앞에 서려고 밤새 기다리고, 자진해서 친구와 동료에게 이 회사의 신조를 퍼뜨릴 애플의 열성팬 군단을 말한다. 〈와이어드〉는 이들의 행동이 영화 〈지옥의 천사들〉이나 〈트레키즈〉에 나오는 것과 비슷하다고 기술했다. 이 잡지는 애플의 로고를 피부에 문신한 전 세계 사람들의 사진 몽타주를 게재하기까지 했다. 이야말로 상표 충성도를 가장 명백하게 보여주는 신호다. 〈와이어드〉는 약간 놀림조로 "매킨토시의 팬 가운데 일생에 애플의 캘리포니아 본사로 성지순례를 해 회사 간판 앞에 무릎 꿇고 의식을 치를 사람이 몇 명일까"를 거론하기도 했다.

아이폰 런던 출시에 맞춰 〈타임스〉는 신형 전화기를 구입하려고 늘어선 줄의 맨 앞에 서려고 리젠트거리에서 밤새며 서 있던 배짱 좋은 애플 팬 한 명을 인터뷰했다. 아이팟 넉 대와 컴퓨터 두 대를 비롯해 애플 제품을 여덟 개나 가지고 있는 그레함 길버트(Greham Gilbert)는 "마음이 맞는 애플 컴퓨터 애호가들과 어울리면 재미있을 것 같더라고요"라고 했다.

제품에 갖는 흥미가 과도한 게 아니냐는 질문에 길버트는 "종교랑 조금 비슷합니다. 이를 이해하지 못하고 어리석은 짓이라고 생각하는 사람도 있겠지요. 마찬가지로 기독교를 두고 어리석은 종교라고 생각하는 사람도 있잖아요. 전혀 다를 게 없습니다."

이런 사람들(터놓고 이야기하면 약간 기이한)은 아이맥과 아이팟, 아이폰을 출시하기 전 고전을 면치 못하는 컴퓨터 제조업체였던 시절에 이 회사가 명맥을 이어가게 도왔다. 그들은 캘리포니아에서 열리는 맥월드 엑스포에서 1년에 한 번씩 애플에 온 관심을 기울인다.

스티브 잡스가 열광적 팬들 앞에서 중요한 신제품을 발표하는 순간은 애플의 애호가들에게 크리스마스와 맞먹는 의미가 있다. 이 행사는 전형적 무역박람회라기보다 정치 집회처럼 느껴진다.

〈비즈니스위크〉의 피터 버로스(Peter Borrows)는 이런 행사에서 잡스의 행동이 "애플을 숭배하는 팬들에게 강렬한 화음을 퍼뜨리는 록 스타 같다"라고 기술했다. 잡스의 연설은 첨단 기술 웹사이트에서 생방송되며 모든 기술 분야 작가와 블로거들이 몇 시간도 지나지 않아 그의 말을 그대로 따라 한다.

잡스는 이런 애플 팬들의 충성심을 유지하기 위해 모든 수단을 동원할 것이다. 초기 아이폰이 과대 선전 속에 출시된 몇 달 뒤 제품 가격이 내려가자 구매자들의 항의가 잇따랐다. 잡스는 서둘러 공식 사과했다.

"아이폰 가격 인하는 올바른 결정이었습니다. 기술 개발 과정에 굴곡이 있지만 애플은 가격이 낮은 새 상품을 적극적으로 마케팅하면서 초기 아이폰 고객들에게 신경 쓰려고 노력해야 합니다. 초기 고객들은 우리를 믿었고, 우리는 이런 순간에 우리 행동을 신뢰하는 사람들의 기대에 부응해야 합니다."

이런 개인 메시지와 더불어서 100달러짜리 상품권이 제공됐다.

다른 전자제품 업체 가운데 이렇게 대처하는 곳을 찾아보기는 힘들다. 전반적 의견은 초기 구매자들이 제일 앞줄에 서서 처음으로 손에 넣은 제품을 자랑할 권리를 누렸으니 더 비싼 가격을 지불

하는 게 당연하다는 쪽으로 모아졌다. 따라서 초기 소비자들은 점진적 가격 하락을 당연하게 받아들여야 했다. 이는 그저 시장의 생리일 뿐이다. 그러나 잡스의 생각이 이와 다른 것은 분명하다.

또 잡스는 상표애호가들에게 애플 매장이 얼마나 중요한지를 안다. 매장은 애플 상표의 성전으로, 애호가들이 제품을 조작하고 실연해 보며, 전문가와 상담하고 애플의 열광자들과 어울릴 장소다. 존 노턴(John Naughton)은 〈옵저버〉에 쓴 기사에서 새 매장 개장을 환영하는 참여 의식을 묘사했다. 이는 일반적으로 소매점에서 흔히 일어나는 일이 아니다.

"아케이드 멀리서부터 외침과 휘파람과 흥분에 젖은 일상적인 소음이 들렸다. 이후 조사에서 사람들이 늘어선 줄이 90미터나 됐다. 매번 안내직원이 줄 앞쪽에 있는 10명씩 매장으로 들어가라고 손짓했다. 매장 입구에 들어서면 직원이 손님을 향해 박수를 쳤다. 많은 고객이 매장에 들어서면서 자신들의 모습을 카메라에 담았다. 매장에서는 직원들이 더욱 크게 박수치면서 손님을 맞고 커다란 매장으로 들어서는 이들에게 무료 티셔츠가 담긴 흰 상자를 건넸다. 손님들이 매장을 나갈 때 한 직원이 활짝 웃으며 감사 인사를 전했다. 매장을 나가는 사람들의 얼굴에 마케팅 은어로 이른바 '훌륭한 소매점 체험'을 했다는 점이 분명히 드러났다."

소매 시장 전문가들은 애플이 사실상 소매업을 제대로 파악하지 못했다고 경고했지만 이 회사는 2001년 이후 매장을 약 250개나 열었다. 매장을 내려면 가겟세다 뭐다 해서 돈이 많이 들지만 매장은 애플의 팬을 지지자로 전환하는 과정에서 매우 귀중하다. 또 애플 매장은 회사의 총결산에도 기여한다. 애플은 2007년 9월 말에 끝나는 3/4 분기에서 자사 수익 62억 달러 가운데 소매 매장이 올린 수익이 12억 5,000만 달러라고 보고했다. 2006년에 비해 42퍼센트 증가한 금액이었다.

그러나 군중을 이해하고 애플 열광자들의 성감대를 자극하는 것은 진정으로 군중을 받아들이는 것과 다르다. 애플 사업의 중심부에는 모순이 존재한다. 세계에서 최첨단 전자제품의 창안자인 이 회사가 정작 신제품 개발과 이해관계자 대화에서는 아주 전통적인 지휘 통제 방법을 유지한다.

잡스는 실리콘 밸리 전역에서 통제광으로 알려져 있다. 일전에 누군가는 잡스를 '취향이 훌륭한 독재자'라고 부르기도 했다. 피터 엘킨스(Peter Elkins)는 〈포춘〉에 쓴 글에서 잡스의 관리 스타일을 강도 높게 비판했다.

"옳건 그르건 자신만의 규칙을 만드는 것으로 따지자면 잡스만큼 고집 세고 뻔뻔스러운 CEO는 없다. 사업에서 일상적 사항에까지 그 사람만큼 세세하게 직접 관여하는 CEO도 없다."

잡스는 애플에서 새 소식을 발표하도록 허용된 유일한 인물이다. 그것도 단지 소수의 선별된 기자들에게만 말이다. 그리고 이 회사가 직원의 블로그 활동을 개방적인 태도로 받아들이지 않았음은 분명하다. 이 점은 마이크로소프트의 특징과 정반대다.

와그너 에드스트롬 사장 프랭크 쇼(Frank Shaw)는 마이크로소프트의 홍보 업무를 지휘하므로 애플에 대한 그의 논평은 상당히 조심스럽게 다뤄야 한다. 그렇지만 쇼는 애플의 접근법에서 약간 흥미로운 점을 지적했다.

"애플은 가장 폐쇄적이다. 이 회사의 새 소식을 발표하는 행사는 어떤 블로그나 상설 대화와도 연결돼 있지 않다. 이 회사의 이미지는 홍보가 아니라 광고만으로 형성된다. 이는 안전하게 일을 진행하는 방법인데다 통제하기가 가장 쉽다."

잡스는 최신 블록버스터 제품을 출시할 때 군중을 열광적인 분위기로 몰고 가는 능력이 뛰어나다. 그러나 상시적이고 개방적이며 지속적인 대화에 흥미가 별로 없어 보인다.

애플에서 스티브 잡스가 거둔 성공은 실리콘 밸리에서 운영되는 사업체를 지배하는 원칙에 대부분 상반된다. 〈와이어드〉기자 린더 칸니(Leander Kahney)는 실리콘 밸리의 일반적 원칙을 "개방적 토론을 받아들인다. 군중의 지혜에 결정을 맡긴다. 직원을 신처럼 모신다"라고 했다. 기술자들이 업무 시간의 20퍼센트를 관심사 추구에 바치도록 격려하는 구글은 이런 새 시대 원칙의 선봉자로 여겨진다. 이런 태도는 지메일과 구글 뉴스 같은 제품의 개발을 이끌었다. 칸니에 따르면 애플은 구글의 원칙을 무시했고 '다르게 생각하며 미래를 향해 가는 업체가 아니라 구시대적인 거대한 공장처럼' 행동했다.

애플의 철학과 다른 전자업체 사이의 차이점은 신제품 출시에서 분명히 나타난다. 스티브 잡스와 고위 경영진은 모자에서 토끼를 꺼내며 '짜잔!' 하고 외치는 마술사처럼 행동한다. 마지막 순간까지 신제품 출시를 극비에 부쳤다가 극적 효과를 내며 발표하기를 좋아한다는 뜻이다. 심지어 애플의 직원들조차 회사의 계획을 거의 모른다. 이 회사는 정보 누출 방지에 뛰어난 실력을 발휘한다. 업계 전문가들은 애플이 이동전화를 출시할 것이라고 확신했지만 회사의 외부 인사들은 제품 형태를 전혀 감도 잡지 못했다.

칸니는 이것을 이렇게 표현했다.

"애플은 꼭 필요한 제품을 과거 방식으로 만듭니다. 뭔가 완벽한 형태로 나타날 때까지 문을 걸어 잠그고 피땀을 흘리는 거죠…… 쿠퍼티노(Cupertino, 애플 본사)에서는 직원을 귀하게 모셔두거나 뭐가 되든지 일단 표면에 떠오르는 거품을 모아보는 식으로 혁신이 이루어지는 게 아닙니다. 그곳에서 혁신은 사람들의 감정 따위는 무의미하며 고전을 겪어내는 과정의 산물일 뿐입니다."

특히 델과 마이크로소프트를 비롯한 애플의 경쟁사는 대부분 다른 방법을 취한다. 이런 업체들은 신제품 출시 훨씬 전에 향후 계획을 모두에게 알리는 쪽을 선호한다. 따라서 소매점 고객과 소프트웨어 개발자, 특히 사업 협력사에 자사 계획을 미리 알린다.

그리고 제품 개발 과정의 전 단계에서 다양한 사람들과 대화한다. 또 공식적인 제품 출시 훨씬 전에 핵심적인 여론 주도층(가장 중요한 고객, 기술 분야 기자)에게 소개한다. 《완벽한 혼란》의 공저자 에이브러햄슨과 프리드먼은 이러한 신제품 개발 방법을 마이크로소프트의 혼란(이 회사로서는 장점)과 대비해서 말했다.

"애플은 신제품이 완전히 귀중한 존재로서 대대적으로 소개할 준비가 될 때까지 제품 개발을 철저하게 비밀에 부친다. 마이크로소프트는 거의 보안을 하지 않은 상황에서 버그투성이에 제대로 작동하지도 않는 초판을 대충 그러모아 내놓은 다음 시장에서 인기를 얻을 때까지 계속 수정하고 방향을 전환하고 변경한다."

이렇게 개방적인 신제품 발표 방법은 특히 대외 홍보를 할 때 약점이 있다. 스티브 잡스의 깜짝 발표를 아주 좋아하는 게 분명한 〈가디언〉 기자 찰스 아서(Charles Arthur)는 애플의 접근법과 마이크로소프트의 접근법을 대조해서 말했다.

"나는 빌 게이츠의 연설이 신문의 1면은 말할 것도 없고, 중간면에라도 실린 적이 언제였는지 기억도 안 난다."

또 찰스 아서는 애플의 비밀주의 접근법이 잠재 구매자들의 마음을 더 끈다고 믿는다.

"제품 출시 전에 공개하는 대대적인 광고는(델과 마이크로소프트의 접근법)…… 사람들이 구매품에 더 주의하게 만든다. 회사 측에서 향후 일정한 시점에 제품이 출시된다고 발표하면 구매자들은 먼저 시장에 나온 모든 제품을 아주 세심하게 평가할 것이다. 그러나 사람들이 기대하지 않는데 갑자기 제품을 출시하면 그저 상표만 보게 될 것이다. 그들이 그 상표를 좋아하면 대박을 터뜨리게 된다!"

애플의 신제품 출시 방법의 장점이 무엇이든 간에 이 회사가 토론 조장에 최선을 다하지 않는 것은 분명하다. 애플의 소프트웨어 개발자였던 옌스 알프케(Jens Alfke)의 말을 들어보자.

"애플은 초점이 아주 분명한 회사이고, 이 전략은 지난 10년 동안 좋은 성과를 거뒀다……. 그러나 나는 소셜 소프트웨어에 대단히 관심이 많고 애플은 그렇지 않다……. 회사에서 내 아이디어를 발휘할 여지가 전혀 없었다. 망설이는 중역들이 내 비전을 공유하게 설득해야 했을 것이다……. 그리고 블로그 문제도 있다. 애플은 블로그를 좋아하지 않는다. 겉으로는 그렇게 말하지 않지만 말이다(놀랐는가?). 애플은 자사 직원 가운데 블로거가 거의 없다고 말한다. 그러나 사실 애플에는 사람들이 생각하는 것보다 훨씬 블로거가 많다. 그러나 대부분 비밀로 한다(적어도 이사 한 명을 포함해 블로거 이름 몇 명을 댈 수도 있다……). 나는 애플의 블로그 정책이 주요 기술 업체 가운데 가장 구시대적이라고 생각한다. 이에 비하면 특히 마이크로소프트는 놀라울 정도로 개방적이다."

알프케는 잡스 체제의 지시와 통제 문화에도 흥미로운 지적을 했다.

"애플의 개성 결여가 내 신경에 거슬린다. 내부 상황을 말하는 게 아니다. 회사에서 의사소통은 비교적 개방적이고 자기표현을 할 여지가 많다. 그러나 스티브 잡스가 복귀한 이래 애플은 외부 이미지를 광적이다 싶을 만큼 세세하게 관리하며, 아이팟의 뒷면처럼 매끈하고 단조롭게 만들어왔다. 이는 대단히 아이러니하다."

애플은 개성과 '다르게 생각하기'가 훌륭하다고 찬양하는 회사이지만 그에 비해 지난 10년 동안 상당히 인간미 없는 이미지를 유지했다. 언론 발표 행사 무대에 서는 세 사람인 스티브 잡스, 조나단 아이브(Jonathan Ive), 필 실러(Phil Schiller)를 제외하면 일반인이 이름을 아는 애플 직원이 대체 몇 명이나 되는가? 이름을 아는 애플 기술자는 몇 명이나 되는가?

스티브 잡스가 기업 커뮤니케이션 장치로서 블로그 역할에 무관심하다는 점을 선 마이크로시스템스의 조나단 슈왈츠와 비교해보자.

"선은 개방적 문화를 오래전부터 유지한 회사입니다. 모든 직원 사이에 개방적인 커뮤니케이션이 중요하다는 생각이 선의 기업 문화에 깊숙이 배어들어 있지요. 중역진부터 전 조직을 아울러서 말입니다. 현재 고위 경영진을 포함해 선 직원의 블로그가 수천 개이고…… 블로그 주제는 선의 기술을 비롯해 다양하게 펼쳐지지요. 선의 직원들은 흥미로운 사람들이고, 커뮤니티 회원으로 왕성하게 활동하며, 세계적 사안의 해결에 관심이 있습니다. 이런 대화를 위한 발판을 제공하면 참여의식이 조장되며 기술 혁신의 유산과 개방적 커뮤니케이션이 결합되지요. 나는 선의 전 직원을 이런 대화에 참여시키는 것이 시장과 교류하는 가장 적절한 방법이라고 생각합니다."

블로그 커뮤니티에는 애플이 저항할 수 없는 매력이 있다고 생각한다. 영국 블로거를 대상으로 한 설문조사에 따르면 애플은 블로그에 가장 많이 거론되는 상표였다. 커뮤니케이션에 관한 한 과묵한 애플의 태도는 잡스의 왕국에 대한 블로거들의 흥미를 더욱 돋운다.

블로거들의 논평이 대부분 상당히 긍정적이긴 하지만 애플은 웹을 기반으로 한 형태에 대단히 편협한 자세를 보인다. 실리콘 밸리는 이런 웹 기반 형태를 당연하게 생각하지만 말이다. 자칭 애플 열광자 니콜라스 시아렐리(Nicholas Ciarelli)는 이미 10대에 애플의 신제품 계획만을 폭로하는 전용 웹사이트 '싱크 시크릿'을 만들었다. 〈와이어드〉의 린더 칸니는 이 시도에 대한 애플의 반응을 기술했다.

"회사들은 대부분 이런 식의 관심을 받으려고 몇 백만 달러를 지출할 것이다. 제품을 사고 싶어 안달 난 나머지 최신 제품의 공식 발표를 기다릴 수 없을 정도인 팬들의 관심 말이다. 그러나 애플은 그렇지 않다……. 애플은 시아렐리의 애정에 반대하여 블로그 게재 정지를 요구하는 편지를 수십 통이나 보냈으며, 편지에서는 저작권 침해부터 기업 비밀 폭로에 이르기까지 모든 혐의를 그에게 뒤집어씌웠다."

스티브 잡스와 애플은 정반대다. 다수의 팬이 포함된 군중은 애플이라는 상표를 아주 좋아한다. 사실 애플 매장의 성공은 군중이 잡스의 세상에 진입하려고 아우성치는 실상을 반영한다. 그러나 이 회사는 외부적으로나 내부적으로 군중과 대화를 피하려고 최선을 다하는 것처럼 보인다. 그렇다면 이는 크라우드 서핑을 거절하더라도 상업적 성공에 굳이 장애가 되지 않는다는 점을 의미하는가? 아니면 나머지 실리콘 밸리 업체들의 특징인 개방 정신과 정보처리 상호 운영의 중요성이 과장된 것인가?

기술 고문이자 유명한 기술 블로그 작가 앤디 라크(Andy Lark)는 애플이 이런 식으로 행동하는 이유는 시장에서 독특한 지위를 차지하기 때문이라고 주장했다.

"애플의 접근법이 효과가 있는 이유는 과도하게 독점적인 시장의 유일한 업체이기 때문이며…… 나머지 회사의 기술 부문은 경쟁이 너무 심하고 멀티 시장인지라 애플과 다른 접근법이 필요하다."

애플은 가전제품 시장에서 유일하게 수직적 구조로 통합된 업체다. 이 회사는 하드웨어와 소프트웨어를 모두 사내에서 제작한다. 이는 애플이 전략적 동업자들과 협력할 필요가 없다는 뜻이다. 이 회사는 자체 규칙에 따라 운영할 수 있다. 그리고 잡스와 그의 디자인 전문가인 조나단 아이브가 시장을 계속 놀라게 하는 한 굳이 모든 것을 바꿀 필요가 있겠는가?

일부 직원들은 내부자들이 말하는 '영웅 놈들의 롤러코스터'에 짜증내며 비밀주의 문화와 로그에 관한 회사 측의 자세에 불만스러워한다. 그러나 사람들은 아직도 애플 행렬에 동참하려고 줄을 서고 있다. 이와 마찬가지로 애플의 팬들이 잡스와 그의 측근 그룹들이 연례적으로 발표하는 매력적인 제품을 받고 애플 매장에서 직접 이 상표를 접할 기회가 있는 한 이 팬들은 애플이 새로운 사업을 위한 제안을 해달라고 요청하지 않는 것에 불평하지 않을 것이다.

스티브 잡스는 보기 드문 인물이다. 신제품에 관한 한 돈 버는 재주가 있는 카리스마가 넘치는 통제광이다. 잡스는 독특한 사업 모형을 정립했고 대부분 확실히 승승장구하고 있다. 심지어 일부 시장에서의 맥북 에어에 대한 비교적 미온적인 반응과 아이폰의 지지부진한 선전마저 그를 성공 궤도에서 끌어내리지 못했다.

그렇지만 애플은 복제 가능한 모형이 아니다. 이는 특정 환경과 아주 이례적인 지도자가 만들어낸 산물이다. 그저 잡스가 소비자주권 강화를 받아들이기를 거부한다는 이유로 다른 업체들도 이런 형태로 운영하다가는 큰코다칠 것이다. 린더 칸니의 말을 빌리면 애플은 "때로 나쁜 것이 효과가 있다(Sometimes evil works)(구글의 유명한 표어 '나쁜 존재가 되지 말자(Don't be evil)'를 교묘하게 바꾼 장난스러운 어조)."

크라우드 리더가 되고 싶은 기업들

자신이 영향을 주기에 너무 작은 존재라는 생각이 들면 모기 한 마리와 잠을
자보자.

– 애니타 로딕(Anita Roddick)

웨일스 사람들을 이끄는 유일한 방법은 그들이 가는 길을 찾아
서 앞장서는 것이라는 말이 있다. 이 논리를 따르면 크라우드 서퍼
는 그저 군중의 요구, 심지어 편견을 따라야 한다는 것인가? 단순
히 직원과 고객과 주주에게 가장 중요한 점을 발견해 그에 따라서
행동하기만 하면 대중주의자가 되기에 충분한가? 이런 접근법은
타당하며 받아들이기에 안전한 전략이긴 하다. 고객의 소리에 귀
를 기울이거나 주주의 국한된 관심사에 맞춰 운영하는 경영자를
대체 누가 비판하겠는가?

사업계의 지도자들은 대부분 어느 정도까지는 대중 영합주의
자이거나 군중을 흡족하게 한다. 이들은 군중과 이해관계자에게
가장 관계있는 사안에 집중하는 경향이 있다. 예를 들어 석유회사

들은 기업의 사회적 책임 예산을 환경과 에너지 관련 사안에 투자한다. 또 의류 상표들은 점차 도덕적인 제조업자와 노동 환경을 고민하도록 강요받는다. 주류회사들은 입법자의 간섭을 받지 않으려고 책임 있는 음주문화 정착에 사려 깊게 참여할 방안을 모색한다.

이런 업체들의 기본 동기는 고상한 사회적 목적 이행이 아니라 군중(직원과 입법자, 특히 주주)에게 올바른 활동을 한다고 보여주는 것이다.

이 업체들이 수익적으로 눈에 보이는 효과가 전혀 없는 대의를 지지하는 것처럼 보이더라도 필연적으로 어느 정도 사욕이 관여돼 있다. 〈파이낸셜 타임스〉 기자 앤드류 잭(Andrew Jack)은 채광업계에서 전형적인 예를 든다.

"에이즈(AIDS) 반대 같은 대의 지지가 훌륭한 시민의식처럼 보이지만 직원 대다수가 에이즈에 걸린 사하라 사막 이남의 아프리카에서 운영하는 드 비어스와 앵글로 아메리칸 같은 채광업계에게 이는 핵심 사항 가운데 가장 중요하다."

이런 핵심적인 필요 사항을 초월해 군중을 따르기보다 이끄는 데 목적을 둔 사업 형태도 있다. 이런 업체들은 당장의 이익을 초월한 사안에 중심을 맞추기로 했다. 이들은 일부 이해관계자와 사이가 멀어지더라도 때로 논란의 여지가 있는 사안을 밀어붙일 준비를 하고, 전통적인 회사가 아니라 운동단체처럼 행동한다.

애니타 로딕이 운영할 당시 보디숍은 정치 문제에 명확한 태도를 고수한 최초의 대기업이었다. 이 회사의 사명 선언문은 '사회와 환경 변화에 헌신' 한다는 최우선 공약으로 시작됐다. 이 회사가 환경 문제에 초점을 맞춘 것은 어쩌면 당연했고 주된 논쟁거리가 아니었다. 로딕은 이런 사안들이 유행하기 훨씬 전부터 재활용과 환경 문제를 인식한 환경운동가였다.

그러나 누구도 보디숍이 나이지리아 오고니족을 대변한 운동처럼 논쟁의 여지가 있는 정치 문제에 참여하리라고는 예상하지 못했다. 오고니족의 생계와 환경이 다국적 석유기업 쉘의 손에 고통받고 있었다. 당시 미용 제품을 판매하는 업체가 매장의 진열장에 인권 침해 실태를 담은 이미지를 채워 넣는 일은 상상도 할 수 없었다. 결국 켄 사로위와(Ken Saro-Wiwa)와 나이지리아 운동가 8명을 구하자는 이 운동은 실패했다(1995년에 나이지리아 정부는 이들을 처형했다). 그러나 2년 뒤 쉘은 수정한 운영 헌장을 발표했으며, 인권 보호와 환경을 염두에 둔 개발을 하겠다고 다짐했다.

로딕은 집권 후반에 드러나는 세계화 위험과 특히 세계무역기구(WTO)의 역할을 상대로 한 전투로 관심사를 전환했다. 특히 변화한 거리에 들어선 다른 건강·미용 소매점들이 모두 환경과 동물 친화적 제품을 팔기 시작하면서 고객들의 눈에는 운동 정신을 지닌 보디숍이 뚜렷하게 부각되었다. 로딕의 경쟁사들은 그러한 정치 문제에 대해 준비하지 않았거나 확고한 태도를 전혀 밝히지 못했다.

영국국제사면위원회 사무총장 케이트 알렌(Kate Allen)은 로딕의 65세 생일이던 추도회에서 "애니타가 남긴 영구불변의 선물은 미래 운동 세력이 세상을 더 좋고 공평한 곳으로 만들기 위해 대항하고 솔직한 의견을 밝히며 협력하도록 격려하는 것이다"라고 했다. 로딕을 고유하게 추모하는 일환으로, 그녀가 쟁취한 대의(평화, 인권, 기온 변화, 집 없는 사람들, 교역 정의, 여성 권리)를 위해 노력하는 운동가를 고무하려고 그녀의 생일날을 '나는 운동가 날(I'm an activist Day)'로 정했다.

로딕이 보디숍의 명목상 대표 자리를 유지하면서 그렇게 많은 대의에 헌신할 시간이 있었던 것은 남편 고든의 사업가적 통찰력을 입증한다. 로딕이 불시에 사망하고 프랑스 거대 화장품 기업 로레알에 2006년 매각되는 이중고를 겪은 보디숍의 운동 철학이 살아남을 수 있을지 지켜보는 것도 흥미로울 것이다. 매각이 발표되자 동물 권리 운동가들은 로레알이 동물실험을 하기 때문에 보디숍 매장 불매운동을 벌이겠다고 재빨리 위협했다.

천연화장품 업체 러쉬는 로딕이 만든 본보기를 따르는 듯하다. 이 업체는 쿠바 남동부의 관타나모 만에 있는 임시수용소 폐쇄를 주장하는 운동을 시작했다. 로딕이 오고니족을 지지했던 것과 마찬가지로 러쉬와 관타나모 만 사이에는 연관성이 전혀 없다. 이는 러쉬의 공동창업자 마크 콘스탄틴(Mark Constantine)과 인권 변호사 클라이브 스태퍼드 스미스(Clive Stafford Smith)의 우연한 만남에서 시작됐다. 마크 콘스탄틴은 자신의 화장품 회사가 전통적인 관심 분야에서 벗어나는 게 문제가 있다고 여기지 않는다.

"러쉬는 화장품 회사이기 때문에 의미 없고 잔인한 안전 시험에서 죽어가는 쥐와 토끼의 권리를 주장하는 운동에 나섭니다. 그러나 인간이 우리 안의 쥐보다 열악한 대우를 받는 마당이니 관타나모 폐쇄 운동을 시작할 때가 됐죠."

애니타 로딕은 분명히 콘스탄틴의 운동에 찬성했을 것이다.

이본 취나드(Yvon Chouinard)는 로딕의 정치적 교훈을 함께 나누었다. 이본 취나드는 세계적 산악인이자 열광적인 서퍼이고 다방면에 걸친 활동가이다 보니 리처드 브랜슨(Richard Branson)이 둔하고 모험심 없는 사람처럼 보일 정도였다. 또 그는 분주한 가운데도 운동복업체 파타고니아를 설립했고, 이 회사는 도덕적인 제조업자 정립과 환경운동을 시작했다. 파타고니아는 주류 소매업체 가운데 최초로 면 의류를 유기농법으로 만든 원단으로 교체했고, 최초로 청량음료병을 재활용해 직물을 만들었으며, 최초로 수익의 일정 금액을 여러 환경 단체에 지원했다.

취나드는 열성적인 환경보호 운동가다. 취나드는 2004년 미국 대통령 선거 기간에 정치권에서 지구온난화를 중요한 사안으로 다루게 하려고 '환경에 투표하기(Vote the Environment)' 운동을 자체적으로 펼쳤다. 파타고니아 매장은 이 운동에 결정적 역할을 했다.

취나드는 자신의 공공연한 정치 운동이 파타고니아의 고객들을 화나게 만드는 점에 대해 전혀 걱정하지 않았다.

"나는 옷을 만들려고 사업하는 게 아닙니다. 나를 위해 돈을 더 벌려고 사업하는 것도 아닙니다. 파타고니아가 존재하는 이유는 책에서 환경 붕괴 방지조치라고 말하는 조치를 행동에 옮기기 위해서입니다. 내가 사업하는 이유는 우리의 행동을 정화하고, 다른 회사가 올바로 행동하게 영향을 주며, 고객이 올바로 행동하게 영향을 주기 위해서입니다. 그러니 우리는 변하지 않을 것입니다. 이런 점이 마음에 안 드는 고객은 그저 다른 업체의 매장에 가서 구입하면 될 것입니다."

잠재 고객을 잃을 위험을 기꺼이 감수하는 이런 태도는 취나드를 군중의 리더로 만든다. 그의 회사에는 모든 움직임을 철저하게 따지고 드는 기관 주주들이 없다는 점도 한몫한다.

또 파타고니아는 마케팅에서도 다른 규칙을 적용한다. 취나드의 말을 빌리면 그는 사업을 자연스러운 속도로 성장시킬 수 있다고 주장한다.

"이는 기본적으로 고객이 제품을 더 원할 때만 그 제품을 더 만드는 것을 의미합니다. 우리는 생산을 마구 촉진하지 않습니다. 비행 청소년들이 검은색 오리털 점퍼를 입게 하려고 도심의 시내버스에 광고하는 짓을 하지 않아요. 기본적으로 옷을 원하는 사람이 아니라 옷이 필요한 사람을 위한 제품을 만들고 싶습니다."

그가 도심에서 비싼 스포츠 상표를 마케팅하는 것이 나쁜 짓이라고 말할 때 어떤 업체를 염두에 두었는지 명백하다.

아무리 냉소적인 논평자라도 로딕이나 콘스탄틴, 취나드의 동기에 선뜻 의문을 제기하지 못할 것이다. 또 영리한 마케팅 장치의 일환으로 사회나 정치 문제를 지지했다고 비난하지도 못할 것이다. 그렇지만 1980년대와 1990년에 논쟁을 일으킨 사안들을 옹호했던 한 다른 회사에는 이런 비난이 마구 쏟아졌다.

올리비에로 토스카니(Oliviero Toscani)는 18년 동안 베네통의 대단히 자극적인 광고 시리즈를 탄생시킨 창조적인 인물이다. 토스카니는 자신이 사용하는 이미지(흑인의 젖을 먹는 백인 갓난아기, 수녀와 키스하는 신부, 사형수 감방의 죄수들, 삶의 마지막 단계에 다다른 에이즈 환자, 죽은 보스니아 군인의 피 묻은 군복)가 논쟁을 조장하려는 목적으로 만들어졌다고 했다.

"나는 광고가 오늘날 존재하는 가장 풍부하고 강력한 매체임을 발견했습니다. 따라서 '베네통 스웨터가 멋지다'고 말하는 것에 그치지 않고 더 많은 점을 보여줘야 한다는 책임을 느낍니다."

토스카니와 베네통 직원들은 사회, 정치, 환경 분야의 중요한 문제에 대해 주장하는 광고를 할 정당한 권리가 있었다.

"이 사진들은 실제 세상을 보여줬고, 정보를 나누는 장으로 분류됐으며, 광고의 운명에 대한 새롭고 흥미로운 의문을 제기했다. 마케팅과 막대한 광고 예산이 회사 제품이 아닌 다른 부분에 관심이 있는 고객과의 대화 정착에 사용될 수 있는가?"

또 이는 베네통의 젊은 고객이 흥미로워할 사안(권력에 도전, 편견 비판, 다민족주의 전파, 다국간 동포주의)이었다.

일부는 토스카니가 자사의 이익을 위해 충격을 주려고 했을 뿐이라고 비난했으며, 비참하고 논쟁의 여지가 있는 사안을 아주 선명하고 밝은 색 니트웨어와 병렬시킨 것이 부적절하거나 기회주의적이라고 생각했다. 이런 비판자들은 베네통 광고에서 강조하는 사안에 헌신하는 자세가 피상적이라고 했다. 베네통 매장에 들어서면 토스카니가 아주 중요하다고 주장했던 대의를 드러내는 점을 전혀 찾아볼 수 없다.

보디숍 매장은 애니타 로딕 개인의 개혁 운동을 촉진하는 도구로 활용됐다. 이와 달리 베네통 매장의 주인들은(대부분 독자적인 프랜차이즈) 대체로 진열장이나 계산대에 놓인 물건들을 베네통 광고의 메시지를 뒷받침하는 도구로 사용할 의사가 없었다. 많은 사람들이 베네통의 광고를 혐오했으며, 그 광고가 베네통 상표의 행복하고 밝은 이미지에 손상을 준다고 주장했다. 토스카니가 사형수 감방 죄수들의 사진을 사용하고 나서 격렬한 반발이 일자 미국 백화점 시어스 로벅이 베네통 제품을 철수시키기로 한 점은 그들의 두려움을 확실히 보여준다.

토스카니는 사형수 사진 논쟁이 일어난 뒤 즉시 사임했지만 베네통은 두 일이 관련 없다고 밝혔다. 토스카니가 베네통에서 물러

날 무렵의 판매고는 18년 전 그가 입사할 때에 비해 20배나 올랐다. 따라서 그는 광고 논쟁과 프랜차이즈 주인들의 불평에도 불구하고 자신의 광고가 상업적 관점에서는 효과가 있었다고 해도 됐을 것이다.

8년 뒤 베네통은 새로운 광고를 발표했으며, 이 광고는 또다시 세계적 주요 사안인 아프리카 빈곤에 초점을 맞췄다. 그렇지만 베네통이 아프리카 웍스(Africa Works)운동(세네갈의 무담보 소액대출 프로그램)을 후원하는 방식은 토스카니의 창조적 리더십이 발휘되던 시대의 접근법과 상당히 다르다. 이번에는 비참한 이미지가 전혀 없다. 그 대신에 어조가 긍정적이며, 소액 융자를 받아 이익이 높은 소규모 사업체를 창업한 행복한 세네갈 노동자들이 등장한다. 또 이 광고는 진열장 전시물과 인쇄물로 제작돼 확실하게 매장에 지원됐다.

장담컨대 베네통은 이것이 토스카니 시대에서 발전한 것일 뿐이라고 주장했을 것이다. 그러나 웬일인지 진정성이 더 담기고 덜 피상적인 것 같다. 심지어 베네통 기업의 웹사이트에서 "베네통은 고통을 이용해 스웨터를 판다"라는 과거의 비난에 얼마나 도취되었는지 거론하기까지 한다. 그리고 "다른 나라에 의견을 토로하는 베네통 로고와 스웨터의 힘, 인지도에서 이득을 챙기는 측은 UN과 인도주의 운동단체들이다"라고 말한다.

창업자 루치아노 베네통(Luciano Benetton)의 아들이자 베네통

그룹의 부회장인 알레산드로 베네통(Alessandro Benetton)은 아프리카 웍스운동이 회사를 새로운 방향으로 전환시켰다고 인정했다.

"우리에게는 처음 있는 일입니다. 일종의 실험이지요. 본사는 상당히 많은 금액을 투자하고 현재 이 활동이 지속되기를 기대하기가 더 어렵다고 생각하며…… 베네통은 도덕 선언을 원한 적이 한 번도 없지만 발언권 없는 사람들을 대신해 항상 의견을 표명하고 토론이 진행되게 하고 싶어 했답니다."

베네통은 항상 자사를 군중 리더라고 생각했다. 베네통 집안은 강력한 활동가 경향과 위험을 감수하려는 의지를 추진력으로 삼는다. 최고의 선동가 올리비에로 토스카니 시대 이후 베네통의 광고 스타일은 변했지만 후반기의 애니타 로딕과 이본 취나드처럼 베네통도 당장의 사욕을 초월한 사안을 옹호할 준비가 되어 있다.

모든 회사가 이런 방향을 따르지는 않는다(기업이 사회에 해야 하는 유일한 기여는 주주의 이익을 최대로 늘리는 것뿐이라고 주장하는 사람이 항상 있기 마련이다). 그러나 다른 경영자들이 군중 비판과 편견을 통제하는 능력이 없다고 한탄하는 때라도 군중 리더는 중요 사안을 결정할 수 있다. 군중 리더는 변화를 일으킨다.

사내 직원들에게도 크라우드 서핑 원칙은 적용된다

(장년층이 발생시킨) 문제를 해결할 때는 팀워크가 가장 중요하다. 체스 명수에게는 약 5만 개의 지식이 필요하다. 우리 문제는 그보다 훨씬 더 복잡하다. 따라서 우리는 팀 또는 신뢰하는 사람들의 집단으로 활동해야 한다. 사람들은 일반적으로 교우 범위에서 신뢰하는 사람이 10명쯤이다. 신뢰집단은 천천히 형성되며 규모가 제한적이라는 전제가 있다. 이 가운데 절반 이상이 친구와 친척이다. 일부는 사업 동료다. 효과적인 그룹의 규모는 사실 2~3명이다. 팀은 필요한 지식을 확보하기에 규모가 너무 작다. 따라서 핵심 그룹 외부와의 협력이 필수적이다. 어려운 점은 내부적으로 최적의 사람과 올바른 시기에 정보를 공유하는 것이다.

－롭 스펜서(Rob Spencer), 화이자 글로벌 연구개발,
아이디어 관리와 혁신 부문 특별 연구원

내부 청중에게는 크라우드 서핑의 원칙이 어느 선까지 적용될까? 경영이론을 다룬 책은 하나같이 내부 청중의 중요성으로 마무리한다. 내부 커뮤니케이션에서 개방 문화 조장이 긍정적인 것과 마찬가지로 직원의 주권 강화가 긍정적이라는 인식이 거의 보편적으로 받아들여진다.

이 책의 전반부에 나온 델의 사례연구는 크라우드 서퍼가 되고 싶으면 내부 구조의 장애물 타파가 중요하다는 메시지를 전달한다. 이 회사 이름의 시조가 된 경영자 마이클 델은 이렇게 말했다.

"델과 같은 규모의 회사는 각종 사안을 처리하는 일관된 공정을 정립해야 합니다. 또 작은 사안을 벤처기업처럼 시작하는 것도 중요합니다. 그러나 일단 중요한 점을 파악하면 비교할 수 있어요.

이렇게 하면 각종 절차를 체계적으로 정립해서 대화가 시작되고 피드백이 나오며 반응하고 배울 수 있게 되지요.

우리는 회사 전역에서 더 많은 팀이 여기에 참여하기를 바랍니다. 제품 개발자, 디자인 기술자, 전 세계에 퍼져 있는 델 직원이 이 대화에 참여하는 거죠. 항상 외부 의견을 받아들여야 하므로 우리 회사의 규모가 커질수록 이 점이 아주 중요합니다. 우리는 고객들이 마음에 들었던 점과 싫었던 점을 이야기해주는 것을 환영하지요. 이를 통해 팀이 연계된 감정을 느껴 우리가 해야 하는 상세한 내용을 파악하는 것은 물론 고객과 감정적인 결속을 느끼게 말입니다."

크라우드 서퍼가 등장한 이 새로운 세상에서 고객 서비스 부서는 최전방 부대다. 콜센터나 고객 상담 전화에 배치되는 사람은 궁극적으로 고객 옹호자다. 이 점은 이 직원들을 동원하고 관리하는 방식에 중요한 의미가 있다. 아주 당연한 소리이긴 하지만 말을 듣지 않으려는 사람과는 대화할 수 없다. 그러나 이는 걸려오는 전화와 수신 이메일이 너무 많을까봐 우려한 나머지 회사 웹사이트에 전화번호나 이메일 주소를 아예 게재하지 않을 때 발생하는 상황이다.

고객들의 생각을 알고 싶지 않은가? 이는 고객 서비스 부서를 회사의 마케팅 커뮤니케이션 활동의 확장이 아니라 그저 원가중심점쯤으로 볼 때 일어나는 상황이다. 또 회사에 걸려오는 전화의 빠른 회전율을 바탕으로 콜센터에 상을 주는 제도 역시 고객 피드백과 지식의 출처로서 이 부서가 하는 잠재적 역할을 침해할 것이다. 역설적이게도 많은 회사가 콜센터 투자에 인색하면서 정작 고객들의 생각을 이해하려는 조사에는 돈을 상당히 많이, 기꺼이 투자한다.

오래전부터 회사는 직원의 말에 귀를 기울이는(또는 기울이는 척하는) 전통이 있었다. 직원 만족도 조사, 360도 업적 평가(직원이 부서 상관의 실적을 평가하는 기회가 주어짐), 공개 포럼, 직원 워크숍, 관리자 질의응답 시간은 모두 현대적인 내부 커뮤니케이션 장치다. 영국 해군은 제안과 비평의 구분이 모호하던 1770년에 이미 제안 제도를 실시했으며, 자칫 비평으로 넘어가면 채찍질이나 더한 처벌을 내렸다. 기록된 최초의 실제적 제안함은 1880년에 스코틀랜드의 윌리엄 데니 앤드 브라더스에서 등장했다. 지난 128년 동안 이 제안함을 연 사람이 있었는지는 알 수 없다.

이 분야의 소프트웨어 컨설팅 솔루션 업체인 이매지내틱의 CEO이자 내부 커뮤니케이션 역사에 관심이 많은 마크 터렐(Mark Turrell)에 따르면 1892년에 회사 전체에서 제안 프로그램을 실시한 최초의 미국 회사는 NCR였다. 이 개념은 NCR의 악명 높은 CEO 존 패터슨(John Patterson)이 개발한 '머리 수백 개의 두뇌부'라는 아이디어를 기반으로 했다. 패터슨은 사업 초기에 직원들이 소중한 아이디어를 가지고 있지만 관리 구조 때문에 이런 아이디어가 회사 전역으로 퍼지지 못한다는 점을 깨달았다.

"기껏 해봐야 아이디어를 도둑맞고 최악의 아이디어는 해고 구실로 사용되는 탓에 직원들은 상관에게 아이디어를 제공하는 의미가 없다고 불평했습니다. 제안함은 제2차 세계대전과 전후 시절에 제조 부문에서 인기를 얻었지요. 이후 50년 동안 제안함은 총체적 품질관리 운동, 비용, 안전, 품질 향상 활동의 구성 요소로 자리 잡습니다. 제안함은 여전히 기업의 제안 프로그램에서 대들보 구실을 하며, 실제 제안함 또는 사내 인트라넷 웹사이트에서 가상 제안함 형태로 존재합니다."

화이자는 세계에서 가장 큰 제약업체로 아주 중요한 의약품을 개발했다. 의학 분야의 연구개발은 비용이 많이 드는 구상이며 전문성을 상당히 갖춘 직원층이 참여한다. 2006년에 화이자는 이 소중한 직원들을 미시간 주에서 코네티컷 주와 로드아일랜드로 이동시켜야 했다. 이동을 실시하기 전 관측에 따르면 전근 보상을 아낌없이 하고 일반 인사관리 제도를 최대한 적용해 혜택을 주더라도 핵심 인력 가운데 30퍼센트만이 가족이 살아온 터전을 버리고 이사할 것으로 보였다.

화이자 글로벌 연구개발 부처의 아이디어 관리와 혁신 부문 특별 연구원인 롭 스펜서에 따르면 인력 이동은 상당히 어려운 일이며, '복잡한 문제'가 아주 많이 연루된다. 스펜서 박사는 '복잡한 문제'라는 말을 자주 하며, 그가 화이자에서 시간을 할애해 다루는 문제가 바로 이것이다.

이 사례에서 복잡한 문제는 아주 인간적이며, 봉급과 전근 보상 정책 못지않게 '배우자, 자녀, 애완견' 이 쟁점이었다. 게다가 재배치 전문가 또는 인사부가 다룰 수 있는 복잡한 문제 범위에는 한계가 있었다. 가장 절박한 질문은 항상 지극히 특수하고 개인적이며 따라서 제대로 처리하기 어렵다. 스펜서는 구체적 사례를 몇 가지 들었다.

"한 직원은 자녀가 특정한 등급에서 피아노 교습을 받는데 전근 후 그에 맞는 피아노 교사를 구할 수 있는지를 알고 싶어 하더군요. 다른 직원은 자녀가 자폐아라면서 노위치(Norwich)에서 50킬로미터 안에 특수학교가 있는지 물었습니다. 또 코네티컷주 뉴런던 근처에 유대교 회당이 있는지 궁금해한 직원들도 있었지요."

이런 형태의 질문에 답을 가장 잘해줄 사람들은 이미 코네티컷과 로드아일랜드의 화이자 공장에서 일하는 직원들이었다. 문제는 다른 지역에 있는 직원들이 서로 교류할 장치를 만드는 것이었다. 스펜서는 이매지내틱에서 나온 소프트웨어 솔루션을 사용했다. 이 소프트웨어는 미시간 주에 근무하는 직원들이 질문하면 개인 웹사이트에서 답변할 수 있게 해주었다.

처음에는 답변이 조금씩 나왔지만 최초의 만족스러운 답변 소식이 미시간 공장에 퍼지자 더 많은 질문이 쏟아졌다. 도움을 주고 싶어 하는 인간의 속성상 질문에 대한 코네티컷과 로드아일랜드에 있는 직원들의 답변이 점점 많아지고 빨라지고 풍부해졌다. 스펜서는 "자신이 어떤 질문에 직접 답변하지 못하더라도 도움이 될 이웃이나 친구의 전화번호를 알려주는 사례가 많이 있었답니다"라고 말했다.

미시간 주에 있는 직원들이 질문을 수백 건 올렸고 대부분 답변이 달렸다. 또 열성적인 참가자들의 10배나 되는 사람들이 질문과 답변을 읽었다는 결과가 나왔고, 이는 코네티컷과 로드아일랜드의 직원들이 미시간의 직원들에게 신경 쓰고 있음을 대변하는 것이었다. 전근 자체를 놓고 보면 화이자에 중요한 직원 가운데 70퍼센트가 미시간 주에서 다른 지역으로 이사하겠다고 동의했다. 이는 예측보다 2배 이상 많은 수였다. 최고 교육을 받고 월급이 많으며 지력을 발휘해 근무하는 인적 자원들이 회사에 남았다. 화이자가 현명하게도 한 직원이 다른 직원과 편하게 이야기할 수 있는 장치와 환경을 제공했기 때문이다.

화이자는 이 소프트웨어 성과에 아주 흡족해서 재배치처럼 중요한 변동 기간에 직원 사이의 대화 촉진에 사용하는 것에 그치지 않고 일상적으로 활용했다. 화이자는 이 과정을 아이디어 관리(Idea Management)라고 하는데, 이베이와 비슷하게 만들었다. 스펜서는 이를 '오래된 의자의 주인과 돈을 주고 의자를 살 사람을 연결하는 방식'이라고 설명했다.

"아이디어를 관리하는 방법은 문제 있는 사람과 해결책을 가지고 있는 사람을 연결하는 것입니다. 이를 효과적으로 운영하려면 세 가지가 필요합니다. 첫째는 자격 있는 후원자에게서 좋은 질문을 고안하는 것이고, 둘째는 아이디어를 내서 관리하는 것입니다. 마지막으로는 이런 특성을 지원하는 구조를 찾거나 창조하는 것입니다."

지금까지 화이자에서 아이디어 관리의 초점은 연구개발 부문에 맞춰졌다. 이 부문은 회사가 신약과 치료법을 시장에 내놓아 돈을 벌게 해주는 심장부 구실을 한다. 이 회사에는 전 세계에서 수백 개 프로젝트를 수행하는 연구개발 전문가가 1만 1,000명에 달한다. 이들은 상당한 고등교육을 받은 과학자(대부분 박사학위 소지자)이며 많은 전문 분야에서 첨단 과학을 이끌고 있다. 스펜서는 회사가 직면한 구체적인 어려움을 설명했다.

"이 환경에서는 우리가 질병과 환자가 던지는 어려운 질문에 유익하게 답변할 가능성이 상당히 낮습니다. 우리는 기술적으로 모험을 건 분야에서 운영하고 있습니다. 우리가 연구개발에서 진행하는 내용은 물리화학, 합성화학, 신진대사, 부작용, 당연히 경제학이 복잡하게 교차하는 지점에 위치했기 때문이지요. 우리는 연구개발에서 아주 심각한 제품상 질문을 하고 답을 얻는 경우가 거의 드뭅니다. 효과가 없을 경우 단순히 날조하거나 효과가 있기를 바랄 수는 없으니까요."

스펜서는 이어서 이렇게 설명했다.

"신약을 시장에 내놓기까지 드는 비용이 10억 달러에 이릅니다. 초기 승인 단계에 도달했고 이미 수백만 달러를 퍼부은 아이디어의 귀속 비율은 20분의 1에서 100분의 1 사이입니다. 이런 경제적 문제와 복잡성 때문에 빠르게 초점을 맞춰 진짜 깊이 들어가야 합니다. 그리고 대기업 같은 조직에서 이는 세계 전 지역에서 완전히 다른 질병 분야의 개별적 양상을 연구하는 아주 특수한 팀들이 있어야 한다는 뜻입니다. 저장고가 있어야 하지요. 그리고 우리가 집중하는 근본적인 필요 부문과 상관없이 그저 연구 과정에서 때로 완전히 부차적인 가치가 발견되기도 합니다."

다시 말하면 한 팀이 작업 중인 데이터나 아이디어, 예를 들어 천식 약이 완전히 다른 질병을 치료하는 약품을 연구하는 다른 팀에 적용되기도 한다. 많은 회사가 이런 형태의 지식 공유에 어려움을 느낀다. 직원들이 '아는 게 힘'이라는 철학을 고수하며 자신이 아는 내용을 고의적으로 공유하지 않거나 내부 커뮤니케이션 장치가 지식과 아이디어를 수월하게 전달하는 것을 막는다. 화이자 같은 회사의 차이점은 지식 저장고를 붕괴하는 방법을 찾으면 주요한 발견을 하거나 중대한 건강과 경제 이득을 볼 수 있다는 것이다.

스펜서는 라이너스 폴링(Linus Pauling)의 '좋은 아이디어를 얻는 최선책은 많은 아이디어를 내는 것'이라는 격언을 믿는다. 스펜서는 결국 질문에 맞는 답변을 어렵사리 찾아내는 경우 사내에서 흔히 접하는 기본적인 반응을 설명한다.

"한쪽에서는 '정말 멋진데. 왜 진작 이 말을 안 해준 거야?' 라고 말할 겁니다. 그러면 상대방은 '왜 진작 안 물어봤는데?' 라고 답하겠지요."

물론 둘 다 옳다. 딜레마는 사람들이 답을 몰라서라기보다 중요한 상황에서 해야 할 질문을 정확히 몰라서 생긴다. 따라서 스펜서의 임무는 이런 충돌이 가능하면 자주 일어나게 만드는 것이며, 그는 이른바 아이디어 농장(Idea Farm)에서 이 작업을 한다.

스펜서가 확산·집중 과정이라고 설명하는 아이디어 농장은 그가 연구 인력에게 보내는 이메일로 시작된다. 이메일에는 지금 당장 직면한 구체적인 문제가 담긴다.

"나는 마지막 개발 단계인 제품을 가능한 한 구체적으로 설명합니다. 상세한 모든 내용을 제공하고 제품의 예상 용도나 기본적인 징후와 경제적 가능성을 내 능력껏 제공하지요."

그리고 그는 답장을 거의 기대하지 않는다.

"연구자 4,000~5,000명에게 메일을 보낼 경우 이 가운데 5퍼센트만 답장을 보내와도 운이 좋은 겁니다. 답장이 1퍼센트 미만일 수도 있습니다. 상관없습니다. 우리 회사의 개발 분야와 내가 던진 질문이 아주 특수한 내용이기 때문에 몇 명만이 실제적 도움을 줄 수 있을 테니까요. 어쨌든 우리 프로젝트를 움직이는 이런 아이디어 가운데 하나의 비용 효과가 엄청나기 때문에 답장을 열렬히 환영합니다."

화이자가 연구개발 분야에서 이러한 크라우드 서핑 접근법의 결과로 나온 특정한 발견을 조심스럽게 검토하는 것은 당연하다. 제약 업계는 대단히 비밀스럽기 때문이다. 그렇지만 스펜서는 한 번은 이런 기법으로 다른 그룹에서 진행되던 연구를 대신 해주던 한 그룹에서 분자 하나를 발견했고, 거의 즉시 제약업계에서 '3단계 실험'이라는 상태로 이동할 수 있었다고 말한다. 그 결과 몇 년의 연구 기간과 엄청난 연구개발 비용을 절약했다. 관련된 인력의 수를 감안하면 화이자가 이를 관리할 기술 기반이 필요하다고 생각하는 것이 당연하다. 화이자는 이런 기반을 제공하는 이매지내틱의 소수 지분을 확보하기까지 했다.

세계에서 가장 큰 소매점인 월마트는 내부 군중의 힘을 이용하기 위해 기술에 주목하는 또 다른 예다. 최근 몇 년 동안 모든 주요 소매점들과 마찬가지로 월마트는 환경의 영향과 이를 최소로 줄일 방법을 찾으려고 엄청나게 긴 시간을 투자했다. 월마트는 고객이 정보를 가지고 제품을 선택하게 최선을 다하지만 낭비나 내부적 비효율성을 근절할 때는 이 업체 또한 직원들이 제안을 쉽게 하고 제안하기를 좋아하게 만드는 소프트웨어 인터페이스를 사용했다.

월마트의 소프트웨어 솔루션에서 나온 한 아이디어는 직원용 구내식당에 있는 자판기 뒤의 조명을 없애는 것이었다. 직원들에게 물건을 팔 필요가 없는데다가 진열된 음료수들이 분명히 보였기 때문이다. 월마트의 매장 전체에서 이 아이디어를 적용한 결과 300만 달러가 절약됐다. 내부 군중이 사업의 일상적인 세부 사항과 사소한 일을 알고 있을 때 이런 제안이 나온다. 컨설턴트 회사에 맡겨 나올 수 있는 아이디어가 아니다. 이런 아이디어는 기업이 회사 전체에서 복제해 사용할 운영의 효율성을 찾을 때 자사 직원들에게서만 제대로 나온다.

직원의 피드백을 이끌어낼 가장 정교한 방법은 '시장예측'이다. 이는 제임스 수로비에츠키가 말한 군중의 지혜 이론을 반영한다. 고객이나 시장의 행동을 예측할 때 직원을 참여시키는 것이다. 미국의 소매점 베스트 바이 같은 회사들은 시장예측 기법을 활용해 신제품이나 냉장고처럼 비정기적 구매에 대한 고객의 요구를 예상한다.

매장에서 일하는 직원(소비자와 대화하고 제품을 팔면서 시간을 보내는)의 의견은 본사 구매부서 직원의 의견과 동일하거나 그 이상의 가치가 있다. 시장예측은 이런 전문성을 발휘하는 방법이다. 시장예측의 비밀은 익명성이다. 직원은 상사가 듣고 싶어 할 것 같은 내용이 아니라 자기가 보기에 생길 것 같은 상황을 기반으로 예측한다.

화이자, 월마트, 베스트 바이가 개척한 형태의 기술 솔루션은 대기업이 내부 군중의 전문성을 이용하려는 최초의 진지한 시도를 보여준다. 이들은 아이디어와 해결책 창출은 물론이고, 직원의 충성도와 생산성을 향상시킨 것으로 입증됐다. 군중은 의견을 말해 달라는 요구를 즐거워하며 기꺼이 협력하려 한다. 회사들은 직원 (또는 인사과 은어로 '인재')이 자사의 가장 중요한 자원이며 경쟁 이 득의 기반이라고 늘 말했다. 화이자의 아이디어 관리 같은 개념은 이런 진부한 표현을 현실로 전환하는 데에 도움이 될 것이다.

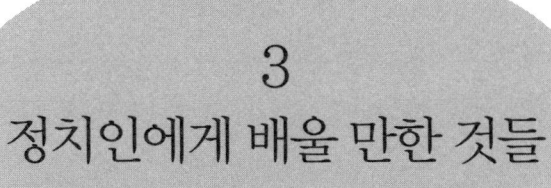

3
정치인에게 배울 만한 것들

민주주의 참여율의 하락과 새로운 의사소통 방법의 급증 사이에는 규명돼야 할 연관성이 있다. 그 어느 때보다도 말할 방법을 많이 제공하고 군중이 자신들의 말에 귀를 기울이지 않는다는 느낌에 빠지게 하면 안 된다. 신기술은 역사상 가장 높은 투명성, 정부와 유권자 사이에 더욱 책임 있는 관계를 보장함으로써 민주주의를 강화한다.

―로빈 쿡(Robin Cook) 하원의원

사업가가 정치인의 행동을 연구하면 교훈을 많이 얻을 수 있다. 선진국의 집권당은 대부분 투표율 감소와 정치적 무관심 확산에 직면했다. 이런 상황에 버락 오바마와 데이비드 캐머런 같은 40대, 조금 연장자인 니콜라스 사르코지 같은 신세대 정치인들이 도전하고 있다. 이들은 신기술이 유권자의 열의를 소생시키는 중요한 역할을 한다고 믿는다. 이 세대에게는 인구 통계조사 못지않게 페이스북에서 얻을 수 있는 친구의 수가 중요하다.

이 장에서는 새로운 형태의 대화 또는 쌍방향 정치의 등장, 즉 아이러니하게도 19세기 소란스러운 정치 토론 스타일로 거의 돌아간 상황을 설명한다. 젊은 정치인 세대는 소셜 네트워크 활동, 블로그 활동, 다른 많은 기술을 받아들이는 것에만 그치지 않는다.

이 밖에도 이들은 유권자와 교류하는 방식 자체를 변경시켰다. 앞으로 설명하겠지만 이런 방식은 조심스럽게 연출된 정치적 무대 장치 뒤에 숨어야 하거나 군중이 던지는 요란한 비판을 감당하지 못하는 소심한 정치인을 위한 것이 아니다.

2008년 6월 버락 오바마는 민주당의 대통령 선거 후보자로 지명됐다. 특히 젊은 유권자 참여를 유도한 것을 비롯한 오바마의 성공은 이 책에서 말하는 크라우드 서핑 접근법을 기꺼이 받아들이려는 의지가 있었음을 반영한다. 오바마가 소셜 네트워크를 사용한 것과 그의 지지자들이 이용한 새로운 미디어 기술은 모든 정치인의 갈 길을 보여주며, 사업계에도 동일하게 적용할 수 있다.

스스로 활동하는 열성적인 팬 확보하기

오늘날 이성은 선전과 심리학, 전자 대중매체같이 정교한 기법을 사용하는 세력의 공격을 받고 있다. 그러나 민주주의 옹호자들은 인터넷, 온라인 운동 조직, 블로그, 위키스(wikis) 같은 세련된 기법을 활용하기 시작했다. 직면한 어려움이 아주 크지만 민주주의가 번창할 것이며 국민이 모두 봉기해 자치를 되살리기 위해 싸울 것이라고 확신한다.

– 앨 고어(Al Gore)

많은 논평자들이 2008년 미국 대통령 선거를 최초의 진정한 인터넷 선거라고 부른다. 후보자들은 블로그와 유튜브 동영상, 온라인 토론장을 서둘러 내놓으면서 인터넷 전문가로 인식되려고 노력했다. 드디어 최초로 인터넷이 정치 운동가들에게 주요 무기가 됐다. 인터넷이 정치 활동가의 열의에 불을 붙이고 과거에 냉담했던 유권자들의 마음을 돌려놓는 방편이 된 것이다.

〈타임스〉의 톰 볼드윈(Tom Boldwin)은 2008년 선거전에 대해 다음과 같은 기사를 썼다.

"전쟁을 반대하는 데일리 코스(Daily Kos) 같은 공동 창작 블로그들은 현재 전국 신문에 맞먹는 지도력이 있으며, 점차 자신들이 표면상 비난하는 기성 정치 세력의 일부처럼 행동한다. 이와 동시에 마이스페이스와 페이스북 같은 소셜 네트워크의 포럼은 선거전에 새로운 무기와 드러나지 않았던 많은 기금 후원자와 동원되지 않았던 활동가 군단을 제공한다."

영국 정치 논평자들은 미국의 선거전을 지켜보면서 앞으로 영국 선거에서 인터넷의 역할을 거론하기 시작했다. 다음은 컨버터티브 홈닷컴(conservative-home.com)의 편집자 팀 몽고메리(Tim Mongomerie)의 설명이다.

"차기 선거는 영국 최초의 인터넷 선거로 기억될 것이다. 블로그에서 수많은 화제가 터져나오는 최초의 선거가 될 게 확실하다. 최고의 정치 광고가 비싼 광고대행사의 번드르르한 사무실에서가 아니라 열성적 정치 팬의 집에서 가정용 컴퓨터로 손수 제작되는 최초의 선거가 될 것이다."

또 2007년 프랑스 대통령 선거에서도 새로운 미디어가 유권자들의 관심을 사로잡는 핵심적인 역할을 했다. 루아크 르 뫼르(Loic Le Meur)는 독자적으로 선거 관련 블로그를 운영하는데, 이 블로그의 인기가 높아지자 사르코지의 선거 유세팀은 르 뫼르를 영입했다. 르 뫼르는 사르코지의 온라인 토론을 관리하는 역할을 맡았으며, 사르코지 진영과 프랑스의 블로그 커뮤니티 사이의 연결선으로 자처했다.

"우리는 모든 사회 분야의 블로거들과 아주 가까운 관계로 시작했고, 매주 이들을 선거 본부로 초대해 정치인을 한 명씩 소개했다. 블로거 약 1,000명이 사르코지 지지 의사를 밝혔으며, 그를 뽑지 않을 다른 많은 사람들도 그저 우리와 연락을 주고받고 대화하는 것만으로 만족해했다."

르 뫼르는 망설이던 사르코지를 설득해 광범위한 웹 기반 선거전 툴을 도입하게 했다. 사르코지의 지지 단체들이 유명한 소셜 네트워크 사이트들에 둥지를 틀었다. 그는 심지어 인터넷 가상 세계인 세컨드 라이프에 'L' Ile Sarkozy'라는 섬을 만들기까지 했다. 르 뫼르는 이 특이한 발상을 진행하면서 접했던 유다른 어려움을 이야기했다.

"우리는 폭탄, 나체인 사람들, 모욕, 무너진 탄광, 무기, 데모를 보고 싶어 하는 상대방의 공격에서 살아남았고…… 선거 기간 내내 사람들이 이 섬으로 몰려왔다……. 내게 가장 흥미로웠던 때는 우리가 세컨드 라이프의 가상 본부 안에 있는 실제 선거 본부에서 토론을 계속 진행하며 상호작용을 많이 할 때였다. 우리는 세컨드 라이프에서 질문을 받아 정치인에게 답변을 맡겼다. 가상과 실제 사이의 대화와 교류가 아주 재미있었다."

2004년 미국 대통령 선거에서 하워드 딘(Howard Dean)의 선거 참모를 배후에서 맡았던 조 트리피(Joe Trippi)는 인터넷을 정치 세력으로 사용하기 시작한 인물로 인정받는다. 딘의 유세는 선거 도중 중단됐다. 어쨌든 트리피가 인터넷을 사용해 일반 대중 유권자들을 소생시킨 덕에 딘은 잠시나마 가능성 없는 후보에서 선두 주자로 나서긴 했다. 후보에서 사퇴하기 전에 1년도 안 돼 트리피와 유세팀은 딘의 선거자금으로 5,000만 달러 이상을 모금했다. 이는 역대 민주당 후보 모금액 가운데 가장 많은 액수였으며, 대부분 100달러나 그 미만의 기금으로 조성되었다.

트리피는 저서 《혁명은 방송을 못 탈 것이다(The Revolution Will Not Be Televised)》에서 이 경험에 대해 말했다.

"닭고기 정찬을 먹은 기증자는 물론 운동가와 신봉자, 과거에 전혀 정치 활동에 참여하지 않았지만 이제 선거에 목숨을 건 사람들까지 포함해 거의 60만 명의 열광적 지지자들에게 후원을 얻었다. 그들을 통해 우리는 완전히 민주주의의 새로운 특성을 활용했고, 인터넷이 강력한 정치 도구임을 입증했다."

딘이 선거에서 실패했지만 트리피는 자신과 선거팀이 이루어낸 업적을 긍정적으로 평가했다.

"2004년 대통령 선거에서 놀라운 일이 벌어졌다. 우리 측 후보가 대통령이 되지는 못했지만 선거전에서는 우리가 이겼다. 이는 미국의 두 번째 혁명에서 첫걸음 이상, 존재 여부조차 오래전에 잊었던 시스템을 되찾으려는 첫걸음을 내디딘 의미 이상이었다. 이는 표면으로 끓어올라 땅 위로 넘쳐흘러 우리 모두(무명의 북동부 주지사, 세상물정 모르는 지지자, 정계의 백전노장 몇 명)를 일깨운 민주주의였다."

조금 더 이상주의적인 논평자들은 트리피 같은 선거 운동가들이 인터넷을 도입한 것은 민주적 과정을 소생시키는 데 일조했다고 평하기까지 했다. 이런 논평자들은 웹이 정치인에게 책임을 추궁하고 유권자에게 발언권을 주는 방식으로 투표자의 무관심에 문제를 제기하고 정치 절차에 사람들을 다시 참여시키는 수단이 됐다고 주장했다.

또 웹은 정치인이 매스미디어의 믿을 수 없는 여과장치를 거치지 않고 투표자들에게 직접 이야기할 수 있게 해준다. 트리피는 딘의 선거전을 회상하면서, 인터넷 게시판과 웹사이트, 채팅방과 웹로그는 "어디에나 있는 텔레비전의 존재가 그의 메시지를 왜곡할 수 없었던 유일한 공간이었다"라고 말했다. 마찬가지로 〈비즈니스 위크〉의 리처드 던햄(Richard Dunham)도 낙관적인 견해를 보였다.

"정보 혁명은 엘리트들의 정보 장악력을 약화시키고 정치를 민주화했다."

또 인터넷 덕에 유권자가 이런 엘리트들을 처벌할 수 있게 됐다. 미국 정치인 조지 알렌(George Allen)의 몰락은 유권자가 정치적인 평판을 쌓아주거나 몰락시키는 과정에서 인터넷의 역할을 보여준 전형적인 예다. 2006년 의회 선거 기간에 알렌이 경쟁 관계인 정당의 직원에게 인종차별적 발언을 한 영상이 유튜브에 올라오자 이는 급속도로 퍼졌고, 들리는 바에 따르면 그는 이 때문에 결국 선거에서 패배했다.

영국에서 시청자 참여 텔레비전 채널 커런트 텔레비전을 개국

할 때 앨 고어는 민주주의 절차를 소생시키는 새로운 미디어의 힘을 믿는다고 반복해서 말했다.

"민주주의, 즉 국민에 의한 정부의 성공 여부는 정보를 잘 제공받는 사람들에게 달려 있습니다……. 시청자가 만든 콘텐츠(커런트 텔레비전 생산물의 기반)는 권력을 국민의 손으로 되돌려서 국민이 한 말이 세상으로 퍼지고 국민과 관련된 이야기가 거론되는 가운데 이들이 당일의 논쟁점에 다시 개입하게 유도합니다. …… 인터넷에서와 마찬가지로 우리가 텔레비전에서 필요한 것은 개인이 참여하고 아이디어 위주로 진행되는 여러 대화 통로입니다."

반면 일부 논평자들은 민주주의를 소생시키는 새로운 미디어 능력에 냉소적이다. 〈옵서버〉 웹사이트의 전 편집장 라파엘 베어(Rafael Behr)는 소셜 네트워크가 운영되는 방식과 특히 웹 기반 커뮤니티들이 경쟁자 의견을 지지하는 사람들에게 극단적인 적개심으로 행동하는 태도 때문에 새로운 미디어가 근본적으로 정치에 적합하지 않다고 믿는다.

"블로그를 하면서 시간을 보내본 사람이라면 웹상의 사람들이 나이와 계층과 취향을 바탕으로 동종 그룹에 합병되는 과정을 다 알 것이다. 무리가 형성되며 규범과 관습으로 정체성을 확립한다. 의견이 표현되고 논쟁이 벌어진다. 그러나 생각은 거의 변하지 않는다. 이 점은 배경이 다양한 여러 연령대의 지지자를 가볍게 연합해야 하는 정치인들에게 문젯거리다.

민주주의는 개별적 피어투피어(peer-to-peer) 대화의 수집 이상이어야 한다. 민주주의에서는 공평성이라는 약속 아래 상호 배타적 견해를 수용해야 한다. 민주주의에서 시민은 자신이 단 하나의 공동체 일원임을 받아들이고 설사 상대방에게 반대하더라도 서로 자제해서 행동해야 한다.

웹은 공동체가 아니다. 웹은 일부 목적에는 아주 유용하다. 이는 정보, 오보, 오락, 상업을 촉진한다. 또 자유를 촉진한다. 그러나 웹에 해당되지 않는 한 가지는 바로 민주주의다."

인터넷과 시청자가 만드는 새로운 형태의 텔레비전 콘텐츠에 대한 엘 고어의 비전을 민주주의적인 절차를 소생하는 방식으로 이해하자면 정치인과 그들의 유세팀이 행동을 바꿔야 할 것이다. 인터넷은 정치 토론의 완벽한 기반을 제공한다. 그러나 이 기회를 받아들였던 정치인은 극소수다. 인터넷의 사회적 의미를 연구하는 학술 센터인 옥스퍼드 인터넷재단(Oxford Internet Institute)의 스티븐 콜먼(Stephen Coleman)은 다음과 같이 말했다.

"과거에 정치인들은 가족과 애완견의 사진, 자신들의 형편없는 연설을 담은 전단지를 제작했고 그것으로 충분했다. 현재 안타깝게도 많은 정치인이 그저 가족과 애완견의 사진, 자신들의 형편없는 연설을 담은 웹사이트를 만들지만 그것만으로는 충분하지 않다."

앤드류 라시에(Andrew Rasiej)는 자신의 웹사이트 '테크프레지

던트(TechPresident)'에서 2008년 대통령 선거 기간에 인터넷 사용을 추적 조사했다. 그는 정치인들이 대부분 인터넷을 "21세기의 광고 인쇄물, 즉 정치인들이 메시지를 생성해서 선거 방법과 돈을 보낼 곳을 지시하는 상의하달 방식의 관리 활동으로 여긴다"라고 했다. 이는 상업계에도 동일하게 적용되는 중요한 특징이다. 소비자나 기타 이해관계자의 참여 유도에 대한 각종 이야기에도 불구하고 많은 사업가와 마찬가지로 정치인들은 아직도 일방적인 의사소통 견지에서 생각한다. 토론에 참여하는 게 아니라 메시지를 내보내는 것을 중요하게 여기는 것이다.

이는 팀 몽고메리가 퍼뜨린 논지다. 몽고메리는 이렇게 주장했다.

"영국의 정당들은 인터넷의 창조적인 면을 제대로 모른다. 여전히 정치인들은 웹을 변함없는 메시지를 훌륭하게 전달하는 통로를 제공하는 방식쯤으로 인식한다. 이들은 보내기(Send) 모드에 머물러 있다. 디지털 시대의 아날로그 정치인인 것이다."

이전에 몽고메리의 정치 스승이자 보수당의 지도자인 데이비드 캐머런은 하원 의회 연설에서 정적과 (당시) 총리로 내정됐던 고든 브라운(Gordon Brown)을 공격하면서 위 내용의 핵심 골자를 사용했다.

"장관은 자신을 노동당이 성전을 재건할 때 바탕이 될 암석이라고 여긴다. 그보다 그는 영국인이 미래의 도전에 직면하는 것을 차단하는 장애물이다. 그는 디지털 시대의 아날로그 정치인이다. 그는 과거의 유물이다."

자신의 세대에 걸맞게 데이비드 캐머런은 자신을 디지털 정치인으로 생각하는 게 분명하다. 그는 구글의 연례 시대정신(Zeitgeist) 컨퍼런스에 열심히 참여한다. 이 컨퍼런스는 전 세계의 상업계, 기술계, 정치계 지도자들이 이 강력한 서치 엔진의 성지에 모여 숭배하는 행사다. 캘리포니아에서 열린 2007 시대정신 컨퍼런스 행사에 캐머런의 비행기표 값을 지불했던 구글주의자들은 이 보수당 지도자가 구글이 "현대사회의 경이로운 일 가운데 많은 부분에 책임을 맡고 있다"라고 이야기하는 것을 들으며 상당히 만족했을 것이다.

캐머런은 구글의 가치를 크게 찬양한 것 외에도 보수당을 유럽에서 기술적으로 가장 진보적인 정당으로 만들겠다고 선언한 야심의 일환으로 www.webcameron.org.uk를 개설하며 정치적 크라우드 서핑 실험에 착수했다. 웹캐머런 사이트에는 캐머런팀과 미국 대통령 후보 존 맥케인(John McCain) 같은 객원 블로거가 게재한 글과 동영상 콘텐츠가 실린다. 일단 가입하면 독자들은 댓글을 달거나 포럼에 참석하거나 새로운 토론 주제를 덧붙이거나 보수당의 지도자에게 질문할 수 있다. 많은 경우 캐머런이 질문에 직접 답한다.

이 사이트의 첫 번째 동영상 블로그에는 가족이 아침밥을 먹는

데 부엌에서 설거지하는 캐머런의 모습이 담겨 있다. 여기에서 캐머런은 웹캐머런 개설 목표를 이야기한다.

"나는 보수당이 하는 일을 국민에게 말하고, 여러분이 실제로 우리가 개발 중인 정책, 우리가 하는 일을 파악하도록 배후 정보를 제공하며, 직접적으로 연계되게 하고 싶습니다……. BBC, I텔레비전, 채널 4는 조심하기 바랍니다. 우리가 새로운 경쟁 상대가 될 테니까요. 웹캐머런은 아직 조금 불안정하고 위태롭긴 합니다. 어쨌거나 이는 보수당의 목적을 사람들에게 제대로 알리려는 한 방법입니다."

냉소적인 논평자들은 캐머런이 왜 식기세척기를 안 샀는지 모르겠다고 비꼬았지만 보수당 지지자들은 대부분 그의 새로운 시도에 긍정적으로 반응했다.

구글의 전 직원 샘 로케(Sam Roake)는 캐머런과 가장 친한 조언자 스티브 힐튼(Steve Hilton)과 함께 웹캐머런을 관리한다. 샘 로케는 다음과 같이 설명했다.

"이런 웹사이트를 개설하려면 상당한 위험이 따른다. 그러나 모든 것을 고려하면 이 웹사이트가 아주 성공할 것이라고 확신한다. 이 사이트는 기존 정치 활동에 상당한 변화를 예고한다. 이 사이트는 데이비드 캐머런이 이끄는 보수당의 가치관, 개방과 커뮤니티의 가치관을 아주 많이 대변한다. 우리는 이 사이트를 사람들이 스스로 의미 있는 방식으로 정치에 참여하며 게스트 블로그에서 데이비드 캐머런과 전 세계 사상 지도자들과 정강을 공유하는 수단으로 여긴다. 이런 활동이 아주 막강한 힘을 발휘할 것으로 생각한다."

캐머런 진영의 최신 구상은 지지자를 모집하기 위한 소셜 네트워크 사이트를 창설하는 것이다. 누구나 무료로 또는 자신이 원하는 액수를 기부하면 이 정당의 '친구'가 될 수 있다. 완전히 헌신적으로 참여하는 상근자라기보다 페이스북에서 만난 친구 관계와 비슷하게 자유롭고 일시적인 관계를 맺는 것이다.

실제로 그간 보수당의 '친구' 모집은 페이스북, 마이스페이스, 아이빌리지(iVillage), 베보 같은 소셜 네트워크 사이트에서 이루어졌다. 많은 사람들이 이를 두고 정치 활동의 가치를 깎아내리는 행위라고 여기지만 이 활동이 진정으로 의미하는 점은 캐머런이 이끄는 보수당원들이 새로운 형태의 유권자들과 완전히 조화되었다는 것이다. 정치에 관심은 있지만 대문 틈으로 들어온 전단지를 읽거나 교회에서 열리는 지루한 집회에 참석하는 데 흥미 없는 유권자들 말이다.

영국과 많은 나라에서 정치는 개별적인 정당의 능력이나 정책의 적절함 못지않게 종족이나 가족, 계층 충성도에 상당한 비중을 두어왔다. 따라서 무료로 '지금'만 가입할 수 있으며 간단히 탈퇴할 수 있다는 개념은 사실상 신선한 발상이다. 이는 정당 정치를 대체하는 것이 아니라 젊은 층의 새로운 독자(전통적으로 정당 정치에 흥미가 적었던)를 참여시키는 방법이다. 따라서 이는 과감하고 새로운 실험이며 면밀하게 주목할 가치가 있다.

이 사이트는 신세대 디지털 정치인으로서 캐머런의 이미지를 높여준다. 특히 총리 고든 브라운과 비교해볼 때 더욱 그렇다. 고든 브라운은 그의 고문들이 페이스북과 친화적으로 보이게 하려고 갖은 노력을 기울이는데도 '아날로그 정치인'이라는 별명을 떨쳐 버리느라 고전을 면치 못하고 있다. 고든 브라운이 장관 시절에 마지막으로 한 일이 홈 컴퓨팅 사업(Home Computing Initiative, HCI) 폐기였다는 점도 불리하게 작용했다. HCI는 회사가 비과세 혜택으로 직원들에게 PC를 대여하는 제도다.

2008년 지방의회 선거에서 노동당의 대대적 패배와 런던 시장직 상실의 부분적 책임이 군중과 연계되지 못한 브라운의 무능력 탓으로 돌아가고 있다. 브라운이 전임 총리에 비해 지적으로 더 엄정할지 몰라도 가장 충성스러운 지지자들마저 그에게는 블레어의 의사소통 기술과 대중적 감성이 결여되었다고 인정한다.

천성적으로 내성적인 그는 총리 질의 시간이나 선거 유세, 유튜브 등 어떤 자리이든지 간에 대중 앞에 서면 불편해 보인다. 사라 리올(Sarah Lyall)은 〈뉴욕타임스〉에 실은 글에서 브라운은 이렇게 기술했다.

"의견이 활발히 오가는 의회의 토론, 특히 분위기가 거칠어지면서 상대방이 상처를 주고 비웃음을 유발하는 논평을 하며 빈정

거릴 때 아주 싫어한다. 블레어는 공격을 받을 때 쾌활하게 무관심한 태도를 취했던 반면 브라운은 앵돌아져서 성을 내고 방어적이된다."

브라운이 웹에 기반을 둔 유권자의 대립적이고 비이성적인 행동을 극복하는 모습은 상상이 잘 안 된다. 분명히 그는 많은 '아날로그' 정치인의 견해에 동의하여 인터넷을 무섭고 질서 없는 공간, 즉 통제되지 않은 미치광이들이 제멋대로 들락날락하는 정신병원으로 볼 것이다.

음모 이론가, 모든 정치 파벌의 근본주의자, 책략가는 물론 어떤 운명 같은 것이 뜻밖의 정치 후보를 넘어뜨리려 벼르고 있다. 인터넷은 신경이 예민한 사람과 조롱과 비방을 받을 준비가 안 돼 있거나 거부하는 사람, 즉 브라운 같은 인물에게 맞지 않는 공간이다. 이런 점에서 인터넷은 민주주의라는 명목으로 후보자들이 폭언과 때로 몸싸움을 감수했던 19세기 선거 운동장과 비슷하다.

역사학자 로렌스(J. M. Lawrence) 박사는 당시 분위기를 이렇게 설명했다.

"19세기 내내 대중에게는 통치자가 되려는 사람을 심문할 권리가 있다는 의식이 팽배했다. 따라서 유세장에서 질문을 몰아붙이는 관습이 퍼져 있었으며, 유세 집회 방해와 탁 트인 공공장소에서의 난투 같은 대중 감정의 무질서한 표현에 놀라울 만큼 관대했다. 정치 질서에 대한 상당히 너그러운 이 접근법의 배후에는 두 요소가 있다.

첫째, 많은 사람이 선거란 정치인의 성격을 제대로 평가하는 시험대라고 생각했다. 국가를 다스릴 사람이라면 부하가 될 사람들이 모인 유세 집회도 원활하게 진행할 수 있어야 하며, 다루기 힘든 불한당이 맞서고 나설 때 처신을 잘해야 한다고 여겼다.

둘째, 부분적으로 고전적인 생각에서 유래된 강한 의식, 즉 탄탄한 국가의 기반은 항상 경계하고 주장이 강한 시민이라는 생각이 남아 있었다."

현대 정치 지도자들은 오늘날의 '항상 경계하고 주장이 강한 시민'의 장점에 긍정적 견해를 취하라는 조언을 듣는다. 정치인들은 수십 년 동안 무대 뒤에서 조정하거나 정당 관리만 해온지라 이런 시민을 직접 상대해야 한다는 점에 충격을 받을 수도 있다. 그러나 현명한 정치적 사고방식은 단순히 개종자에게 설교하는 게 아니라 19세기 영국같이 실제 사람과 자신들의 정책을 토론할 기회를 환영하는 것이어야 한다. 존 메이저(John Major)가 1992년 선거에서 놀라운 승리를 거둔 데는 이런 접근법이 크게 기여했다고 인정받는다.

1992년 선거 기간에 메이저는 초대한 청중에게 질문을 받고 자신이 재치 있게 답변하는 공식 유세 집회가 너무 조직적이고 '실제 유권자'에게 다가서기 힘들다고 결론 내렸다. 언론의 수많은 조롱 속에서 그는 정치 토론의 가장 오래된 형태로 되돌아갔다.

그는 거리로 나가 실제 유권자들로 뱅 둘러싸인 약식 연단에 서서 많은 야유를 들으면서 마이크를 손에 들고 군중과 논쟁을 주고받았다. 이 방법은 유권자들에게 정책을 전달하는 데 거의 도움이 안 됐지만 메이저가 현실 정치인이라는 이미지를 강하게 심어주는 효과가 있었다. 1992년 선거에서 인터넷이 사용됐더라면 장담컨대 메이저는 온라인에서 유권자들에게 다가설 기회를 절대 놓치지 않았을 것이다.

정치인들이 군중의 처분에 자신을 내맡길 때(대중 집회 또는 온라인을 불문하고) 비판에 반응하는 방식은 성격을 평가하는 중요한 시험대다. 총리 질의 시간과 컨퍼런스 연단에서 완벽하게 행동하는 토니 블레어조차 거세게 나서는 일반대중 앞에 서서 즉석으로 정부의 정책을 변호해야 했을 때는 취약한 모습을 보였다.

2001년 선거 유세 기간에 블레어가 유일하게 취약점을 보인 것은 남편이 지방병원에서 암 치료를 받는다는 샤론 스토어(Sharon Storer)라는 여성이 길거리에서 다가와 말을 걸었을 때뿐이다. 병원의 기본 치료에 대한 스토어의 비평에 블레어가 어리둥절해서 궁색하게 답변을 늘어놓는 바람에 그는 회피적인 데다 업무 파악이 잘 안 된 사람처럼 보였다. 스토어의 공개적 비판은 보수당의 반대 의원들이 퍼부은 공격보다 훨씬 더 강력한 효과를 발휘했다.

니콜라스 사르코지도 군중의 시험에서 실패했다. 사르코지가 이탈리아 모델 카를라 브루니(Carla Bruni)에게 빠르고 공개적으로 구애한 뒤 일어난 비판에서 여전히 헤어나지 못하던 참에, 한 무역박람회에서 말다툼하던 상대 남성을 큰 소리로 모욕하는 장면이 동영상에 찍혔다. 〈르 파리지앵〉이 이 동영상을 자사 인터넷 사이트에 올리자 몇 시간도 지나지 않아 50만 명 이상이 방문했으며 언론과 정적의 비판이 빗발쳤다. 이처럼 겉으로 보기에 사소한 일도 정치적 평판에 치명적인 해를 입히는 난처한 습성이 있다.

누군가 '모든 정치는 지역적'이라고 말했다. 이론의 여지는 있지만 이는 크라우드 서핑이 정치적으로 최고의 영향력을 발휘하는 곳이다. 인터넷의 변형 특성 가운데 하나는 초고속 통신을 사용하는 모든 사람이 무한하고 계속 증가하는 전 세계의 공동 지식을 입수하는 능력을 지녔다는 것이다. 이 능력은 항상 정확하게 온라인 검색이 되는 능력과 결합해 사람들이 해당 지역의 논쟁점에 압력을 발휘하는 방법으로 전환된다.

영국에서 BBC는 이른바 액션 네트워크를 시험하고 있다. 이는 지역 논쟁점(입안 분쟁, 환경 문제, 병원 폐쇄)을 비슷한 문제에 직면한 다른 지방 사람들과 연계해 처리하도록 하는 기술 기반 솔루션이다. BBC는 자사 웹사이트에서 "액션 네트워크는 지역 사안을 바꾸도록 돕는다. 동일하게 느끼는 사람들과 접촉해 취할 행동에 대한 조언을 들어보자"라고 말한다. 예를 들어 지역의 그린벨트를 통과하는 고속도로가 있는데 이를 항의하고 거부할 방법을 알고 싶으면 이 액션 네트워크에서 동일한 일을 겪고 비슷한 운동을 펼쳤던 사람들과 접촉할 수 있다.

액션 네트워크 같은 기술 기반 솔루션의 힘은 쉽게 상상된다. 모두 행동주의와 정치 운동의 축적된 지식을 입수할 수 있으며, 이런 지식은 이제 더는 봉급을 많이 받는 정치 운동가나 홍보 전문가, 공무 권위자나 로비 전문가, NGO(비정부 기구)의 영역이 아니다. 이제 지역 주민이 유세 기법과 법률을 바탕으로 영향을 미치고자 하는 절차를 처리할 수 있게 됐다.

액션 네트워크는 다음 부문에서 유용하다. 하원의원은 주민을 위해 무엇을 할 수 있는가? 시의원은 주민을 위해 무엇을 할 수 있는가? 유럽의회 의원은 주민을 위해 무엇을 할 수 있는가? 액션 네트워크는 입안에서 환경에 이르기까지 지역의 모든 주요 사안을 포함하며, 이런 문제를 해결할 기법을 제안하고, NGO나 해당 사안에 관심 있는 국내 운동과 연결해준다.

한 예로 가격이 적당한 전원주택을 들 수 있다. 이는 몇 년 동안 부동산 가격이 오르고 일부 지역에서는 별장 붐이 일면서 전원주택 가격이 더 빠르게 폭등하여 지역 주민들이 주택 가격을 감당할 수 없게 돼가는 영국에서 점차 논쟁점으로 떠오르는 사안이다. 액션 네트워크는 보조금을 주는 기관 알려주기를 비롯해 이 사안을 해결할 만한 여러 조언을 제공하며, 가격이 적당한 집을 짓고 개발하도록 돕는다.

현재 검색 엔진과 테크노라티 같은 블로그 검색 엔진을 활용한 덕에 사람들은 기술 자료는 물론이고 지원, 격려, 비법과 자신들의 지역에서 똑같은 문제를 겪었던 사람들의 충고를 확보할 수 있게 됐다. 거대한 조직이나 정규 기관의 도움 없이도 이 모든 것을 제공받을 수 있다.

영국 알트링캠 주민 세 사람은 새로운 도심을 건설하려는 개발업자들을 막으려고 자체적으로 온라인 운동을 시작했다. 이들의 '알타이르 반대(Against Altair)' 운동은 단순한 웹사이트를 기반으로 하는데, 이 사이트는 의회와 개발업자들을 반대하며 이미 지역 언론과 온라인 채팅에서 상당한 관심을 받았다. 이 사이트는 수백 개의 동일한 운동 가운데 하나다. 상업적 이해관계가 없으며 자신들의 주장을 펼치고 주요 언론의 지원과 기사를 얻는 새로운 힘을 지닌 지역 주민이 중심이 되기 때문에 입법자들은 이들을 진지하게 받아들여야 한다.

지역 사회에 기반을 둔 논쟁점이나 대의에 헌신적으로 나서는 웹사이트, 채팅방, 블로거, 페이스북 그룹을 찾아내는 이 새 능력은 정치에서 새로운 영향력이다. 많은 면에서 '민주주의의 민주화'를 가장 두려워해야 하는 사람은 정치인이 아니라 NGO를 운영하는 사람들이다. 몇 년 동안 NGO는 단독 사안을 다룬 운동에서 거의 독점적인 지위를 누렸다.

NGO는 자신들이 관여한 부문에서 심층부의 전문적 지식을 쌓아왔으며, 이에 못지않게 의사결정 과정에 압력을 가하는 중요한 방법도 축적했다. 이들은 언론의 중요 순위를 가장 잘 변경시키며, 명백하게 그렇지 않은 때조차 '세상에 이로운 일을 한다' 는 허울을 쓰고 있다. 또 대부분 '회원' 또는 '기부자' 의 권한을 상당히 많이 이용한다. 사실상 회원이나 기부자가 대체로 NGO가 어떻게 운영되는지는 물론 일부 중요한 운동에 뒤이어 단체를 지원하도록 가차 없이 조종당하는 과정을 전혀 모르는 상황에서 말이다.

그러나 NGO는 대부분 전국적 사안이나 세계적 사안에 초점을 맞추는 경향이 있다. NGO가 지역적 사안에 나서는 경우는 그런 사안이 국가적으로 중요하거나 전국 언론이나 세계 언론이 관심을 가질 만하기 때문이다. 그리고 대부분 다른 사람들을 참여시키기보다 자체적으로 운동을 조직하고 진행하는 편이다. 이는 다음과 같은 이유 때문이다. 전통적으로 NGO는 후원자들에게 자금을 지원받고 대중주의라는 타당성을 인정받았다. 그러나 이들이 이 새로운 세상에서 자신들의 값어치를 보여주지 못하면 자금과 (적어도 지역의 중요한 사안에서) 존재의 타당성이 위협받는다.

정치인들이 직면한 위협은 NGO의 우두머리들이 겪는 위협 수준까지는 아닐 것이다. 그러나 정치인들은 주권이 강화된 소비자를 다루는 것이 어렵다고 생각했다. 군중은 적대적이고 고집이 세며 요구가 많다. 정치인들은 19세기 선조들이 당했던 신체적 폭력 같은 위협을 처리할 필요야 없지만 여전히 공격에 둔감하고 침착한 성품을 키워야 한다. 사르코지가 경험했듯이, 순간적으로 냉정함을 잃거나 부적절한 발언을 하면 인터넷이라는 프리즘으로 그 결과가 엄청나게 과장된다. 안 좋은 소식을 숨길 수 없으며 어려운 질문을 회피할 수 없다.

또 정치 지도자와 그들의 유세 관리자들도 군중을 참여시키는 방식을 완전히 재고할 수밖에 없게 됐다. 이들은 고르고 고른 후원자들 앞에 서서 용의주도하게 연출한 모습을 보여주는 방법에 더는 의존할 수 없다. 이들은 연단에 올라서야만 하고(실제로 또는 상징적으로) 솔직한 토론에 참여해야 한다. 이는 민주주의의 재발명을 의미하는 게 아니라 정치 지도자들의 새로운 행동을 촉구하는 것이다. 정치가 갑자기 다시 흥미로워졌다.

나를 따르는 사람들 따르기

기술로 강화된 시민 참여는 이미 아이디어를 생산해냈으며, 이 아이디어는 기술이 정부를 시민과 연결하고 시민을 민주주의에 참여시킨다는 오바마의 비전과 그의 선거 유세에 영향을 줬다. 오바마는 입수 가능한 최신 공학 장치를 사용해 정부가 특정 이익단체와 로비스트에게 신세를 지게 만들고 정부의 의사결정에 시민이 참여하게 조장할 것이다.

—버락 오바마(Barack Obama), 2008년 유세 성명

힐러리 로댐 클린턴(Hillary Rodham Clinton)과 버락 오바마는 2008년 민주당 후보 지명에서 접전을 벌이면서 자신들이 새로운 미디어 확장 경쟁을 하고 있음을 깨달았다. 페이스북과 유튜브가 새로운 전장이었다. 그러나 오바마의 유세만이 온라인 유세를 실제 거리 모금 활동과 행사 참여로 전환한 '운동'으로 평가됐다. 오바마는 온라인에서 막대한 팬을 끌어들였다. 부분적으로는 젊은 층에 그의 매력이 발휘된 덕이었고, 또 다른 이유는 초고속 통신과 아이폰 같은 이동 인터넷 장치가 증가하면서 힘을 얻은 덕이었다. 결정적으로 오바마는 열성팬들에게 정보와 재료를 제공한 뒤 팬들이 이런 도구로 유세 활동을 하게 만들 수 있었다.

힐러리 클리턴의 선거 진영 또한 오바마 측과 거의 동일한 기

술 장치를 활용하고 수많은 기술진과 언론 전문가를 고용했지만 여전히 구식처럼 느껴졌다. 한 예는 두 후보가 새로운 마이크로 블로그 서비스 트위터(Twitter)를 사용한 방식이다. 트위터는 PC나 전화로 '지금 뭐 해?' 같은 일상적 대화를 주고받을 수 있으며 140자 이내로 전송 가능하다.

트위터 사용자들은 이 공간을 솔직하고 격식을 따지지 않으며 노골적으로 말하면 진부한 일상적 생각과 활동을 업데이트한다. 어쩌면 컴퓨터광의 천국으로 여겨질 수도 있지만 몇 년 전만 해도 사람들은 블로그를 보고 그렇게 말했다. 트위터는 정치인이 자신의 열성적 후원자들에게 아주 개인적이고 '내부자'라는 느낌이 드는 흥미로운 정보를 계속 제공할 수 있는 완벽한 통로다. 후보자가 직접 내용을 업데이트하는 게 아니라는 사실이야 누구나 알지만 말이다.

2008년 3월 초에 후보자 선거가 절정에 달했을 때, 트위터에 오바마 추종자가 1만 4,207명이었던 데 비해 힐러리 추종자는 1,781명에 그쳤다. 그러나 더 중요한 사실은 오바마(또는 그의 부하들)가 '오바마를 따르는' 사람들을 '따르는' 것이 예의가 바르다는 점을 깨달았다는 것이다. 일리노이 주 상원의원이던 오바마가 직접 일상적 움직임과 지지자들의 목욕재계(트위터는 이 정도로 노골적)에 대해 업데이트하느라 하루에 몇 시간씩 쓰지는 않았을 게 분명했다.

오바마가 아무리 힘이 넘친다지만 그만한 여유 시간은 없었을 것이다. 어쨌든 여기에서 실제로 보였던 점은 '여러분이 나를 따르면 나도 여러분을 따르겠다' 는 상호관계의 신호였다. 그리고 유세 청중이 기술과 컴퓨터에 더 능란하다는 면을 감안하면 새로운 미디어 예절에 대한 이해가 가장 중요하다.

오바마는 트위터 외에도 모든 소셜 미디어 기반을 활용했으며, 그가 페이스북의 공동 창업자 크리스 휴스(Chris Hughes)를 고문으로 고용했다는 점을 감안하면 당연히 기대할 법한 행동이다. 정치적 생식력 지표인 페이스북과 마이스페이스에서 오바마의 친구를 합한 수가 46만 명에 이르렀다. 이에 비해 힐러리 클린턴의 친구는 23만 3,000명에 불과했다. 오바마가 올린 이런 성과는 유튜브 동영상 '우리는 할 수 있습니다(Yes We Can)'의 대대적 성공으로 빛이 가리기는 했지만 말이다.

블랙 아이드 피스(Black Eyed Peas)의 대장격이자 작곡가이자 프로듀서 윌아이엠(Will.i.am)과 영화 제작자 제시 딜런(Jesse Dylan, 밥 딜런의 아들)이 만든 '우리는 할 수 있습니다' 동영상에는 스칼렛 요한슨(Scarlett Johansson)과 허비 행콕(Herbie Hancock) 같은 유명인사들이 노래하거나 오바마가 뉴햄프셔 주에서 했던 유세 연설을 읽는 장면이 나온다. 민주당 후보 유세가 정점에 달했을 때, 하루에 100만 명 이상이 음악, 유명인, 기술, 정치가 혼합된 이 동영상을 봤으며 결과적으로 지금까지 유튜브에 올라온 것 가운데 최고로 인기가 많은 동영상이 됐다.

결정적으로 '우리는 할 수 있습니다' 동영상과 역시 윌아이엠이 만든 후속작 '우리가 적임자입니다(We are the ones)'는 오바마 유세팀이 관여하지 않은 상태에서 완전히 독자적으로 만들어진 것이다. 제시 딜런은 ABC 뉴스 인터뷰에서 이렇게 말했다.

"우리는 유세 관계자들과 전혀 의논하지 않았습니다. 오바마의 연설에서 언급한 변화를 감동적으로 표현한 노래였기 때문에 함께 모였을 뿐입니다."

두 동영상은 열성 당원이 능숙하게 제작한 작품이라기보다 군중이 오바마의 '변화' 메시지에 자발적으로 진심을 담아 응답한 것처럼 느껴졌다. 이와 마찬가지로 스탠퍼드대학의 두 학생이 만든 사용자 제작 포털 사이트 '유바마(YouBama)'에는 오바마에게 개인적 찬사를 보내는 유권자들의 동영상이 실렸다. 이 역시 오바마 측이 전혀 개입하지 않은 동영상이었다. 이 사이트는 대단히 신뢰가 가는 강력한 의사소통 도구로 입증됐다.

후원자들의 이런 자발적인 생산물 외에 오바마 선거 운동에서 형식적 요소들 역시 정치적 크라우드 서핑에서 객관적인 교훈으로 세세하게 살펴볼 가치가 있다. 오바마는 구식 수사법(의도적이든 무의식적이든 1960년대의 행동주의 정신을 반영한 연설)과 더불어 자신의 활동에 군중을 참여시키고 자신의 사명이 공동적인 것이며 본질적으로 국민이 그 사명의 일원이라고 심어주려 지속적으로 노력했다.

노래 '우리는 할 수 있습니다' 와 지지자들에게 '부름에 답해 달라' 고 직접 호소한 것은 특히 젊은 층을 투표에 참여시키는 효과가 상당했다. 18~29세의 유권자 가운데 뉴햄프셔 주에서 51퍼센트, 아이오와 주에서 57퍼센트, 네바다 주에서 59퍼센트, 사우스캐롤라이나 주에서 경이적인 수치인 67퍼센트가 오바마를 지지했다.

정치 논평자들은 오바마가 젊은 유권자들 사이에서 성공을 거두자 유세 도구로써 소셜 미디어의 중요성을 인식하게 됐다. 시민과 언론을 위한 퓨 리서치 센터(Pew Research Center for People and the Press)는 한 여론조사에서 공화당과 민주당 후보가 유세하는 동안 미국 국민이 미디어를 사용한 양상을 분석했다.

이 여론조사 결과는 상당한 세대 이동이 일어났다는 점을 뚜렷하게 보여줬다. 응답자 가운데 50대 이상의 절반과 30~49세의 49퍼센트가 유세 방송을 지역 텔레비전 뉴스에서 본다고 답한 반면, 동일한 답변을 한 30세 이하는 25퍼센트에 불과했다. 이 여론조사는 30세 이하의 40퍼센트가 후보자 연설이나 인터뷰, 광고, 토론을 온라인에서 봤음을 보여줬다. 퓨 인터넷과 미국인의 삶 프로젝트(Pew Internet and American Life Project)의 책임자 리 레이니(Lee Rainie)는 이를 중요한 새 현상으로 본다.

"이런 유세에서는 특히 젊은이들이 자극받는다. 이 젊은이들은 30년 전의 유권자들이 정치인에게 열의를 보였던 것과 다른 방식으로 활동하게 만드는 새로운 도구를 가지고 있다. 이들은 새로운 뉴스를 읽고 이에 관해 블로그에 쓰거나, 유튜브 동영상을 보고 링크하거나, 선거 웹사이트를 방문해 유권자들의 전화번호를 내려받은 뒤 후보자를 대신하여 전화를 건다."

오바마는 정치에 젊은 층의 관심이 부활된 경향을 이용했고, 역설적이지만 힐러리 클린턴이 마음대로 쓸 수 있었던 연줄이나 정치 세력이 그에게 없던 것도 이득이 됐다. 이 명백한 약점은 오바마의 모금액(대통령 후보자 예비 선거 기간 내내 힐러리 클린턴보다 많은 금액 조성)에서는 물론 그의 유세 또는 운동의 타당성 면에서도 강점으로 전환됐다.

4년 전 하워드 딘의 경우와 마찬가지로, 수백만 명이 몇 달러씩 낸 기금은 소수가 낸 수백만 달러보다 훨씬 더 민주적으로 보였다. 정치적 크라우드 서핑으로 몇 달 만에 모금한 금액은 미국에서 가장 노련하고 세련된 모금 기구가 그전 몇 년 동안 모금했던 것보다 더 많았다.

오바마가 시작한 또 다른 인상적인 활동은 유세 웹사이트에서 운영된 폰뱅킹 시스템이다. 후원자들이 온라인에서 몇 번만 클릭하면 전화 홍보 활동에 자원할 수 있었다. 이는 투표할 가능성이 높은 유권자에게 전화하는 일이었다. 이 홍보 자원자들은 일정한 원고와 전화번호를 받아서 활동했다. 전문적 콜센터 직원이 유권자에게 전화할 때와 일반인(물론 여전히 모르는 사람이다)이 집에서 전화를 걸 때 효과를 비교해보자. 이런 방식에서는 당연히 친구와 가족이 목표 대상이 될 것이다. 아무튼 여기에서 놀라운 점은 일반 미국인 수백 명이 다른 미국 시민에게 전화를 걸어 투표 참여를 권유하는 활동에 기꺼이 참여했다는 것이다. 대통령 후보 예비 선거 직전에는 오하이오, 텍사스, 버몬트, 로드아일랜드에서 이런 전화가 압도적인 숫자인 204만 9,133통이나 걸렸다.

또 오바마닷컴(obama.com)도 지지자들에게 자체 이메일 또는 직접 연락 프로그램을 운영할 능력을 제공했다. 자신이 알고 있는 연락처를 이 사이트에 모두 올리면 기본 메일 또는 상대방에 맞춘 메일을 보낼 수 있었다. 지역 청원이나 유세 운동을 시작할 수 있었고 이 사이트에서 블로그 활동도 할 수 있었다. 그리고 실제로 수천 명이 이런 방식으로 활동했다. 오바마가 결합한 젊은 에너지와 신기술 조합은 무적으로 판명됐다.

데이비드 브룩스(David Brooks)는 〈뉴욕타임스〉에 이렇게 썼다.

"버락 오바마는 한 가지 지론이 있었다. 유권자들은 지난 20년 동안 보던 열성 당원의 무기력증에 질렸다는 것이다. 따라서 오바마가 새로운 리더십으로 일반 대중 운동을 일어나게 하면 백악관으로 입성해 워싱턴에 자리 잡을 수 있다는 것이다.

오바마는 이 지론을 바탕으로 전 유세 계획을 세웠다. 그는 소극성과 부당한 유세를 반대했다. 그는 이 나라에 '자각'이 일어나고 있다고 주장했다. 사람들이 '다른 형태의 정치를 갈망' 한다는 것이다.”

그러나 신기술을 사용한 오바마의 전술이 과거의 선거 유세 방식과 완전히 다른 대변혁의 도래를 알렸다는 감상적인 생각에 빠지지 않도록 주의하자. 그러자면 그가 조성한 자금 가운데 막대한 부분이 텔레비전 광고 같은 보수적 전술에서 조성됐다는 점을 기억해야 한다.

오바마는 특히 ‘비터게이트(Bittergate)’로 알려진 기간에 크라우드 서핑 실수도 저질렀다. 오바마는 비공개 모금 행사에서 지지자들에게 연설하다가 현재 유명해진 의견을 밝혔다.

“중서부 지역의 작은 도시들과 아주 비슷한 펜실베이니아 주의 이 소도시들에 가보면 25년 동안 일자리가 사라졌고 이를 대체할 만한 게 전혀 없어요……. 그리고 각종 계획이 수포로 돌아갔고, 클린턴 행정부와 부시 행정부 모두 이 지역 사회가 소생할 것이라고 말했지만 그렇게 되지 않았습니다. 그러니 이들이 적의에 찬 것도 당연합니다. 이들은 좌절감을 표현하는 수단으로 총, 종교, 자신과 다른 사람에 대한 혐오감, 이민자 반대 정서, 무역 반대 정서에 매달립니다.”

오바마 지지자인 61세의 메이힐 파울러(Mayhill Fowler)도 이 모금 행사에 참여했다. 파울러는 미국의 선도적인 자유 블로그 허핑턴 포스트(Huffington Post)와 연계된 OffTheBus.net의 파트타임 기고가다.

파울러는 며칠 동안 미뤄두다가 결국 오바마가 한 말을 허핑턴 포스트에 올렸다. 이 글은 몇 분 만에 조회 수가 5,000건으로 올라가고 하루가 끝나갈 무렵에는 10만 건이 넘었다. 한동안 이 글 때문에 오바마의 유세가 실패로 돌아가는 듯했다. 그녀는 자신을 비판하는 사람들에게 말했다.

"사람들은 내 역할을 근본적으로 오해했습니다. 내 역할은 지지자가 아니라 기자였습니다. 그러나 사람들은 내가 지지자 역할을 더 중요하게 여긴다고 착각했지요."

그녀의 말은 활동가 블로거와 시민기자 사이의 모호한 구분을 강조한 것이다.

오바마는 거의 완전한 크라우드 서퍼이지만 위의 사건에서 새로운 세상에 비공개는 없다는 교훈을 얻었을 것이다. 특히 모든 장소에 아마추어 기자가 잠복하는 상황에서는 더더욱 그렇다. 잡지 〈베니티 페어〉의 언론 칼럼니스트 마이클 볼프(Michael Wolff)는 비터게이트의 중요성을 완전히 확신했다.

"파울러의 직업이나 그녀의 역할은 중요하지 않다. 중요한 점은 오바마가 무엇인가를 말했고 당연히 그 내용이 기록됐다는 것이다. 이는 무시할 수 없는 새로운 현실이다. 모두 당신이 하는 말을 알게 된다. 현재 우리는 전환기를 지나가고 있다. 사생활 보장은 없다. 어디에도 숨을 수 없다."

오바마의 선거 유세가 전통 모형의 종말을 보여줬다고는 할 수 없다. 그러나 이 유세는 과거 방식으로는 이제 부족하며 정치에 대한 유권자의 열의를 소생시키는 비결은 참여할 수단을 만드는 것이라는 점을 확실히 보여주긴 했다. 우리 부모 세대에게 정치 참여는 베트남 전쟁이나 폭탄, 인종 차별이나 성 차별에 반대해 플래카드를 흔들면서 집회에서 행진하는 형태였다. 그러나 오늘날 정치인(그리고 사업가)이 신세대를 참여시키려면 오바마가 취한 선례를 따라 소셜 미디어의 힘을 자발적으로 활용해야 한다.

4
크라우드 서퍼에게 필요한 리더십 기술

구인 : 복합적인 정신을 지닌 사장. 힘든 경험에서 습득한 바에 따르면 다루기 곤란한 사안은 흑백 논리로 거의 해결되지 않기 때문이다. 오늘날 세상에서는 모든 것이 복잡하다.

− 로버트 키건(Robert Kegan),
성인 교육 미한(Meehan) 교수, 하버드대학 교육대학원

셰익스피어의 《십이야(Twelfth Night)》에 나오는 유명한 대사를 좀 변형해보면, 일부는 크라우드 서퍼로 태어나고 일부는 크라우드 서퍼가 되며 일부는 억지로 크라우드 서퍼가 된다. 일부 사업가와 정치인은 타고난 크라우드 서퍼다. 이런 사람들은 실용적이며 융통성이 있지만 우유부단하지 않다. 이들은 끊임없이 인간 행동, 특히 고객 행동에 흥미와 호기심을 갖는다. 또 이들은 고객의 요구와 필요사항을 예상하고 적당한 시기에 적당한 방식으로 대응하는 능력이 있다.

세계에서 성공한 새 상표를 만든 많은 기업가들이 이러한 크라우드 서핑 기술을 지니고 있다. 그러나 크라우드 서퍼가 되기 위해서 스스로 갈고닦아야 하는 사람들도 있으며, 이들은 대체로 자신의 행동과 자신이 이끄는 회사의 행동을 변경하도록 강요받는다. 마이클 델의 고백에 따르면 그는 블로그 커뮤니티(제프 자비스의 '쇠갈퀴를 든 격노한 폭도')가 자신의 회사를 거의 쓰러뜨릴 뻔한 뒤 이 점을 힘겹게 깨우쳤다.

크라우드 서퍼가 되기에 가장 적합한 성격은 무엇인가? 역사학자 니얼 퍼거슨(Niall Ferguson)은 리더십을 주제로 한 글에서 훌륭한 지도자는 "① 나는 오류에 빠지기 쉽다. ② 세상은 무질서하다"는 점을 깨달은 사람이라고 설명했다. 인텔의 앤드류 그로브(Andrew Grove)가 베스트셀러 《승자의 법칙(Only the Paranoid Survive)》에서 표명한 의견에 따라 퍼거슨도 "불안은 …… 훌륭한 지도자가 되는 중요한 부분이다. 자신의 취약점을 알아야 한다"라고 제안했다.

빌 게이츠도 비슷한 주장을 했다.

"사업계에서는 곤경에 빠졌다는 사실을 깨달았을 때는 자신을 구제하기에 이미 너무 늦은 순간이지요. 항상 겁에 질려 뛰어다녀야만 살아남습니다."

스페인 IESE 비즈니스 스쿨의 산티아고 알바레스 드 몽(Santiago Alvarez de Mon) 교수는 《나는 슈퍼맨이 아니다(I'm No Superman)》(리더십 분야 책 가운데 가장 잘 지은 제목일 것이다)에서 사업가는 슈퍼맨이 되려는 야망을 모두 버려야 성공할 수 있다고 주장한다. 드 몽은 자신의 취약점을 인식하는 것은 힘의 징후이며 현실에 더 잘 대처할 수 있게 해준다고 믿는다. 또 그는 성공한 중역이 갖춰야 할 기본 품성이 겸손이라고 생각한다. 이 품성은 지도자가 단기적 성공에 넋을 잃는 것을 막아주고, 실패를 겪은 뒤 재기하게 하며, 주변에서 도움을 구할 수 있게 해준다.

제임스 수로비에츠키는 《군중의 지혜》에서 CEO가 자신의 지력을 믿는 태도가 대중의 공동 지혜를 받아들이는 장벽인 이유를 설명했다. 그는 '진정한 지성은 개인에게만 내재돼 있으므로, 적합한 인물(적합한 컨설턴트, 적합한 CEO)을 찾는 것이 중요하다'는 생각이 위험하다고 말한다.

이런 생각은 자신이 회의실에서 가장 영리한 사람이며 따라서 모든 문제를 해결할 최적임자라고 여기는 거만한 CEO의 자만을 부추긴다. 경영관리 분야의 권위자 톰 피터스는 "현 시대를 다루는 이상하고 요란한 경영 서적에서 지도자 모형을 '모든 것을 아는 지휘관이자 명령을 내리는 비범한 사람'으로 보는 것은 치명적이고 근본적으로 잘못됐다"라고 말한다.

현재 많은 경영자들 사이에는 주변 상황이 도대체 통제 불능이라는 공통적인 정서가 있다. 일부는 이 점 때문에 대단히 불안해한다. 현 상황이 경영은 통제하고 예측하며 확실성을 추구하는 것이라는 그들의 통념에 어긋나기 때문이다. 혼란 속에서 질서를 찾아내려고 노력하다보니 밤에도 잠을 이루지 못한다. 거대 광고 업체 WPP 회장 마틴 소렐(Martin Sorrell) 경은 확실히 이런 부류가 아니다.

"오늘날 모든 영역에서 복잡성이 나타난다. 현재 삶이 더 단순해질 거라고 믿는 사람이 있다면 꼭 정신과 검진을 받아봐야 한다. 세상이 점차 네트워크화하는 가운데 21세기는 질서정연한 정신을 지닌 사람을 필요로 하지 않는다. 나는 (적어도 우리 사업계에서는) 복잡성을 단순화하려는 노력은 사실상 가치를 훼손하는 결과를 낳는다고 생각한다. 반면 복잡성을 유지하면 가치가 올라간다."

이 새로운 세상에서는 소렐 같은 지도자가 가장 성공할 것이다. 이들은 모호함과 불확실성, 심지어 대혼란까지도 편하게 받아들인다. 톰 피터스는 《경영혁명(Thriving on chaos)》의 저자답게, 이런 사람들을 '곤경을 좋아하는 지도자'라고 묘사한 반면, '상황을 편하게 통제하고 싶어 하는 지도자'를 '엉터리 리더십을 지닌 사람'이라고 정의했다.

로버트 키건은 하버드대학 교육대학원 평생교육 교수이자 《능력 밖에서 : 현대 삶의 정신적 요구(In Over Our Heads: The Mental Demands of Modern Life)》의 저자다. 그는 미국 대통령 선거를 다룬 글에서 조지 W. 부시가 아주 복잡한 대외 정책 사안에서 선택한 지나치게 단순한 접근법을 비판했다. 키건은 이라크에서 생긴 문제들은 주로 부시의 단순하고 세련되지 못한 관점의 소산이라고 주장했다. 모든 것을 흑과 백, 좋은 사람 대 악당의 대립으로 보는 관점 말이다.

"누구나 살아가면서 세상이 위험하다는 말을 들으며 실제로도 그렇다. 그러나 단순한 세상(특히 부시가 사는 세상)은 훨씬 더 위험하다……. 이처럼 복잡한 세상에서는 지도자가 복잡한 정신세계를 지니는 것이 필수적이다. 다른 방식으로는 아예 견딜 수 없다."

혼란과 복잡성을 좋아하는 사람은 모든 상황에 질서를 부여하려는 천성적인 인간의 본능과 싸울 수 있다. 비즈니스 서적 《완벽한 혼란》의 저자들에 따르면, 정리정돈을 거부하고 어느 정도의 무질서를 받아들이면 실제로 이득이 된다.

"물론 거의 보편적으로 받아들여지는 지혜와 반대이긴 하지만 적당히 질서가 없는 사람이나 단체, 시스템이 질서가 정연한 경우보다 더 효율적이고 더 창조적이며 일반적으로 더 효율적인 경우가 많다."

우리 자녀들은 이미 이 점을 방을 정리하지 않는 변명거리로 삼고 있다.

《완벽한 혼란》의 저자들은 영화배우이자 캘리포니아 주지사 아놀드 슈왈제네거(Arnold Schwarzenegger)의 성공을 강조한다. 저자들은 슈왈제네거를 "인생에서 주요한 부분을 완전히 난장판으로 만들어놓으면서도 겉으로는 단정해 보이는 면에서 대가다. 즉흥성과 모순을 통해 기대 이상의 성과를 올린 인물이다"라고 묘사한다.

슈왈제네거의 방임주의적 관리 스타일은 캘리포니아 주지사 선거 유세 동안 분명히 드러났다.

"슈왈제네거에게는 정해진 일정이 없었다. 그는 이례적인 상황을 제외하고는 약속을 잡지 않으려고 했다. 그는 그의 말대로 '즉흥적인 생활방식' 대로 산다. 이 말은 그를 만날 수 없다는 뜻은 아니다. 그저 전화했을 때 그에게 사람을 만날 시간이 있으면 만나는 거고, 아니면 다음에 다시 전화를 걸어서 물어보면 된다. 슈왈제네거와 실제로 만날 경우 이야기를 나누는 시간은 5분이 될 수도 5시간이 될 수도 있다. 그가 마음먹기에 달려 있다."

이는 그의 일정을 관리하느라고 땀 빼는 보좌관들에게는 골치 아프겠지만 슈왈제네거가 드러내고 싶어 하는 이미지, 즉 자신을 전형적 정치인과 다른 존재로 부각하는 데에 도움이 됐다.

역시 배우에서 전향한 정치인 로널드 레이건(Ronald Reagan)도 미국 대통령직에 있으면서 이와 비슷하게 느긋한 접근법을 적용했다. 레이건은 정부의 상세한 사안에 전혀 관심이 없으며 주변 사람들이 알아서 결정을 내리는 것에 아주 만족한다는 점을 모두에게 아주 분명하게 인식시켰다. 그의 지지자들은 이런 자세를 레이건의 핵심 셀링 포인트로 봤다. 〈타임〉은 이를 이렇게 평했다.

"레이건주의자들은 '레이건은 꼼꼼한 사람이 아니다' 는 문구를 주기도문처럼 강조하고 다녔다. 이 문구는 그가 전체상을 보는 인물이며 '꼼꼼함' 은 소심한 사람에게나 해당된다는 의미를 담고 있다."

이 잡지는 레이건의 이런 철학이 냉전 시대의 막바지에서 고르바초프(Gorbachev)와 벌였던 아주 중요한 협상에 임하는 접근법에 어떻게 영향을 줬는지 설명한다.

"레이건은 아이슬란드 정상회담을 준비하면서 미국의 군비통제 전략의 역사와 뉘앙스를 연구하지 않았다. 그 대신에 그는 고르바초프에게 SDI(전략방위구상)를 설득할 방법을 구상했다. 레이건은 이에 맞는 기분에 빠지려고 톰 클랜시(Tom Clancy)의 소설 《붉은 폭풍(Red Storm Rising)》을 읽었다. 이 책은 나토(NATO)와 구 소련권 사이의 비핵 전쟁을 그린 통속소설이다.

레이건은 아이슬란드로 떠나기 전 출장길에 대통령 전용기에서 재무부 비밀 검찰국 요원들과 잡담하며 시간을 보냈다. 그는 본능에 따라 고르바초프와 협상했다. 그의 접근법은 지도자들이 세부 사항을 일축하고 전체상을 토론할 때만 생기는 일종의 돌파구로 이어졌을 수 있었다. 아니면 유럽 미사일에 대해 제한된 합의를 하는 희망과 거래 도구로 스타워스를 사용하는 것으로 그칠 수도 있었다."

레이건은 통제광과 거리가 멀었다. 오히려 통제 불능인 인물이었다. 레이건이 임기 초반에 보여줬던 느긋하고 '전체상'에 초점을 맞추는 접근법(전 국무장관 콜린 파월(Colin Powell)은 레이건을 '뛰어난 개념가'라고 묘사)은 미국 대중에게 상당히 인기 있었던 것으로 입증됐다. 미국인들은 전임 지미 카터(Jimmy Carter)의 세세한 관리 스타일에 지쳐 있었다. 스티븐 로버츠(Steven Roberts)는 〈뉴욕타임스〉에서 지미 카터 대통령을 "백악관 테니스장의 일정에 관여할 만큼 정부의 아주 세세한 업무까지 과도하게 집착했다"라고 평가했다.

레이건의 정치 스타일은 오늘날의 정치 지도자들에게 계속 칭찬받는다. 미트 롬니(Mitt Romney)는 2008년 공화당 후보 유세 기간에 "나는 나이 먹을수록 로널드 레이건이 더욱 현명한 사람처럼 여겨진다"라고 찬양했다. 그리고 신세대 정치인의 대명사 버락 오바마마저 네바다 주 신문 인터뷰에서 레이건이 미국에 '명쾌함, 낙관주의, 역동주의를 전했다'라고 말했다.

레이건이 세부적 정치 사항을 노골적으로 무시하고 준비에 무관심한 접근법으로도 대통령직을 잘 수행할 수 있었던 이유는 측근 그룹의 자질 덕분이었다. 참모총장 제임스 베이커(James Baker) 같은 사람은 서류작업을 최소한으로 줄였고 브리핑을 30분 이내로 끝냈다. 또 이해하기 힘든 레이건의 발상이 세상에 폭로되지 않게 막았다. 물론 이런 시도가 실패한 적도 많았지만 말이다.

레이건은 기자들 앞에서 나무가 공해를 유발한다고 한 적이 있다. 그리고 1985년 고르바초프와 처음 회동했을 때 완전히 심각한 태도로 외계인이 침공할 경우 두 초강대국이 협력할 방안을 화제로 꺼내기까지 했다. 그는 2년 뒤 UN총회 연설에서 이 주제를 다시 꺼내 "나는 지구가 외계인의 위협을 받는다면 각 나라 사이의 이견이 사라질 것이라고 생각합니다"라고 인정해 청중을 어리둥절하게 만들었다.

결과적으로 레이건의 이런 스타일은 이란 콘트라(Iran Contra, 미 정부가 레바논의 친 이란 무장단체에 납치된 미국인을 구하려고 '적대국' 이란에 무기를 팔고 그 대금으로 니카라과 반군을 지원한 사건—옮긴이) 스캔들이 일어난 기간에 그를 파멸로 몰아 말기에 먹구름을 드리웠다. 대중은 레이건이 정부의 집무에서 동떨어져 있는데다가 진행 중인 실상을 파악할 생각이 없다고 인정하자 충격을 받았다.

일부는 말년에 레이건을 괴롭혔던 알츠하이머의 기미가 이미 이때부터 나타났으며, 따라서 이란 콘트라 조사 기간에 그가 실정에 어두웠던 점을 비판하는 것은 부당하다고 주장한다. 반면에 더 혹독한 논평자들은 레이건이 자신의 리더십 스타일에 대가를 치렀다고 믿는다. 세부적인 정치 사안에 관여하기를 거부한 태도가 결국 그의 발목을 잡았다는 것이다. 과연 슈왈제네거는 레이건과 같은 실수를 피할지 지켜보면 흥미로울 것이다.

레이건 스타일의 정반대는 20세기 후반에 미국 비즈니스 리더십의 상징으로 자리 잡은 인물인 잭 웰치 스타일이다. 잭 웰치의 원칙과 방법론은 수많은 비즈니스 서적에 영향을 줬으며, 학계와 사업가들에게 거의 맹목적인 지지를 받았다. 그가 사소한 부분까지 관심을 쏟는 태도는 아주 유명하다. 물론 그는 이런 스타일에 허물없는 행동을 결합했지만 말이다. 그는 1998년 〈비즈니스위크〉

인터뷰에서 이렇게 자인했다.

"제너럴 일렉트릭(GE)에 대해 아직까지 거론되지 않은 부분이 있어요. 이는 바로 허물없는 자리의 높은 가치입니다. 나는 이것이 통 큰 생각이라고 여깁니다. 격식을 안 따지는 게 중요함을 깨달았던 사람은 지금까지 없었습니다."

〈비즈니스위크〉는 웰치가 말하는 격의 없음의 뜻을 다음처럼 설명했다.

"회사를 '격의 없이' 만든다는 말은 지휘체계를 무시하고, 계급에 상관없이 의사소통하며, 대기업이 아니라 거의 모든 직원이 사장을 알고 많은 요구를 하는 소기업처럼 봉급제도를 운영하는 것을 말한다. 이런 운영 방법은 웰치의 카리스마와 직결돼 있다. GE의 덜 정기적인 주기(회의와 평가활동)와 그가 이런 회의를 활용해 엄청난 이득을 얻는 방법과 관련돼 있기 때문이다.

또 보통 사람들에 비해 웰치는 놀라움의 가치를 아주 잘 안다. 그는 매주 공장과 사무실을 예고 없이 방문한다. 웰치 아래 여러 층의 관리자들이 참석하는 오찬이 서둘러 계획된다. 그리고 그가 대담하지만 깔끔한 필체로 휘갈긴 많은 메모를 GE 직원들에게 전달하느라고 팩스가 갑자기 바빠진다. 이 모든 활동의 목표는 복잡한 조직의 행동을 이끌고 안내하며 영향을 주는 것이다."

잭 웰치는 소비자주권 강화 시대에도 전혀 어렵지 않게 GE를 이끌었을 것이다. 그는 《끝없는 도전과 용기(Straight From the

Gut)》에서 "변화를 좋아하는 방법을 배우는 것은 역사상의 전 사회 제도에서 가장 부자연스러운 일이었다"라고 설명했다. 그는 인터넷의 부각같이 주요한 변화에 직면한 지도자의 어려움을 놓고 개인적인 관점을 간단한 말로 표현했다.

"이를 둘 중 하나로 볼 수 있다. 기회의 대상 또는 두려움의 대상 말이다. 그러나 어느 정도 두려움을 가지고 기회를 봐야 한다."

웰치는 산업계의 거대기업인 GE의 직원들이 소형 벤처업체의 일원처럼 생각하고 행동하게 만드는 데 천재적인 재능을 보였다. 이 점은 변화를 수용해서 빠르게 변하고 융통성 있게 대처하는 문화를 조장했다. 그의 가장 중요한 구상은 '닷컴 회사 파괴'일 것이다. 그는 GE의 사업에 지장을 줄 가능성이 있는 웹 기반 사업 모형을 만드는 전담팀들을 개설해 GE가 새로 등장하는 닷컴 사업 모형의 잠재적 도전에 맞서도록 이끌었다.

이런 방식으로 그는 닷컴 업체들의 위협을 사전에 봉쇄할 수 있었다. 더 중요한 점은 GE가 새로운 도전에 대처할 자신감을 직원들에게 심어줬다는 것이다. GE의 CIG(Corporate Initiatives Group)의 책임자 리 가보위츠(Lee Gabowitz)는 "결국 그들(GE 직원)은 인터넷이 위협이 아니라는 점을 이해했다. 인터넷은 기회였다"라고 했다.

명백하게 웰치는 회사 직원들에 대한 기대치가 아주 높지만('중성자탄 잭(Neutron Jack)'이라는 별명은 장난으로 생긴 게 아니었다), 그의 기대치를 충족시키는 관리자들은 알아서 사업을 운영할 자유를 얻는다. 또 웰치는 솔직함이 중요하다고 믿었다. 사실 그는 GE에서 요구하는 것은 솔직함뿐이라고 강조했다. 그가 항상 하는 말 가운데 하나는 "어쨌든 사람들은 진실을 알고 있으니 그들에게 진실을 말하라"였다. 이는 직원들에게 나쁜 소식을 숨길 수 있다고 믿는 많은 경영자들에게 중요한 교훈이다.

GE는 세부사항에 대한 웰치의 과도한 관심과 높은 기준에 부합된 협력적인 경영 문화 덕분에 앞서 나아갈 수 있었다. 런던 비즈니스 스쿨(LBS)의 조직행동 교수 랜들 피터슨(Randall S. Peterson)은 이런 협력적 사고방식의 중요성을 강조했다.

"기업은 외부의 불확실성에 그 어느 때보다 많이 직면한다. 최고로 확대된 세계 경쟁, 속도가 빠른 기술, 엉뚱한 기술 변동, 예상할 수 없는 상황이 더욱 역동적인 사업 환경을 만들었다. 이런 상황에서 성공하려면 경영자와 고위 경영진이 예측 불가능을 극복할 준비가 돼 있어야 한다. 여기에서는 협력적 접근법이 유리하다."

일반적으로 여성 관리자들은 더 협력적이고, 합의를 잘 이끌어내며, 특정 문제 하나에 과도하게 집착하기보다 다양한 사안에 초점을 맞추는 경향이 있다. 크랜필드대학이 마이어스-브리그스 심리유형검사(Myers-Briggs Type Indicator, 심리적 차이점을 파악하는 오래된 방법)를 사용해서 실시한 연구결과에 따르면, 남성 관리자들은 '전통주의자'로 판명된 반면 여성 관리자들은 상당히 더 '직관적'

이었다. 보디숍 창업자이자 전 세계 여성 기업가의 역할 모델인 애니타 로딕은 자신의 개인적인 리더십 스타일을 다음과 같은 말로 설명했다.

"나는 여성의 원칙에 따라 내 회사를 운영한다. 여성의 원칙은 다음과 같다. 권력과 계급에 집중하는 게 아니라 보살핌을 중요하게 생각하고 직관적인 결정을 내린다. 또 일과 인생이 분리된 게 아니라 삶의 일부분이라고 생각한다. 그리고 직원들을 사랑하고, 세상에 대한 책임의식을 가지고 수익금을 사용하며, 이득이 가장 하위 목표가 돼야 한다고 생각한다."

톰 피터스는 '이 정신 나간 대혼란 시대'에서 여성 지도자의 역할을 열성적으로 지지했다.

"우리는 유동적인 새 세상이 시작됐다는 사실을 알지만 남성에게 영향을 받고 남성이 장악한 계급 제도를 유지하고 있다. 우리는 리엔지니어링을 한다. 그렇지만 사고방식은 …… 사실상 우리가 사용하는 단어(엔지니어링) 자체가 남성적이다. 여성의 권리를 인식하지만 여성의 힘을 무시한다. 강인함을 가치 있게 생각하지만 여성의 독특한 강인함이 남성의 것보다 훨씬 견고하다는 점을 알지 못한다. 새로운 형태의 기업이 중요하다고 떠들어대지만 이를 이끌기에 더 적합한 사람, 즉 여성을 간과한다."

이 새로운 세상에서 각 기업 이사회는 여성적인 리더십 기술의 가치를 인식해야 한다. 유럽 300대 최고 기업을 대상으로 한 최근의 연구에 따르면, 대기업 이사회에 여성 이사가 8.5퍼센트에 불과했다. 물론 국가별로 차이가 있기는 하다. 예를 들면 노르웨이 기업에서 여성 이사는 28.8퍼센트인 데 반해 스페인은 4.1퍼센트이고, 이탈리아는 1.9퍼센트에 지나지 않았다.

남성 중심인 진부한 라틴 국가의 사업 문화에 비해 전통적으로 합의 중심인 북유럽의 사업 문화가 여성 경영자에게 더 호의적인 환경을 제공하는 것은 당연하다. 이는 정치계에도 반영된다. 핀란드와 노르웨이에서는 정치권의 고위직(즉 여당의 내각)에 남성보다 여성의 수가 많으며, 스웨덴은 대략 1:1이다. 유럽 남부에서 이런 경향을 보이는 유일한 국가는 스페인으로, 국무총리 호세 루이스 로드리게스 자파테로(Jose Luis Rodriguez Zapatero) 내각에는 남성보다 여성 정치가가 더 많다.

또 페미니스트라고 자칭하는 자파테로는 스페인 사업계의 고위 집단에 여성 대변자가 부족한 문제를 해결하려고 노력했다. 그는 임기 첫 회기의 핵심 사안을 동등한 권리 촉진으로 정하고, 기업 이사진에 여성 이사를 적어도 40퍼센트 이상 선임해야 한다는 법을 제정했다. 당연한 일이지만 성 평등 문제에 관한 한 그리 개화되지 않은 것으로 알려진 이탈리아 국무총리 실비오 베를루스코니(Silvio Berlusconi)는 의견이 다르다.

"자파테로는 너무 핑크빛이 넘치는 정부를 만들어놨습니다. 이탈리아에서는 이렇게 할 수 없습니다. 정치계에서 남성이 주도권을 쥐고 있는데다가 마땅한 자격이 있는 여성을 찾기가 힘드니까요."

베를루스코니 같은 광신적 애국주의자들이 여성이 이사회나 정부 고위직에서 활용할 수 있는 기술을 무시할 변명거리를 제공하고 싶지 않다면, 여성만이 '여성적'인 리더십 스타일을 지닌다는 편견을 버려야 한다. 모린 도드(Maureen Dowd)는 2008년 미국 대통령 선거에서 민주당 후보 선정 과정의 분투를 주제로 한 〈뉴욕타임스〉 기고에서 이런 아이러니를 이야기했다.

"유권자들은 최초의 여성 대통령 후보(힐러리)를 거부했다. 라이벌인 남성 후보(오바마)가 더 여성적인 스타일을 지녔다는 이유 때문이었고…… 힐러리는 자신이 남성과 동일하다는 점을 입증하려고 분주했던 나머지…… 민주당과 무소속의 많은 유권자들(특히 여성)이 남성 탈의실에서 나오는 강성권력(hard power)의 전술에서 여성 재봉 봉사회와 같은 연성권력(soft power) 접근법으로 이동하고 싶어 했다는 점을 뒤늦게 깨달았다."

이 가운데 버락 오바마(새로운 남성의 화신, 탈 남성주의 리더십 스타일)는 여성적인 면을 선보이면서 힐러리 클린턴이 과시하는 강인함에 맞섰다. 도드의 말에 따르면 오바마는 '내면의 여성성'을 활용했다. 도드의 동료인 정치 칼럼니스트 엘런 굿맨(Ellen Goodman)은 〈보스턴 글로브〉에 쓴 글에서 오바마에 대해 이렇게 말했다.

"오바마는 오프라 윈프리와 비슷한 인물이다. 그는 향상을 위해 항상 이야기하고, 이간질이 아니라 통합하며, 적을 비롯해서 모든 사람과 대화할 수 있다고 믿는 인물이다. 그는 주로 여성을 연상시키는 언어를 섬세하게 연마해서 구사했다."

버락 오바마의 성공은 남성 지도자 역시 여성의 전형적 품성을 능수능란하게 보여줄 수 있다는 점을 입증했다. 위스콘신 밀워키대학의 정치학자 캐슬린 돌런(Kathleen Dolan)은 오바마를 '남성적인 면을 유지하면서도 온화하고 협력적인 스타일을 구현' 하는 사람이라고 보았다. 저명 작가 앨리스 워커(Alice Walker)는 오바마를 '모든 사람을 돌보는 여성의 미덕을 존중하는 사람' 이라고 묘사했다.

여성적인 면을 발휘하는 남성 지도자가 오바마만은 아니다. 사업계를 둘러보면 더 부드럽고 협력적이며 직관적인 행동을 하는 남성들이 많다. 스타벅스의 창업자 하워드 슐츠는 이 새로운 리더십 스타일의 표본이다. 미국의 한 잡지 기자인 윌리엄 메이어스(William Meyers)는 슐츠의 스타일을 "민감하고 열의 있으며 반응을 잘한다"라고 묘사한다. 그는 슐츠가 항상 강조하는 "사람들은 당신이 얼마나 아는지에 흥미가 없다. 그들이 중요하게 생각하는 것은 당신이 얼마나 관심을 갖느냐다"라는 말을 인용했다. 메이어스는 이런 리더십 형태를 좋아하는 게 분명하다.

"비즈니스 스쿨에서는 관심을 가지라고 가르치지 않으며, 일반적으로 기업 경영 세미나에서는 자비심을 주제로 삼지 않는다. 그러나 감정과 양심을 보여줘 사람들과 관계를 정착시키려고 노력하는 슐츠의 리더십 철학에 이런 품성이 단단히 뿌리박혀 있다."

슐츠가 스타벅스에 개방적이고 협력적인 문화를 조성했다는 점은 의심할 여지가 없다. 많은 사람이 커피 또는 전 세계의 변화한 거리 어디에서나 스타벅스가 보인다는 점을 좋아하지 않는다고 공공연히 말한다. 그러나 슐츠가 스타벅스에 대단히 강한 소속감을 조성했다는 사실을 부정할 수 없다. 슐츠가 직원(이나 스타벅스의 말을 빌리면 협력자)과 함께하는 대화는 솔직하고 현실적이다.

카마인 갈로(Carmine Gallo)는 〈비즈니스위크〉에 실린 기사에서 자신이 생각하는 슐츠의 성공 원인을 설명했다.

"슐츠의 뛰어난 의사소통 기술은 자신의 목적, 조장하려는 가치관, 청취자들과 감정적으로 연계되는 방법을 아는 지도자의 특징을 분명히 보여주었다. 실제로 슐츠는 대학에서 의사소통을 전공했으며, 연설 강좌를 들었고, 자신의 능력 가운데 많은 부분이 투자자와 고객, 직원을 설득하는 의사소통 기술 덕분이라고 생각한다."

또 슐츠는 주저하지 않고 실수를 인정하는데, 이는 성공한 크라우드 서퍼의 핵심적 특성이다. 원래 스타벅스는 에스프레소를 한 잔씩 직접 뽑아내는 바리스타를 고용했다. 이후 이런 방식은 자동 에스프레소 기계로 대체됐다. 또 일관성 유지와 속도 개선을 위해서 다양한 변화를 도입했다. 스타벅스는 고객 앞에서 신선한 커피콩을 가는 방식을 중단하고 대신 향이 날아가지 않게 밀봉한 봉지 커피를 사용했다.

슐츠는 사내 비망록 〈스타벅스 경험의 상품화(The Commoditisation of the Starbucks Experience)〉에서 이런 많은 시도들이 실수였다고 인정했다.

"모든 책임이 내게 있습니다. 그러나 현실을 제대로 인식하고, 핵심으로 돌아가 모두 진정한 스타벅스를 경험해 유산과 전통, 열정을 환기하기 위한 변화가 절실히 필요합니다."

슐츠는 자신과 회사가 실수했음을 기꺼이 인정한 태도 덕에 허심탄회하고 솔직하다는 칭찬을 많이 들었다.

소비자주권 강화로 생긴 어려움으로 리더십 기술이 중요해졌다. 물론 꼭 따라야 하는 간단한 공식이나 스타일이 정해져 있지는 않지만 말이다. 하워드 슐츠와 잭 웰치의 성격은 아주 다르지만 두 사람 모두 내부 군중에게서 최고의 결과를 끌어내는 방법이 격식이 없고 협력적인 문화를 육성하는 것이라고 믿는다.

그렇다고 해서 두 사람이 레이건의 무간섭주의 접근법을 도입하거나 세부 사안을 질색하는 성격을 본받아야 할 필요는 없다. 대체로 회사를 설립하는 사람들은 강박 관념에 사로잡혀 있다. 깨어있는 시간 내내(때로 자는 중에도) 고객에게 필요한 사항을 고심하고 기준을 유지하려고 걱정한다. 살아남은 사람들은 강박적인 경향을 버리지 않지만 그 부담감을 나누는 방법을 배운다. 자신을 도와줄 수 있는 협력자를 찾는 것이다.

성공한 크라우드 서퍼는 변화를 아주 좋아한다. 이들은 세상이 복잡하다는 점을 알지만 굳이 부자연스러운 질서 의식을 강요하지 않는다. 복잡한 상태에 호기심을 갖거나 매혹되거나 가끔 어안이 벙벙해지긴 하겠지만 철저한 복잡성 때문에 필요 이상으로 좌절하지는 않는다. 이들의 슬로건은 실용주의와 융통성이다. 이들은 사람들의 말에 귀를 기울이고 관찰하며, 때로 여론의 조류에 몸을 맡긴다. 그렇지만 가장 중요한 점은 이들이 항상 지도력을 간직하고 있다는 것이다.

주권이 강화된 사람들 쉽게 다루기

우리가 이 책의 작업을 마무리하던 며칠은 영국 재즈계의 전설이자 방송인인 험프리 리틀턴(Humphrey Lyttelton)이 세상을 떠난 시기와 겹쳤다.

그의 사망을 조의하는 많은 송덕문에 그가 재즈 밴드 멤버들을 이끈 방식이 묘사됐다. 애정 어린 평가 속에서 잘 알려진 대로 리틀턴은 전통 (뉴올리언스) 재즈를 소생시키는 중추 역할을 했다. 이는 찰리 파커(Charlie Parker) 같은 음악가들이 연주한 프리 스타일의 현대 재즈와 정반대 형식이다.

정의에 따르면 트래드 재즈(1920~1930년대에 영국에서 연주됐으며 1950년대에 부활─옮긴이)는 모던 재즈보다 더 체계가 잡혀 있으며, 이 재즈의 팬들은 음악에 관한 한 순수주의자다. 그는 연주단에 감히

색소폰 주자를 넣었다는 이유로 한 콘서트에서 야유를 받으며 거의 무대에서 끌려나올 뻔했다. 한 현수막에는 '더러운 부퍼(dirty bopper, 일시적 유행에 열중하는 십대 소녀-옮긴이)야, 꺼져버려'라고 적혀 있었다.

그렇지만 특히 리틀턴처럼 포용력 있는 밴드 지도자가 이끌면 트래드 재즈에도 즉흥 연주가 도입될 수 있다. 리틀턴은 주위 사람에게 순수주의자들이 요구하는 음악적 리듬을 완전히 버리지 않으면서도 동시에 개성을 표현하고 실험하며 즉흥적으로 연주하라고 격려했다.

리틀턴은 방송 일에도 동일한 접근법을 적용했다. 특히 장수한 라디오 퀴즈 프로 '미안하지만 전혀 감이 안 잡혀요(I'm Sorry I Haven't a Clue)'의 사회를 볼 때 더욱 그랬다. 이 퀴즈 프로의 중심은 출연자가 자연스럽게 재치를 선보이는 것이다. 그는 여기저기에서 터져나오는 웃음 때문에 정신없는 혼란스러움 속에서 객관적이고 침착한 자세를 유지하는 본보기를 보여줬다. 그는 스튜디오의 방청객과 코미디언들을 통제하려 들지 않으면서도 일종의 질서를 유지하게 만들었다.

리틀턴은 방송인이자 밴드 리더이면서 크라우드 서퍼였다. 그는 주권이 강화된 사람들을 전혀 어려움 없이 잘 다뤘으며, 사실상 적극적으로 그들을 격려했다. 그는 철저한 통제를 포기하고 함께 일하는 사람을 믿으며 개성을 표현하는 자유를 주는 방식으로 밴드와 코미디언, 방청객에게 표면상으로 아주 쉬워보이면서도 효과적인 통제력을 발휘했다.

어쩌면 재즈 밴드나 라디오 프로를 이끄는 것은 대기업이나 정당을 운영하는 것보다 쉬울 것이다. 어쨌든 전 세계 연예계 지도자들이 리틀턴에게 배울 점이 있음은 확실하다.

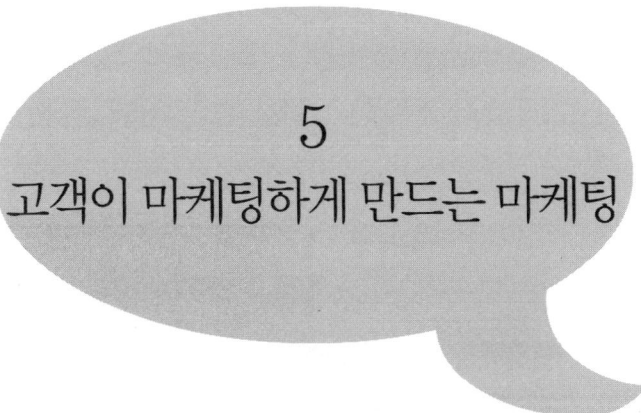

5
고객이 마케팅하게 만드는 마케팅

오늘날 세상은 방해의 시대에서 참여의 시대로, 수동적 소비자에서 적극적 소비자로 변했다. 기본적으로 적극적 소비자는 그저 앉아서 물건이 배달되기를 기다리는 게 아니라 직접 나서서 물건을 찾아다닌다.

— 존 헤가시(*John Hegarthy*)

이 책에 깔린 기본 원칙은 군중(내·외부 군중 모두 포함)이 관련된 더 협력적이고 참여적인 의사소통 형태가 사람을 끌어들이기에 더 좋고 효과적이라는 점이다. 군중이 회사나 정치인이나 단체에 참여하는 형태는 여러 가지다. 예를 들어 후원 행사 참가, 웹사이트에서 상호교류, 상표 체험 매장 방문, 친구와 동영상 공유하기 등을 들 수 있다.

이 장에서는 이런 참여 욕구를 조장하는 요인을 찾아볼 것이다. 왜 사람들은 도리토스의 과자 광고를 직접 만드는가? 왜 위키피디아에 글을 올리는가? 왜 여성의 아름다움에 대한 도브의 철학을 잘 보여주는 동영상을 열심히 공유하는가? 왜 굳이 아까운 시간을 써가며 P&G의 소비자평가단에 가입하거나 일렉트로럭스

(Electrolux)에 신제품 아이디어를 제안하는가?

이 장에서는 정보를 지닌 개인이 군중의 행동을 결정짓는 부분에서 발휘하는 역할도 살펴본다. 크라우드 서퍼가 되려는 사람이 이런 최고의 참여자들을 파악하고 이들과 협력하는 게 얼마나 중요한가? 그리고 이들의 관심을 포착해서 열의를 활용하는 최선책은 무엇인가? 이 질문의 답은 사실 놀랍도록 간단하다. 흥미로운 존재가 되면 되는 것이다.

이 장에서는 제트블루, 이케아, 42빌로우, 이노센트 같은 업체들이 그토록 흥미로운 이유를 분석하고 흥미로움이 상업적 성공과 군중을 참여시키는 능력을 높이는 과정을 보여준다.

마지막으로 마케팅 커뮤니케이션 대행사와 관련된 사항을 생각해본다. 이런 대행사는 새로운 참여 시대에 어떻게 적응할 것인가? 고객에게 답을 제공할 준비가 가장 잘된 창조적 대행사는 어떤 형태인가?

바이러스처럼 퍼뜨리기 좋아하는 군중 활용하기

우리는 대중적 규모로 혁신적이며 창조적으로 되는 새로운 방법을 개발하며…… 이 새로운 문화 정신과 이 정신이 촉진하는 자발적 조직화의 형태를 이끄는 것은 참여다……. 중요한 점은 참가하고, 행동의 주체가 되며, 대화에서 주장하는 것이다……. 소비자는 서비스와 상품이 배달되기만을 원하지 않는다. 이들은 직접 참가할 도구와 다른 사람과 함께 활동하고 공유하며 토론할 장을 원한다. 과거에 노동자는 해당 부서에서 지시받고 조직됐다. 그러나 새로운 시대의 참여자는 이런 식으로 이끌리거나 조직되지 않을 것이다.

– 찰스 레드비터(*Chales Leadbeater*)

아이디어를 창출하고 공유하기는 항상 어려웠다. 그러나 이른바 '참여 기술(카메라 폰, 이메일, 아주 빠른 초고속 통신, 동영상 공유 웹사이트)'의 이용이 확산되면서 창작 과정이 대중화되었다. 유튜브를 잠시만 훑어보면 여기에 등장하는 아이디어가 대부분 특별히 창조적이거나 독창적이지 않다는 점이 분명하다. 그러나 이는 사실 별로 중요하지 않다. 이런 기술의 취지는 누구나 영화감독이나 비디오 스타, 취재기자가 될 수 있으니 일단 해보자는 것이다.

이런 개발에 가장 영향을 받는 사업은 언론 소유주(한때 막강한 세력을 발휘하며 전 세계 뉴스의 내용을 통제했던 신문, 라디오, 텔레비전 제왕)다. 2005년 4월 루퍼트 머독(Rupert Murdoch)은 미국신문편집인

협회에서 연설하면서 언론업계가 당면한 어려움을 강조했다.

"요약하면, 지금 우리는 젊은이들이 뉴스를 이용하는 방식의 혁명을 보고 있습니다. 이들은 최신 정보를 조간신문에 의지해서 얻는 것을 싫어합니다. 이들은 상층부의 존엄한 인물이 무엇이 중요한지 말하는 것을 싫어합니다. 그리고 조금 더 나아가 종교에 비유하면 이들은 뉴스가 교리처럼 제시되는 것을 확실히 싫어합니다."

루퍼트 머독은 젊은 층이 돈을 내고 사는 것도 싫어한다고 덧붙였다. 최근에 우리는 동료에게 그의 20대인 동생이 "한 번도 내 돈을 내고 잡지를 사본 적이 없다"라고 했다는 말을 들었다. 온라인과 거리의 무료 신문에서 자유롭게 정보를 입수하는 세상에서 자란 세대에게 돈을 주고 대중매체를 구입하는 것은 어리석은 발상일 뿐이다. 영국의 언론 평론가들은 기가 막힌 아이러니를 지적했다. 언론 전공 학위 강의가 10배로 증가하던 때에 수강자인 젊은 층은 의식도 못하는 사이에 자신이 진입하려는 업계의 소멸을 스스로 부추기고 있었다는 것이다. 대중매체에 돈을 내기를 거부하는 행동을 통해서 말이다.

이 젊은 세대에서는 언론사를 지망하지 않는 사람들도 단순히 수동적 독자나 관찰자가 아니라 활동적 보도자가 될 수 있다고 생각하며 자랐다. 2005년 7월 7일에 런던에서 폭파 사건이 일어난 뒤 일반 대중은 1,000건이 넘는 이미지와 모바일 장비로 찍은 동영상을 BBC에 보냈다. 이 가운데 일부는 그날의 모습을 결정적으로 담는 이미지로 대서특필됐다. 한국 인터넷 신문 〈오마이뉴스〉는 이른바 '시민참여 언론'이라는 발상이 타당하다고 판단하고, 신문의 모든 자료를 시민기자 4만 1,000명에게서 입수하고 있다.

시민기자는 활동가 운동에서 특히 효과적인 보병이 됐다. 〈뉴욕타임스〉는 소형 카메라로 무장한 채식주의 운동가가 소름끼치는 동물 복지 실상과 위생 문제를 폭로하려고 서던캘리포니아의 한 도살장에서 6주 동안 잠복한 과정을 소개했다. 비참한 광경을 담은 이 동영상은 웹에 배포됐으며, 수백만 명이 시청했고, 결국 지역과 국가 당국이 개선에 나서게 만들었다.

〈뉴욕타임스〉는 이런 운동가들의 활동이 지니는 중요성을 추호도 의심치 않았다. "초소형 녹음 장비 같은 정교한 하드웨어, 블로그와 소셜 네트워크로 힘이 강화된 덕에 오늘날 사실상 모든 사람이 정보를 사방으로 확산할 수 있다. 이는 이른바 시민언론의 일부가 됐고, 정책과 법률 심지어 전 경제에까지 영향을 미치기 시작했다.

그렇지만 참여 욕구가 완전히 새로운 현상이라고 생각하는 것은 잘못이다. 과거에 마케팅 분야를 개척한 인물들은 현직에서 거의 물러났지만 레스터 분더맨(Lester Wunderman)은 아직도 많은 사람들의 입에 오르내린다. 그는 다이렉트 마케팅(direct marketing, 중간상을 배제하고 소비자에게 직접 판매하는 활동—옮긴이)의 틀을 만든 당사자다. 분더맨은 일부는 자서전이고 일부는 다이렉트 마케팅의 원칙을 안내하는 독창적인 책 《직접 판매(Being Direct)》에 1967년 MIT에서 한 연설을 실었다.

이 연설의 주제는 '사람들의 개별적 요구와 집단적 해법 사이'의 모순이었다. 그는 극적인 변화의 경계가 될 것이라고 믿었던 시장의 상황을 설명했다.

"나는 생산과 판매와 광고의 역사를 숙고하면서 대량 생산과 대량 소매업, 대중매체와 대중 광고가 일시적인 역사 단계에만 적용됐다는 점을 깨달았다."

현 마케팅 업계가 접근법을 변경할 수밖에 없었던 이유를 토론할 때 40년도 훨씬 전에 분더맨이 제기했던 문제점과 제안된 해법이 여전히 중요하게 부각된다. 그는 이렇게 내다봤다.

"우리는 재개인화와 개성화의 시대에 살고 있다. 사람과 제품과 서비스는 모두 개별적 정체성을 모색한다. 취향과 욕구와 야망과 생활방식은 다시 한 번 쇼핑을 개인의 표현이라는 형태로 만들었다. 개별화된 새로운 정보사회의 중요성을 간과한 마케팅 담당자는 앞으로 올 대량 생산과 대중 무지 시대에서 뒤처질 것이다. 이 같은 정보 환경에서는 청중의 참여가 절대적으로 필요하다. 앞으로 광고의 양상은 주문형, 즉 맞춤형이다. 광고는 대량으로 생산된 상품을 팔아치우는 대신 개개인의 요구에 맞춘 개인적인 서비스를 목표로 할 것이다."

대부분의 몽상가와 마찬가지로 분더맨은 시대를 훨씬 앞서갔다. 그가 책을 쓴 때는 인터넷이 과학소설 작가의 환상에 지나지 않던 시기였다는 것을 잊지 말자. 따라서 그의 현명한 말은 군중의 참여 욕구가 신기술을 이용할 수 있는 상황이라서 일어난 반응이 아니라는 점을 확인해준다.

인간은 사회적 동물이다. 그리고 축구 경기에서 음악 콘서트에 이르기까지 전 세계에서 대중 행사의 참여도가 높아지는 상황은 흥미로운 현상이다. 사회학자는 자발적으로 주로 생판 남인 사람들과 대규모로 만나려는 의지는 가족이나 종교 모임 같은 전통적인 제도의 쇠퇴에 대한 반작용을 의미한다고 주장할 것이다. 실제로 대중은 새로운 가족이 됐으며, 후원 행사와 정치 집회, 록 콘서트는 대중이 모이는 장과 모두에게 필요한 공동체 의식을 제공한다.

많은 사람들에게 이런 공동체 의식은 자신이 선택한 상표를 통해서 강화된다. 상표와의 관계는 인간관계만큼 깊거나 의미가 있지는 않다. 그러나 소속되려는 열망을 비롯해 여러 동일한 특징을 지닌다. 상표는 특정한 집단에 제휴할 때 오는 공동체 의식과 대중에 대한 우월감을 모두 제공하기 때문에 사람들의 삶에서 중요한 역할을 한다. 어쨌든 이렇게 해서 유행이 시작된다.

지난 겨울의 필수 아이템이었던 노스페이스 점퍼를 입었던 사람들이 한 집단의 일원이라고 느끼지는 않았겠지만 이들은 의식적이든 무의식적이든 공통 경험을 받아들였던 셈이다. 특히 취재 기자들이 유행을 만든다(다우닝가(런던에 외무부와 내무부 등 관청이 모여 있어 영국정부의 대명사로 사용—옮긴이)의 얼어붙은 전장이나 썰렁한 황무지에서 보도하는 BBC 기자들은 모두 이 점퍼를 입고 있었다). 그리고 이런 유행은 빠른 속도로 극성스러운 학부모들과 통근자들에게 퍼져간다.

이 점퍼는 특정 집단의 구성원이라는 상징이었다. 어찌나 많은 사람들이 이 옷을 입었던지 미국의 두 여학생은 노스페이스 상표를 맹목적으로 좋아하는 친구들을 비꼬는 동영상을 유튜브에 올릴 정도였다. 노스페이스에 반발하는 이런 가상공간에 주목해야 한다.

그러나 단순히 제품을 사고 상표를 입는 것에 만족하지 못하는 사람도 있다. 애플의 팬들은 자신과 동일한 열광자들과 온라인이나 매장, 행사장에서 어울리는 공통 경험을 좋아한다. 이들은 애플의 광고 '정신 나간 사람들(The Crazy ones)'에서 신봉하는 집단정신의 일부가 됐다고 느낀다. 이 광고는 규칙을 위반하고 말썽을 일으키는 정신을 찬양한다. 그래서 애플의 팬들은 마이크로소프트나 델, 소니의 제품을 사는 단순한 사람들보다 자신들이 우월하다는 느낌을 즐긴다.

애플이 정신 나간 사람들에게 표하는 경의

정신 나간 사람들 만세. 환경 부적응자. 반항아. 말썽꾼. 네모 난 구멍 속의 동그란 못. 사물을 다르게 보는 사람. 이들은 규칙을 좋아하지 않으며 현상 유지를 존중하지 않는다. 사람들은 이들을 나쁜 선례로 들거나, 이들에게 반대하거나, 칭찬하거나, 헐뜯을 것 이다. 그러나 이들을 무시하는 것만은 할 수 없다. 이들이 세상을 바꾸기 때문이다. 이들은 인류를 전진시킨다. 그리고 이들을 정신 나갔다고 생각하는 사람들도 있겠지만 우리는 이들이 천재라고 본 다. 세상을 바꿀 수 있다고 생각할 만큼 정신 나간 사람들은 실제 로 이를 실행하기 때문이다.

온라인 기자 제프 자비스는 '사회기업(social corporation)'이라 는 용어를 만들었다. 고객과 이해관계자를 직접 만나는 환경을 조 성할 정도로 엄청난 노력을 기울이는 애플 같은 업체를 설명하기 위해서였다. 자비스는 이런 기회를 깨달은 회사가 별로 없다고 생 각했다.

"내가 아는 회사들은 대부분 전혀 사회적이지 않다. 이런 업체 들은 자신들만의 건물과 세상에서 산다. 사람들이 점점 사회적으로 돼가는 경향에 그치지 않고, 회사들도 더욱 사회적이 돼야 한다."

이는 새로운 개념이 아니다. 1990년대 초반에 제너럴 모터스 (GM)는 자사의 새턴 자동차를 구입한 고객 4만 4,000명을 공장 파티에 초대해 그 자동차를 직접 만든 직원들과 함께 즐기는 야유회를 열었다. 광고대행사 유로 아르에스시지(Euro RSCG)의 제작 감독 게리 모이라(Gerry Moira)에 따르면, 새턴은 단순한 자동차 제조업체가 아니라 운동 조직이 되기를 원했다.

할리데이비슨도 '사회기업'이다. 이 회사의 오토바이를 타는 사람들은 애플 팬들과 동일한 광신적 특성이 많다. 현재 이 회사는 오토바이 자체 판매보다는 잡화와 축제, 기타 서비스를 오토바이 소유자들에게 판매하는 데에서 수익을 더 많이 올린다. 이 회사가 할리 주인들의 모임(HOG)의 회원 6만 6,000명의 공동 경험을 장려하려고 갖은 노력을 기울이는 것을 보면 놀랄 일도 아니다.

"호그 모임은 단순한 오토바이 단체가 아니다. 이는 동일한 열정, 즉 할리데이비슨의 꿈을 생활 방식으로 만들자는 생각으로 뭉친 전 세계 100만 명의 결합체다."

할리 오토바이를 가진 것만으로는 이 모임의 회원이 될 수 없다. 의상을 갖추고 경주에 참여하며 자신처럼 자유로운 정신을 지닌 반항아들과 어울리면서 할리데이비슨에 강한 애착을 보여야 한다. 사실 이들 중 대부분이 집에 가면 나이 먹고 따분한 회계사나 변호사로 돌아간다.

할리데이비슨의 기업 커뮤니케이션 책임자 조 하이스(Joe Hice)는 호그가 자사 마케팅의 최고 강점이라고 생각한다.

"많은 회원들에게 아들딸이 있고, 이들은 할리를 향한 부모의 열정을 물려받을 것이다. 또 다른 회원들 주변에는 할리 오토바이에 앉아 있는 모습을 보고 자신도 그렇게 되고 싶어 할 이웃과 친척이 있다. 이 모임은 실제로 수많은 열광자의 대중 네트워크이며, 현장에서 본사 상표의 판매를 촉진하고 있다.”

할리데이비슨은 세계에서 두 번째로 인기 있는 문신(1위는 'Mum')이 할리데이비슨 로고라고 주장한다. 이는 가장 극단적인 형태의 팬 참여로 간주돼야 한다. 포틀랜드에 있는 나이키 본사의 구내를 걷다 보면 다들 비슷하게 다리와 팔, 몸통을 나이키 상표로 칭칭 감은 직원들을 보게 될 것이다. 나이키의 부메랑 로고를 마케팅하는 것만으로는 부족하다. 그 옷을 입어야 한다. 그것도 평생 말이다.

다행히 항상 이렇게 극단적으로 참여할 필요는 없다. 재미있거나 흥미로운 상표가 붙은 콘텐츠를 받았을 때 그저 전송 버튼을 간단히 클릭하는 것만으로도 참여자가 된다. 기자이자 사회 논평자인 맬컴 글래드웰(Malcolm Gladwell)은 이런 의사소통 형태의 힘을 지지한다.

“광고주들은 단 하나의 메시지가 도달할 시청자의 수를 계산하기 위해 정보의 확산을 관리하고, 평가하고, 조정하면서 20세기의 대부분을 보냈다. 그러나 가장 성공한 아이디어는 마케팅 담당자들과 고객의 관계가 아니라 고객과 다른 고객의 관계 덕분에 확산되고 발전한 경우였다.”

소비자 지향 조직 처지에서 볼 때 사람들이 공유하고 싶어 하는 자료의 생산이 가장 어려운 일이 됐다. 사실 공유 가능성은 소비자, 특히 젊은 층이 창조 작업의 품질을 판단하는 주요 기준이 됐다. 포커스 그룹 활동을 하며 주로 20대 이하의 생각을 대변하는 한 참여자가 최근 우리에게 "공유할 가치가 없으면 좋은 상품이 아니다"라고 했다. 이는 모든 회사에게 훌륭한 평가 기준이다. 사람들이 공유하고 싶어 하는 콘텐츠를 만들고 있는가?

이 시험에 통과하려면 콘텐츠가 놀랍고 주목할 만하며 대체로 도발적이어야 한다. 이런 콘텐츠는 급속도로 확산된다. 우리는 드럼을 치는 고릴라, 스케이트를 타며 서로 레이밴 선글라스에 눈독들이는 사람들, 연어를 잡는 어부와 싸우는 곰, 수류탄을 강에 던져 물결을 일으키는 서퍼가 등장하는 광고를 봐왔다. 블로거들은 소비자의 관심을 끌어들이고, 특히 새로운 콘텐츠를 소문내는 데에 아주 중요한 역할을 한다. 그래서 광고에는 회사가 원하는 내용을 블로거들이 전파하게 만들려는 각종 방법이 동원된다.

이런 경향은 창조적인 소규모 업체에게 유리하게 작용했다. 과거에는 상당한 미디어 예산이 있는 대기업만이 영향력이 크고 사람들 사이에서 화젯거리가 되는 훌륭한 텔레비전 광고에 투자할 여유가 있었다. 그러나 소기업이라도 좋은 아이디어만 있으면 영향력이 큰 광고전을 벌일 수 있게 된 오늘날 회사들이 부딪치는 장벽은 돈이 아니라 창조력이다.

전형적인 예를 들어보자. 미국 의류상표 에코의 광고 필름에는 벽화 화가들이 그림을 그린 미국 대통령 전용기가 등장했다. 이 광고가 어찌나 큰 성공을 거뒀는지 미국 국방부는 그 비행기가 진짜 전용기가 아니라는 발표를 세 번이나 해야 했을 정도다. 화제를 모은 이 촌극의 배후였던 디자이너이자 미디어 기업가 마크 에코(Mark Ecko)는 목적을 확실히 달성했다.

"나는 문화적으로 중요한 뭔가를 하고 싶었고, 진정한 대중문화가 발전할 계기를 만들고 싶었다. 대통령 전용기가 등장하는 광고는 과거라면 절대로 만들 수 없는 완전히 불손하고 상식을 벗어난 일이다. 5달러짜리 페인트 한 통이 강력한 골리앗의 얼굴에 여드름을 그려놨던 것이다."

물론 수백만 파운드를 들여 촬영하는 광고는 계속 나올 것이다. 그러나 간당간당한 자금으로 촬영한 훌륭한 아이디어가 세계적으로 반향을 일으키는 판국에 대체로 엉망인 대규모 광고에 터무니없이 많은 예산을 퍼붓는 실상을 정당화하기는 날이 갈수록 힘들어질 것이다. 전통적인 언론사 사주와 언론사가 매입한 대행사는 바이러스성 현상에 두려움을 많이 느낀다. 군중이 훌륭하고 창조적인 아이디어를 아무 대가를 바라지 않으면서 바이러스처럼 확산시키는 마당에 대체 왜 미디어 예산이 수백만 파운드나 필요하단 말인가?

참여 계급을 올라가다보면 콘텐츠 공유의 바로 위 단계는 좋아하는 상표나 사람, 단체를 위한 콘텐츠 제작이다. 이미 앞에서 월

아이엠이 만든 버락 오바마의 유세 동영상이 가져온 놀라운 영향력을 다뤘다. 그렇지만 이른바 소비자 창출 콘텐츠의 진정한 형태는 2007년 슈퍼볼 동안에 제대로 무르익었다. 전통적으로 미국 광고업계의 창조적인 전시장으로 자리 잡은 이 행사의 중간 광고 시간에 도리토스와 시보레, 미식축구리그(NFL)는 모두 매디슨 가의 고급 대행사가 아니라 소비자가 직접 만든 광고를 내보냈다. 슈퍼볼 기간에 30초 텔레비전 광고의 평균 비용이 최고 260만 달러에 달한다는 점을 감안하면 이런 광고를 내보낸 것은 사용자 창출 콘텐츠가 광고의 홍수 속에서 부각될 수 있다는 점과 소비자의 창조력을 엄청나게 신뢰했다는 점을 보여준다.

시청자들이 도리토스의 광고를 가장 마음에 드는 광고로 선정했다는 사실은 위험을 무릅쓸 만한 도박이었음을 암시한다. 도리토스는 전국 대회를 개최해 슈퍼볼 광고를 선정했다. 이 회사의 대변인 제레드 도허티(Jared Dougherty)는 이를 확장된 소비자 경향의 일환으로 보았다.

"오늘날처럼 점차 리얼리티 중심이 돼가는 세상에서 사람들은 자신에게 중요한 것을 서로 나누고 표현을 도우며 심지어 인격화하는 새로운 방법을 찾고 있습니다. 도리토스는 과거 몇 년 동안 온통 스타들이 등장하는 슈퍼볼 광고로 성공을 거뒀지만 올해 군중은 직접 지휘하길 원했고, 도리토스는 세계에서 가장 큰 무대에서 그 지휘권을 군중에게 주었습니다."

또 군중이 참여하기를 원하는 이유는 자신이 중요한 존재라는 생각이 들기 때문이며, 문제 해결에 의견이나 도움을 요청받을 때 이런 기분을 가장 많이 느낀다. 시장조사자들은 이를 호손효과(Hawthorn Effect, 노동이나 교육에서 다른 사람의 주목을 받기만 해도 성과가 향상되는 현상-옮긴이)라고 한다. 이는 1920년대 시카고에 있는 GE의 호손공장에서 실시한 일련의 연구실험에서 따온 이름이다.

GE의 의뢰를 받은 연구자들은 직원들에게 사업에 대한 의견을 요청하면 이들이 회사에 더 호감을 갖게 된다는 점에 주목했다. 연구에 사람들을 참여시키면(의견을 물어봄) 이들의 기분이 좋아지고 특권의식을 느끼게 되어 그 결과 충성도와 지지도가 올라갔다.

소비자에게 제품과 서비스에 대한 피드백을 요청하면 이와 비슷한 효과가 창출된다. 이 때문에 많은 업체들이 소비자 자문단을 활용하기 시작했다. P&G는 평가단 보컬포인트(Vocalpoint)에 60만 명에 달하는 주부 군단을 모집했다. 이 회사는 회원들에게 제품 소식과 샘플, 쿠폰과 의견을 공유할 기회를 준다. 평가단은 P&G에게 모든 제품과 마케팅에 관한 조언을 한다. 예를 들면 허브 에센스 판촉용으로 활용해야 할 광고, 팬틴 광고에 기용해야 할 패션모델, 프링글스 광고에 삽입해야 할 제빵용 음악 등이 제안된다.

퀀(Quorn)도 이와 비슷한 제도를 운영하며, 4만 명에게 조리법과 할인 혜택을 주는 대신 신제품에 대한 피드백을 받는다. 이탈리아 오토바이 상표인 두카티는 정기적으로 온라인 위원단인 두카티스타스(Ducatistas, 가장 열의가 넘치는 지지자들) 회원 16만 명과 신제품 계획을 주제로 대화한다. 리서치 업체 밀워드 브라운(Millward Brown)의 글로벌 어카운트 책임자 피터 월시(Peter Walshe)는 이런 평가단을 적극적으로 지지한다.

"사실 평가단이 제공하는 표본이 전형적인 소비자를 대변하지는 못하지요. 그렇지만 보컬포인트처럼 새로운 제도는 의견을 꼭 들어야 하는 적임자에게 빠르게 피드백을 받는 아주 훌륭한 방법입니다."

일부 업체는 참여 개념이 타당하다고 결정하고, 피드백을 받는 것은 물론 고객이 신제품과 서비스는 물론 문제 해결책을 개발하게 지원한다. 이는 그리 새로운 개념은 아니다. 앨빈 토플러(Alvin Toffler)는 1980년에 집필한 《제3의 물결》에서 제품 디자인과 생산에 모두 참여하며 결국 공동 창작자가 될 '프로슈머(prosumer)'의 등장을 예상했다. 인터넷과 소셜 소프트웨어가 등장하면서 토플러의 예상이 현실이 됐다.

이 움직임에서 소비자 협력, 즉 소비자 제작이라는 용어가 대유행했고, 위키피디아와 마이스페이스, 유튜브와 리눅스의 개방형 소프트웨어가 탄생됐다. 심지어 이런 경향을 다룬 책 《위키노믹스》까지 나왔다. 이 책의 저자 돈 탭스콧과 앤서니 윌리엄스는 다음과 같은 신조를 전파한다.

"이는 협력의 새로운 기술과 과학이다. 이제 서로 연결된 개인 수십억 명이 과거에 우리가 꿈꿨던 방식으로 혁신과 부 창조, 사회 개발에 활동적으로 참여할 수 있다. 그리고 이 수많은 사람들이 협력하면 놀라우면서도 유익한 방식으로 예술과 문화, 과학과 교육, 정부와 경제를 집합적으로 발전시킬 수 있다. 웹으로 능력이 강화된 폭발적인 공동체에 참여하는 회사는 이미 집단 능력과 천재들의 진정한 이득을 발견하고 있다."

《위키노믹스》의 저자들은 이 새로운 참여 정신의 역사적인 중요성에 약간 과도하게 흥분한다. 이들은 "참여 정신은 개인과 소규모 생산자에게 이탈리아 르네상스나 아테네 민주주의의 번영과 동일한 수준의 새로운 시대, 어쩌면 황금기 탄생을 의미할 것이다"라고까지 주장한다. 특히 연구개발 분야에서 새롭고 중요한 사업 경향이 나타나지만 이를 현대 민주주의의 토대와 동일하다고 보는 것은 다소 무리가 있다.

이런 공동창작 형태는 소프트웨어업계에서 시작됐다. 소프트웨어업계는 제품의 버그를 없애려고 개발자 커뮤니티에 견본과 베타 모델을 정기적으로 배포했다. 개방형 소프트웨어의 권위자 에릭 레이먼드(Eric Raymond)가 새로 만든 다음 격언은 집합적인 전문성의 힘을 멋지게 찬양한다.

"충분히 감시하면 모든 버그가 줄어든다."

심지어 개방형 맥주도 생겼다. 보레스 I('우리 맥주'라는 뜻)는 쉽

게 예상되듯이 덴마크의 IT 전공 학생들이 개발했으며, 크리에이
티브 커먼스(Creative Commons, CC, 저작자가 저작물의 이용방법과 조건
을 표기—옮긴이) 라이선스를 달고 출시됐다. 이 말은 누구라도 즐거
움이나 이윤을 위해 이 맥주의 주조법을 사용할 수 있다는 뜻이다.
단 한 가지 함정은 이 독특한 맥주를 팔아서 돈을 번 사람은 개발
자들의 공로로 돌려야 하며 비슷한 라이선스 아래 주조법을 바꾸
면 크레디트를 발표해야 한다.

이 학생들은 맥주 개발 동기가 단순히 술에 취하자는 것이 아
니라 "개방형 구조가 맥주처럼 보편적으로 알려진 제품에 적용되
면 어떤 상황이 펼쳐지는지 알고 싶었다"라고 했다. 이 학생들은
자체 웹사이트에서 자신들이 개발한 맥주가 공개된 후 주조법이
공유돼 약간 향상이 생기면 어떻게 개선될지에 관심이 있다고 했
다. 이들의 궁극적인 야망은 맥주 리눅스를 만드는 것이라고 밝
혔다.

상업계에서 실시된 참여 사업은 대부분 이런 개방형 발상이 부
족하며 대신에 단순한 경쟁 기법에 의존한다. 이들은 대부분 트렌
드워칭닷컴(trendwatching.com)이 '글로벌 브레인'이라고 칭한 형
태의 창조적 재능을 활용한다. 글로벌 브레인은 창조적이고 점차
전문 하드웨어와 소프트웨어, 온라인 분배 채널을 입수해 역사상
가장 효과적인 방법으로 텍스트와 소리, 사진과 동영상을 이용해
자신들이 기대하는 바를 회사에 보여주는 사람들과 함께 자신들

의 생각을 전해주려고 안달이 난 선두에 선 사용자와 얼리어댑터 (early adopter, 제품이 출시되면 가장 먼저 구입해 평가한 뒤 주위에 제품 정보를 알려주는 소비자군—옮긴이), 뛰어난 사업 전문가들 수백만 명이 결합한 것이다.

특히 뛰어난 디자인이나 창조적 전통을 지닌 회사를 비롯해 많은 회사들이 이 글로벌 브레인의 도움을 받으려고 노력했다. 일렉트로럭스는 디자인 전공 학생들을 대상으로 2020년의 가전제품과 2016년의 건강 식습관을 구상하는 공모전을 했다. 네스프레소와 일리카페는 커피를 서빙하는 혁신적 방법을 제안해달라고 사람들에게 요청했다.

이케아는 가정용품을 저장하는 방법에 대한 제안을 수집했다. 푸조는 87개국에서 자동차 디자인에 열성적인 팬 4,000명을 설득해 새로운 형태의 자동차 아이디어를 제출하게 했으며, 선정된 디자인을 엑스박스(Xbox) 자동차 경주 게임에 실었다.

지금까지 가장 폭넓게 거론된 군중 제작 사업은 캐나다 채광업체 골드코프가 실시한 것이다. 이 회사 CEO 로브 맥이완(Rob McEwan)은 개방형 소프트웨어 운동의 성공에 자극받아 온타리오주에 있는 골드코프의 레드 레이크 광산에서 황금 광맥을 찾는 문제에 이와 비슷한 생각을 적용하기로 했다. 그는 일반적으로 기밀 유지를 우선으로 삼는 채광업계의 관습을 조롱하며 레드 레이크에 대한 기밀 지질 자료를 웹사이트에 올렸다. 그는 전 세계 누구라도 황금 17만 킬로그램을 찾을 좋은 아이디어를 내는 사람에게 상금 57만 5,000달러를 주겠다고 했다. 그런 모험까지 기꺼이 감수하려는 맥이완의 모습은 채광업계에서 이단자인 그의 지위를 반영했다.

실제로 그는 증권회사 메릴린치에서 일을 시작했다. 〈패스트 컴퍼니(Fast Company)〉의 린다 티셔(Linda Tischer)는 이 점이 그에게 큰 장점이었다고 믿는다.

"로브 맥이완은 광산업자가 아니었고, 광산업자처럼 생각하지 않았으며, 광산업자의 전통적 교훈에 얽매이지 않았다."

그는 다른 배경 덕분에 채광업계에 신선한 관점을 지녔고 자신의 회사 직원을 포함한 많은 비평가들을 무시할 자신감을 지니게 됐다. 그의 회사 직원들은 기밀 자료를 모두에게 공개한 것이 상업계에서는 자살 행위나 마찬가지라고 주장했다. 이에 맥이완은 자신이 전 세계 인재들의 관심을 끌면 골드코프가 레드 레이크 광산에서 겪는 특정한 어려움을 해결할 방법을 찾을 수 있을 것이라는 반론을 내세웠다.

맥이완의 모험은 성공했다. 이 회사가 공모한 골드코프 챌린지에 50개국의 개인과 기업, 대학과 정부의 지질 기관이 1,400여 건의 제안을 했다. 이런 제안에서 채광 목표지 110곳이 파악됐으며 이 가운데 절반이 새로운 채광 유망지역이었다. 그리고 최종 후보 다섯 지역 가운데 네 곳에서 금이 나왔다. 이 공모전 이후 레드 레이크 광산의 금 생산량이 900퍼센트까지 증가했으며 28그램당 비용이 80퍼센트나 떨어졌다. 당연한 일이지만 채광업계 언론은 재빨리 맥이완이 이끄는 골드코프에 칭찬을 퍼부었다. 〈비즈니스위크〉는 골드코프에 최고 혁신 50대 업체라는 칭호를 줬으며, 〈패스트 컴퍼니〉는 혁신 챔피언 50대 업체로 지명했다.

골드코프 챌린지는 특히 까다로운 문제를 해결하려고 기획된 일회성 사업이었다. 이와 달리 P&G는 이 과정을 한 단계 향상시켜 연계개발(Connect and Develop)이라는 이름 아래 협력적인 R&D 아이디어를 제도화했다. 이사회 의장이자 CEO인 A. G. 래플리는 P&G가 기존 R&D 접근법으로는 성장 목표 달성에 어려움을 겪을 것이라고 보고 회사의 도전 목표를 설정했다. 적어도 신제품의 50퍼센트가 회사 외부에서 창출된 아이디어에서 나와야 한다는 것이었다. 그의 의도는 P&G의 연구원 7,500명을 사퇴시키려는 것이 아니라 연구진의 노력에 전 세계 과학자와 기술자 수백만 명의 아이디어를 결합해 전반적으로 생산성을 향상하는 것이었다.

래플리는 연계개발 웹사이트에 이런 인사말을 올렸다.

"대외 협력은 P&G 제품의 거의 50퍼센트에서 주요한 역할을 한다. 우리는 수세기 동안 외부 협력자들과 협력했지만 현재 이런 연합의 중요성이 최고로 커졌다. 우리의 비전은 간단하다. 우리는 P&G가 세계에서 가장 협력적(내·외부 모두)인 회사로 알려지기를 바란다."

P&G의 두 경영자이자 래플리의 비전을 실행하는 임무를 맡은 래리 휴스턴(Larry Huston)과 내빌 사카브(Nabil Sakkab)는 〈하버드 비즈니스 리뷰〉에 이렇게 기고했다.

"대부분의 회사가 여전히 이른바 발명 모형에 매달려 교과서에 나오는 R&D 기반 구조와 혁신은 원칙적으로 사내에 귀속돼야 한다는 발상에 집중한다. 물론 이런 회사들은 고생하는 R&D 부서에 인수와 결연, 라이선스와 일부 혁신의 아웃소싱을 제공하며 아첨하고 있다. 그리고 비밀 실험실을 개설하고, 마케팅과 R&D 사이의 협력을 향상시키며, 시장방문(go-to-market) 기준을 강화하고, 제품 포트폴리오 관리를 증가시키고 있다.

그러나 이는 점증적인 변화이며 망가진 모형에 반창고를 붙이는 것과 같다. 과격한 말이긴 하지만 다음 사항을 생각해보자. 성숙기에 있는 회사는 해마다 4~6퍼센트의 성장률을 보여야 한다. 그러면 어떻게 이 목표를 달성할 것인가? P&G의 경우 이는 올 한 해에만 40억 달러짜리 사업을 구축하는 것과 같은 수치다."

연계개발 사업에서 나온 신제품의 전형적인 예는 바운스다. 바운스는 세계 최초로 건조기에 부착된 섬유유연제다. P&G는 이 제품의 기반이 된 기술을 독자적으로 활동하는 발명가에게서 얻었으며 세계 시장에 내놓을 규모를 제공했다. 이와 마찬가지로 올레이 피부관리 제품에 사용되는 펌프 장치는 원래 유럽의 포장용기 업체가 개발한 것이다. 래플리는 이런 제휴 형태를 적극적으로 전파한다.

"우리 회사가 모든 사업 부문마다 최고 협력사와 관계를 발견하고 개발하며 영향을 주는 데 진짜 최고가 되기를 바랍니다. 사실 나는 P&G가 최고 협력사들에게 가장 인기 있는 회사가 됐으면 합니다. P&G와 협력하면 다른 어떤 회사와 협력할 때보다 성과가 더 크기 때문에 가장 함께하고 싶은 회사라는 말을 듣고 싶은 겁니다."

휴스턴과 사카브는 R&D에 극단적으로 급진적인 접근법을 실행하면서 겪은 어려움을 솔직히 말했다.

"P&G에는 '사외에서 발생'하는 혁신에 반대하는 정서가 있었다. 우리는 이를 '사외에서 발생한 혁신이라도' 자부심을 가지고 열광하는 태도로 바꿔야 했다. 그리고 우리 R&D 조직의 정의와 인식을 변경해야 했다. R&D 담당 직원이 사내에 7,500명 있었지만 여기에 외부의 150만 인재를 더하고 그 사이에 투명한 경계선이 있다고 생각하게 됐다."

마케팅 컨설턴트와 비즈니스 스쿨의 학자들은 P&G가 만들어낸 체계를 21세기의 제품 혁신 모형으로 본다. 시장에 출시된 P&G의 신제품 가운데 35퍼센트 이상에 회사 외부에서 개발된 요소가 들어 있다. 이는 2000년에는 15퍼센트에 불과했다. 그리고 전체적인 R&D 생산성이 거의 60퍼센트까지 향상됐다.

P&G의 협력 모형은 생산 중심의 모든 기업에서 규범으로 자리

잡을 게 확실하다. 한편 업체들이 공동창작 움직임에서 벗어나게 하려고 노력한 회사들도 있다. 미국 매사추세츠 주에 있는 이노센티브는 웹 기반 커뮤니티로, 특정한 R&D 문제를 해결할 사람을 찾는 회사들에게 혁신을 전문으로 다루는 학자들을 연결해준다.

이노센티브는 원래 제약업체인 일라이 릴리의 자금 지원을 받아서 설립됐다. 이 회사는 이른바 '가상실험실(virtual laboratory)'을 이용하면 R&D 비용을 85퍼센트까지 줄일 수 있으며 사내 R&D 인력에만 의존할 때보다 성공률이 훨씬 높다는 사실을 발견했다. 그 결과 이노센티브는 벤처캐피털 자금으로 900만 달러를 확보했으며, 현재 보잉, 네슬레, 다우 케미컬을 비롯한 세계적 대기업들이 이 회사를 이용한다.

회사들이 익명으로 이노센티브에 자신들의 문제를 알리면 이 내용이 웹사이트에 게재된다. 175개국 이상의 학자 14만 5,000명 이상이 등록된 데이터베이스를 이용할 수 있다. 이 학자들 가운데 9만 명이 중국에서 활동한다. 어떻게 보면 마셜 맥루언이 말한 '지구촌'을 가장 완벽하게 표현한 형태다. 이제 문제 해결에서 지형이나 문화의 장벽이 전혀 없다. 또 이노센티브는 여러 학문 분야 사이의 장벽을 무너뜨리고 있다. '가상실험실'이 달성한 성공 분석에서 발견된 가장 흥미로운 점은 최고 해결책은 해당 학문 분야에 종사하지 않는 전문가에게서 나오는 경향이다.

네덜란드 웹사이트 리디자인미(RedesignMe)는 진보된 과학계와 동떨어져 새로운 창조적 협력 정신을 발현한다. 이 웹사이트는 세계적인 주요 학술 문제를 해결하려고 노력하는 대신 일상적인 소비재 향상에 집중한다. 휴대전화나 가전제품, 기타 제품 때문에 짜증이 난 소비자가 불만 사항을 이 웹사이트에 보내면 다른 사이트의 사용자들이 이런 제품을 다시 설계할 방법을 제안한다.

공동창작 운동은 크라우드 서핑의 이득이 명확한 사례다. 경영자가 회사 외부인의 전문성과 창조력을 활용할 수 있다. 이는 사내 R&D의 대용이 아니지만(P&G와 일라이 릴리 모두 외부 시장에 완전히 의존하지 않는다) 가장 필요할 때 신선한 관점과 추가 자원을 모두 제공하는 이득이 있음은 분명하다. 물론 이 운동은 최고로 성공한 사업체의 원동력인 창조정신의 자리를 완전히 대체하지는 못할 것이다.

아직까지 군중은 아이팟처럼 놀랍도록 간편한 제품이나 빌바오 구겐하임 미술관처럼 놀라운 건물이나 하임 오스카 수상 영화를 만들지 못했다. 또 이 운동은 P&G와 일라이 릴리가 성공으로 가는 길을 보여줘서 도입한 협력 개발에 적용한 체계적인 접근법으로 조직돼야 한다.

사회적으로 연줄이 많은 사람 파악하기

형태를 막론하고 모든 유행의 성공 여부는 특수하고 뛰어난 기술을 가진 사람의 참여에 달려 있다.

— 맬컴 글래드웰(Malcolm Gladwell)

리즈대학 연구자들은 사람들이 겉으로는 양처럼 행동한다는 점을 발견했다. 일련의 실험에서 실험 지원자들은 서로 대화하지 않으며 커다란 방을 무작위로 걸어 다니라는 지시를 받았다. 그러고 나서 몇 명에게 걸어 다닐 장소를 상세하게 알려줬다. 그러자 나머지 사람들은 재빨리 이 사람들을 따라다녔다. 학자들은 이 형태를 '자가 조직과 뱀 같은 구조'라고 한다. 이 연구에서는 '정보가 있는 개인' 5퍼센트만 있으면 200명 이하의 군중이 걷는 방향에 영향을 줄 수 있다는 결론이 나왔다. 이 연구를 이끈 행동생태학 교수 옌스 크라우제(Jens Krause)는 여기에서 동물의 행동과 강한 유사성을 발견했으며 따라서 양을 언급했다.

"누구나 군중에 휩쓸리는 이런 상황에 처해봤습니다. 어쨌든 이 연구에서 흥미로운 점은 서로 이야기하거나 몸짓을 할 수 없는 상황인데도 우리의 참여가 일치된 결론에 도달한다는 것입니다. 대부분의 경우 참가자들은 다른 사람의 지휘를 받고 있다는 사실 조차 깨닫지 못했습니다."

광고 기획자 마크 얼스(Mark Earls)는 군중의 행동과 동물의 행동 사이에 유사점이 있다고 본다. 그는 《동물 무리(Herd)》라는 책까지 썼는데, 이 책에서 군중의 행동은 개인의 결정과 행동이 아니라 일종의 동물 무리의 본능에 따라 촉진된다고 주장했다.

"우리의 지성과 문화가 뭐라고 말하든 간에 인간은 독립적이고 스스로 결정을 내리는 종이 아니다. 인간의 행동은 대부분 다른 사람의 영향을 받은 결과다. 인간은 극도로 사회적인 종, 다시 말하면 무리를 지어 사는 동물이기 때문이다. 인간은 함께 모이도록 프로그램돼 있다. 인간 종족의 핵심적인 진화 전략은 사교성이다. 우리는 다른 사람과 있을 때 더 행복하다. 우리의 두뇌는 다른 사람과의 상호작용으로 개발된다."

얼스는 동물 무리 행동의 사례로 영국 도로에 등장한 '셀로태프(cellotaph)'를 자주 든다. 셀로태프는 교통사고로 사망한 사람을 기리며 셀로판지로 포장된 꽃을 바치는 것이다. '셀로태프'는 빈정대기 좋아하는 〈프라이빗 아이(Private Eye)〉가 이 추도회를 칭하려고 만든 단어다. 이 말은 영국의 영령기념일이나 '휴전기념일'을 기리는 중심지인 런던 '제1, 2차 세계대전 전사자 기념비 (cenotaph)'를 장난스럽게 변형한 것이다.

"정부의 통계학자들은 지난 10년 동안 범죄 발생률이 하락했다고 하지만 이 가운데 모든 도시의 모든 도로가 반복해서 …… '셀로테프'로 전환돼왔다. 일부 추모 선물은 번쩍거리는 셀로판지로 감싼 중고 판매장에서 산 카네이션들에 지나지 않지만 더 공들인 물건들도 있다."

얼스는 영국에서 이렇게 공동으로 슬픔을 발산하는 현상의 뿌리를 다이애나 왕세자비의 사망으로 본다. 당시 다이애나 왕세자비가 살던 켄싱턴 궁전의 대문 앞에 쌓인 꽃다발 더미는 전 국민 감정의 중심지가 됐다. 그전까지만 해도 영국인들은 감정을 안 드러낸다는 점에 자부심이 있는 것으로 유명했다. 얼스는 찰스 왕세자나 왕족에게 애정이 조금도 혹은 전혀 없었던 동료들이 '그 상황에 참여하려고' 참배하는 것을 봤다. 당시 '꽃 파시즘'은 잘 기록됐으며, 많은 사람이 다이애나를 향한 불필요한 감상을 확인하면서 느꼈던 압박감을 토로했지만 다수와 전국 언론은 이를 전 국민적인 분위기와 운동이라고 평가했다.

기원이 무엇이 됐든 간에 영국 거리가 무미건조한 참사를 드러내는 헌화의 본거지가 됐다는 것은 사실이다. 그렇지만 얼스에 따르면 이는 '개인의 행동'이 아니다.

"이는 일반 대중이 꽃 장사들이나 중고 판매자들에게 세뇌당한 결과가 아닙니다. 이는 우리 개개인이 다른 사람의 삶에 거대한 영향을 미치는 사례입니다. 우리와 가까운 사람은 물론 전에 한 번도 만난 적이 없고 앞으로도 만날 일이 없는 사람들에게까지 말입니다. 우리가 다른 이들의 행동에 영향을 미치고, 다시 그들이 우리에게 영향을 주는 거죠. 우리와 동일한 사람들이오."

'정보를 지닌 개인'이 군중의 행동에 미치는 영향을 주제로 많은 연구가 이루어졌다. 정보를 지닌 개인이란 나머지 사람들이 구매할 물건에 조언을 구하거나 인터넷에서 가장 폭넓은 인맥이 있는 사람을 말한다. 크라우드 서퍼가 풀어야 할 근본적 문제는 이들이 누구인지 파악하고 이들의 열의와 인맥을 활용하는 방법을 알아내는 것이다. 맬컴 글래드웰은 《티핑 포인트》에서 이런 집단을 두 개의 다른 범주로 나눈다. 하나는 지식 축적자인데, 맬컴은 이들을 '정보 전문가', '명수'라고 부른다. 두 번째는 '연결자'인데, 연줄이 대단히 많아서 뉴스와 소문과 정보를 가장 잘 퍼뜨릴 위치에 있는 사람을 말한다.

P&G는 주부들에게 소비자 평가단 보컬포인트 가입을 권유할 때 '연결자' 발굴에 집중했다. 이 회사에 따르면, 보컬포인트 평가단이 일상적으로 하루에 다른 여성 25~30명과 이야기하는 게 이상적이지만 평균적으로 단 5명과만 이야기하는 데 그친다. 이 점 때문에 보컬포인트 평가단이 전형적 소비자를 대변한다고는 말할 수 없지만 이들의 의견은 전 세계에서 가장 큰 비중을 차지한다.

또 평가단은 자신의 역할에 상당히 열의가 있다.

"나는 보컬포인트 회원을 시작한 이후 줄곧 이 활동을 아주 즐겼어요. 솔직히 말해 무료로 제품을 받고, 새로운 아이템에 대한 의견을 나누며, 신제품 출시를 가장 먼저 아는 것을 누가 싫어하겠어요? 물론 혜택이 많은 수많은 쿠폰도 빼먹으면 안 되겠죠. 그래서 나는 몇 달 전에 보컬포인트 회원이 돼서 경험을 공유하는 활동에 참여해달라는 이메일 쿠폰을 받았을 때 '당연하지, 해보자!'고 생각했지요. 그러니 생각해보세요. 2주 뒤에 보컬포인트 담당자가 전화해서 〈비즈니스위크〉 기자와 함께 우리 집에 와서 보컬포인트 회원으로서 내 경험을 인터뷰하고 싶다고 말했을 때 얼마나 놀랐겠어요?"

새로운 소셜 미디어 사회에서 이렇게 연줄이 아주 많은 개인의 중요성은 회사들이 가장 중요한 고객의 가치를 측정하는 방식과 흥미로운 관계가 있다. 전통적 척도는 '일생 가치(lifetime value)'에 초점을 맞춰왔다. 이는 고객이 된 기간과 구매 빈도, 가격을 기반으로 계산하는 방법이다. 이 방법은 개개의 행동을 바탕으로 해서 각 개인을 분리해 다룬다. 여기에서 놓친 부분은 고객이 사회적으로 맺고 있는 연줄의 가치다. 의견을 친구 또는 동료와 나누고 싶어 하거나 제품과 서비스 평가를 웹사이트에 올리고 싶어 하는 고객은 상당히 소중하다. 이런 고객은 더 비싼 제품을 구매하더라도 의견 교환에는 관심이 없는 고객보다 훨씬 더 소중하다.

연구자들은 이렇게 사회적으로 더 활동적이고 연줄이 상당히 많은 고객들을 파악할 수 있다고 주장한다. '열성적인' 블로거들은 영향력 측면에서 최고 지위에 있으며, 많은 지지자를 끌어모으고, 다른 사람이 잘 따르는 목표를 설정하는 능력이 있다. 신용평가 업체 익스페리언은 이런 사람들을 '슈퍼 창도자(super-advocates)'라고 하는데, 이들에게는 '상표의 명성을 높이거나 파괴'하는 힘이 있으며 회사들은 '이처럼 영향력 높은 인물들을 제 위치에 배치할' 묘책을 강구해야 한다고 제안한다.

리서치업체 포레스터는 이들을 '창조자(creators)'라고 하며, 이들이 유럽 온라인 사용자의 10퍼센트에 달한다고 설명한다. 그리고 이들이 의견을 조성하고 확산시키며 군중을 마이크로 블로그 활동과 소셜 미디어 사이트로 이끌어낼 것이라고 주장한다.

다른 많은 집단은 사회적으로 연결된 계급 구조 속에서 이들을 따른다. 이런 구조에서 어떤 계급에 속하느냐는 상호작용하는 온라인의 활동 수준에 따라 정해진다. 이런 활동을 예를 들면 블로그에 댓글을 달거나, 상품 평가 사이트에 글을 싣거나, 소셜 네트워크 사이트에 프로필을 입력하거나, 그저 다른 웹 사용자들이 만든 온라인 콘텐츠를 보는 것 등이다.

엘리자베스 포먼트(Elizabeth Fourment)는 파리에 사는 프랑스계 미국인이다. 포먼트의 블로그 '라코케트(La Coquette)'는 2005 웨비상의 최고 개인 웹사이트 부문에 선정됐다. 웨비상은 창조성이 뛰어난 우수 인터넷 사이트에게 돌아가는 국제적으로 유명한 상이다. 포먼트는 프리랜서 패션 기자로 페르시아 패션과 문화, 자신의 관심사에 대한 견해를 블로그에 게재한다. 모든 패션과 미용 상표의 처지에서 볼 때 포먼트는 사회적으로 연줄이 많은 고객의 표상이다.

당연하지만 프랑스 화장품 상표 랑콤이 가장 영향력 있는 블로거들을 대상으로 파리에서 행사를 열었을 때 포먼트도 초대됐다. 그녀의 블로그는 랑콤에서 지낸 이틀간의 경험(최고 레스토랑에서 와인과 저녁식사를 대접받고, 최고급 매장을 방문하며, 줄리엣 비노쉬(Juliette Binoche) 같은 유명 연예인과 어울린 경험)으로 꽉 찼다. 물론 포먼트가 이 행사에 참여한 동기야 명백했지만(주로 최고급 레스토랑에서 식사할 기회), 이 블로그의 독자들은 랑콤 제품에 대한 언급으로 점철된 행사 참여기에 관심을 가지며 열심히 읽었다.

엘리자베스 포먼트처럼 사회적으로 연줄이 많은 사람을 파악하는 것은 비교적 간단한 작업이다. 구글이나 테크노라티, 아이스로켓 사이트에서 한 시간만 검색하면 영향력 있는 모든 블로거나 웹 칼럼니스트를 충분히 찾을 수 있다.

그러나 이들을 쉽게 찾아내더라도 이후 이들과 협력할 방법을 구상하는 작업은 조금 어렵다. 사회 인맥 구조에서 상층부 사람들은 거의 완고하고 냉소적이며 요구가 많다. 이들은 기업 정보를 수동적으로 받아들이는 사람들과 거리가 아주 멀다. 따라서 무료

식사나 유명 인사와 어울릴 기회를 제공하는 것처럼 간단한 방법은 거의 먹히지 않는다.

또 이들은 부적절하다고 생각되는 기업의 활동(소속사를 밝히지 않고 채팅방 토론에 참여하는 특정 기업의 직원, 외견상으로는 일반인이 개설한 것 같지만 실상은 기업이 자금을 지원하여 만든 블로그)이 있으면 재빠르게 온라인 공간에서 공격을 개시한다. 물론 투명성은 사업계에서 항상 중요 요소였지만 오늘날 온라인 세계에서는 이 투명성이 절대적으로 중요하다.

온라인 커뮤니티는 말과 행동이 다른 기업을 찾아내 비판할 것이다. 유니레버는 진정한 아름다움을 강조한 도브 광고로 호평을 많이 들었다. 이 가운데 미용업계가 여성의 아름다움을 묘사하는 방식을 비판하는 동영상 시리즈가 급속도로 전파돼 전 세계 고객 수백만 명에게 공유됐다. 이 시리즈에서 '진화' 라는 제목의 동영상은 초기 제작비용이 5만 달러에 지나지 않았지만 무려 5억 번 이상이나 조회됐다. 실제로 동영상들이 대단히 큰 성공을 거뒀던지 유니레버는 일부러 돈을 들여 새 동영상을 만들 필요가 없었다. 소비자들이 기꺼이 나서서 홍보 동영상을 만들었던 것이다.

최근 미국과 영국에서 도브 상표의 인터넷 텔레비전 채널을 출범하기로 한 결정은 유니레버가 동영상의 힘으로 도브의 광고 타깃을 끌어들일 수 있다고 확신하고 있음을 드러낸다. 유니레버 측에 따르면 이 텔레비전 채널은 '정보와 교육과 영감을 제공하는 신뢰할 수 있는 출처가 될 통일되고 전 세계적인 디지털 매체'로 자리 잡는 것이 목적이다. 웹 텔레비전 매체를 개발하려는 주요 상표들이 전형적으로 그랬던 것처럼, 이 텔레비전 방송은 도브의 소비자가 '미에 관한 토론'에 참여하게 조장할 목적으로 상호교류 게시판을 운영할 예정이다.

도브 광고는 유니레버가 조성한 '자부심 기금(Self Esteem Fund)'과 더불어 인터넷 공간을 초월해 세상으로 전파됐다. 자부심 기금은 '여성과 소녀들이 미를 인식하고 받아들이는 방식에 진정한 변화를 일으키고, 현 세대와 다음 세대가 미에 대한 고정관념에서 자유로워지게 하려는 목적'으로 시작됐다.

유니레버는 도브 외에도 수많은 상표를 가지고 있다. 이 가운데 하나가 링크스(Lynx)다(많은 시장에서 엑스(Axe)로 알려져 있다). 도브와 마찬가지로 링크스는 세계적으로 선풍을 일으키며 핵심 타깃인 젊은 남성을 끌어들인 자극적이고 대체로 상당히 재미있는 광고 시리즈를 등에 업고 시장을 선도하는 상표로 자리 잡았다. 이런 많은 광고에는 도브 광고에서 비판했던 판에 박은 미의 이미지가 등장했다. 거의 벌거벗은 듯한 비키니를 입고 기둥을 잡고 춤추는 비현실적 몸매의 여성처럼 말이다. 어떤 모습인지 충분히 상상될 것이다. 이는 전 세계에 분산된 상표팀들이 대부분 서로 교류 없이 일하면서 자체 상표에 필요한 사항만을 좇아가는 대기업에서 흔히 일어나는 일이다.

그렇지만 군중은 이런 상황에서 생활하지 않으며, 따라서 이런 행동은 상당히 모순적으로 여겨진다. 특히 블로그 커뮤니티는 기업의 위선적 행동에 맹공격을 퍼부어왔다. 심지어 한 블로그는 유명한 도브 광고 필름의 패러디를 만들기까지 했다. 이 패러디 필름에는 도브와 링크스가 곳곳에 등장하며 "유니레버보다 먼저 나서서 딸과 대화하세요"라는 대사로 끝을 맺는다. 이는 원래 도브의 광고 필름에 나오는 "미용업계보다 먼저 나서서 딸과 대화하세요"라는 대사를 변형한 것이다. 이 패러디 필름을 편집한 라이 클리프턴(Rye Clifton)은 "이미 온라인에서 떠돌던 대화를 삽입하고 싶었다"라고 했다.

온라인 기자 제니퍼 화이트헤드(Jennifer Whitehead)는 유니레버가 일으킨 논란이 다른 기업에 중요한 교훈을 준다고 생각한다.

"유니레버의 광고에 대한 반발은 고객과 대화의 물꼬를 트기 위해 보급이 빠른 마케팅을 사용하는 대형 상표에게 두드러진 교훈을 전해준다. 그리고 상표가 고객에게 전하고 싶은 메시지를 확산시키는 동일한 힘이 관점이 다른 사람들에게 역이용될 수 있음을 부각시킨다."

유니레버처럼 현명한 회사가 군중을 견제하느라고 고전하는 판국이니 많은 경영자가 소비자주권 강화에 두려움을 느끼는 것도 당연하다.

사회적으로 연줄이 더 많은 소비자에게 초점을 맞추는 원칙은 웹 밖의 세상에서도 적용된다. 42빌로우(42Below)는 세계에서 가장 빠르게 성장한 보드카 상표다. 원래 이 술은 뉴질랜드의 몇몇 술집에 보급됐다. 그러나 몇 년 안에 아시아와 북미 전역의 유명하고 품격 있는 술집으로 입성했다. 이런 발전은 광고에 돈을 많이 퍼부어서 이루어진 게 아니다. 그 대신에 42빌로우의 선전팀은 가장 유력한 사람과 장소를 집중해서 공략했다. 이 회사는 도심에서 가장 영향력 있는 술집을 통해 새 시장에 진입했다. 그런 다음 상표홍보 사절(전형적으로 과거에 이 상표에 열광했던 뉴질랜드인)팀이 목표 지역에 있는 모든 최상급 술집과 레스토랑에서 이 상표를 선전했다. 또 이 회사는 보드카 교수라는 멋진 칭호를 가진 제이콥 브라이어스(Jacob Briars)의 지도 아래 교육에 대대적으로 투자했다. 브라이어스는 42빌로우의 세계 보드카 공동체를 이끌고 있다.

주류 감정가에게 진지하게 받아들여지고 싶은 크라우드 서퍼라면 제이콥 브라이어스 같은 사람이 필요하다. 그는 제품에 대해 놀라울 정도로 많이 알고 있으며, 무한한 에너지와 열정을 지녔고, 오클랜드에서 칵테일을 가장 잘 만드는 사람이다. 42빌로우의 창업자 제프 로스(Geoff Ross)는 "바텐더들은 우리의 정직함을 아주 좋아하고, 제이콥의 성품을 좋아하며, 우리에게 충성을 바칩니다. 바텐더들은 우리가 회사의 영업사원처럼 굴지 않는 것을 좋아합니다"라고 말했다.

레드불(Red Bull)은 기본적으로 군중의 단 한 부문에 초점을 맞춰서 성장한 상표다. 1987년에 출시된 이 유별난 에너지 음료는 전 세계에서 2억 달러 이상의 판매고를 올렸다. 이 상표는 각 시장에서 일관된 전략을 구사하면서 핵심 타깃(Y세대. 이는 특히 세 얼리어댑터 아래로 다시 세 부류로 나뉜다. 첫째 댄스 음악에 빠진 어린이, 둘째 대학생, 셋째 극한 스포츠(스카이다이빙, 빙벽타기 등—옮긴이) 애호가다)에 집중했고 일반 대중의 의사소통에 초점을 맞췄다.

다른 소그룹이 모집한 상표 홍보 사절은 우리가 흔히 보는 단순한 제품 시음단이 아니다. 레드불의 홍보팀은 적당한 사람, 즉 영리하고 기운이 넘치며 아주 사교적인 사람을 선정하려고 모든 노력을 강구한다. 이들이 원하는 홍보 사절의 유형을 구체적으로 말하면 대학에서 선후배가 함께하는 사회 활동을 잘 주최하는 학생, 놀러갈 새로운 장소를 잘 발견하는 사람, 최신 극한 스포츠에 덤벼드는 사람, 괜찮은 음악을 잘 틀어주는 DJ를 아는 사람이다.

레드불 홍보 사절의 전형적 모집 광고를 예로 들자. 이 광고는 뉴질랜드 레드불 윙스 팀(Red Bull Wiiings Team)의 모집 광고다.

"당신은 팀원으로서 레드불의 얼굴이 될 것입니다. 당신의 역할은 제품의 장점과 효과를 본사 고객에게 직접 알리는 것입니다. 시음회의 임무는 스포츠 경기장에서 선수에게 활력을 불어넣거나, 피곤한 운전자에게 가속도를 전해주거나, 기진맥진한 회사원에게 정력을 심어주는 것입니다! 윙스 팀원은 모두 공통점이 몇 가지 있습니다. 무한한 활력과 열정과 지성과 매력을 지녔나요? 외향적이고 삶을 사랑하나요? 의사소통 기술이 뛰어난가요?"

회사들은 대부분 이렇게까지 할 준비가 안 돼 있다. 이런 회사들은 홍보 사절을 성공시키기 위해 필요한 시간과 자원의 투자를 꺼릴 것이다. 그리고 차라리 쉬운 방법을 선택할 것이다. 시장에 막대한 견본품을 퍼붓고 요란하게 광고와 판촉전을 벌이는 것이다. 그러나 레드불은 이런 쉬운 방법을 선택하지 않는다.

미래는 레드불, 42빌로우, 유니레버, P&G처럼 군중을 움직이는 요소를 이해하고 이런 태도와 행동을 결정짓는 사람과 공동체와 협력하려고 노력하는 회사들의 것이다. 물론 이들이 틀릴 때도 있다. 군중은 예측하기가 힘들고 고집이 세며, 군중에게 영향을 미치는 사람은 냉소적이고 요구가 많기 때문이다. 그러나 소비자주권이 강화된 새로운 세상을 수용할 최적지에 자리 잡은 회사들이 있다. 이들이 바로 크라우드 서퍼다.

흥미로움을 유지하는 기술

정보시대 이후 사업의 미래는 무엇인가? 이는 최신 기술이나 신제품이 아니라 경쟁 우위를 제공할 제품 개발의 내막이다. 가장 멋진 일화가 있는 회사가 이긴다. 소비자는 상상력을 유발하는 이야기에 기꺼이 돈을 낼 것이다.

― 롤프 옌센(Rolf Jensen)

세스 고딘은 〈포브스〉의 기사에서 미국의 두 항공사가 적용한 아주 다른 접근법을 비교했다. 대상은 바로 거대한 아메리칸항공(AA)과 작지만 항상 흥미로운 제트블루(JetBlue)였다. 아메리칸항공은 텔레비전 광고에 100만 달러 이상을 쓰고 새로운 1등석 고객 100명을 얻는다……. 제트블루는 경쟁이 치열한 항공 사업에 뛰어들었을 때 멋진 광고를 무기로 삼아 사업하지 않았다. 그 대신 모든 좌석 뒤에 텔레비전을 설치했고 최고로 친절한 승무원을 고용했다. 그 결과가 궁금한가? 연락망이 가동됐다. 저렴한 가격 때문에 제트블루의 항공기를 이용했던 승객들이 열성팬으로 바뀌어 항공료는 물론이고 비행 체험을 주변 사람들에게 열심히 퍼뜨렸다. 제트블루는 사람들이 하는 말을 통제할 길이 없다. 특히 대책 없이 눈보라에 갇히는 일이 일어날 때는 말이다.

그러나 제트블루는 일을 훌륭하게 처리해 승객들의 대화에 확실한 영향을 미쳤다. 제트블루 대표 데이비드 닐먼(David Neeleman)이 자기 과실을 인정하자 사람들이 호응했다. 모두 그 종잇조각에 넘어가지는 않았지만 닐먼의 행동은 사람들의 말과 느낌에 막대한 영향력을 행사했다.

흥미로운 존재가 되자는 제트블루의 사명은 제트블루 스토리 부스(JetBlue Story Booth)를 만드는 선까지 확대됐다. 이 부스에는 고객들이 감사의 말을 녹음하고 비디오카메라 앞에서 제트블루 상표에 충성도를 표현하는 장치가 있다. 제트블루의 광고대행사는 이 동영상들을 편집해서 광고 시리즈, 인터넷 보급용 비디오, 기내 영화로 만들었다. 전형적인 항공사 마케팅 광고비보다 아주 적은 돈이 들어갔다. 또 승객들이 제트블루의 장점을 칭찬하며 보낸 엽서들도 복사해서 기내에 배포했다.

이케아 또한 흥미로운 존재가 되는 것을 두려워하지 않았다. 2008년 초반에 이케아의 뉴욕 매장은 대범하게도 코미디언 마크 말코프(Mark Malkoff)가 일주일 동안 매장에서 살고 이 경험에 대한 비디오 블로그를 발표해도 좋다고 허락했다. 말코프의 블로그 www.marklivesinikea.com은 이케아에게 훌륭한 홍보 대행사 역할을 해주었다. 이 방법이 성공한 이유는 이케아가 개입하고 싶은 유혹을 억누르고 말코프에게 비디오 제작 권한을 완전히 줬기 때문이다.

"이것은 이케아의 광고가 아니다. 내가 이걸 한다고 해서 이케아 측이 돈을 주는 것도 아니다. 그저 내 생활환경에 적합했고 내가 보기에 흥미로운 비디오가 나올 것 같았다. 이케아는 비디오 내용의 제작 권한을 전적으로 내게 맡겼으며, 이는 상당히 놀라운 일이다."

P&G의 래플리는 자사가 생각하는 '흥미로운 존재가 되기'는 '기분 좋은 놀라움'을 주는 것이라고 설명했다.

"고객이 전혀 예상하지 못할 때 공략하고 긍정적인 해결책을 제공합시다. 터치포인트는 전혀 중요하지 않습니다. 중요한 것은 (고객이) 준비됐을 때 올바른 터치포인트에 있는 것입니다."

래플리가 좋아하는 P&G의 사례는 여자 화장실 거울에 부착한 '아직 립스틱이 발라져 있나요?'라는 광고다. 이 광고와 동시에 같은 메시지를 담은 5초짜리 텔레비전 광고 시리즈가 나왔으며 이 메시지는 커버걸 아웃라스트 립스틱의 판매량을 25퍼센트나 올리는 데에 도움을 줬다.

유니레버의 사이먼 클리프트(Simon Clift)는 흥미로운 존재가 되는 최선책은 오락거리 제공이라고 믿는다. 물론 이런 생각은 광고에서 가장 중요한 것은 오락이 아니라 판매라는 전통적 관점에 완전히 반한다.

"사람들의 주목을 받기가 그 어느 때보다 힘들어졌습니다. 시청자 분산과 방송사 개수, 시청률 등의 통계 수치를 보면 겁날 정도입니다. 그리고 이는 논쟁이 근본적으로 전환됐다는 의미입니다. 우리는 더는 사람들을 즐겁게 하는 것이 아니라 제품을 파는 것이 목적이라는 케케묵은 언쟁을 벌이지 않습니다. 이제는 이 두 가지를 다해야 합니다. 그리고 처음부터 시청자들을 끌어들이지 못하면 판매 가능성이 눈곱만큼도 없습니다. 그러니 당연히 다음 단계는 사람들이 적극적으로 보고, 듣고 싶어 하는 광고를 만드는 것입니다."

영국에 본사를 둔 음료수 제조업체 이노센트는 항상 흥미로운 존재였다. 10년 전에 대학 동기 세 명(리처드 리드(Richard Reed), 아담 발론(Adam Balon), 존 라이트(John Wright))이 500달러어치 과일로 '자랑스러운' 이 회사를 만들자는 목표를 내걸고 회사를 세웠다. 이노센트는 영국 스무디 시장의 65퍼센트를 장악했으며 총매출액이 거의 1억 파운드에 달한다. 이 회사는 전통적 광고에 거의 투자하지 않았다. 공동 창업자 세 명 모두 광고업계에서 일했다는 점을 감안하면 다소 아이러니하다. 이 회사는 광고하는 대신 항상 흥미로운 존재가 되는 방법으로 일관되게 긍정적 홍보 효과를 올렸다.

이노센트 제품의 출시 사연은 모든 기자가 혹 하는 주제로 사업계 기사를 다루는 거의 모든 언론에 반복해서 소개되었다. 리처드 리드는 사업을 시작할 당시를 회고했다.

"4년 전에 웨스트런던의 녹지에서 열린 재즈라는 페스티벌에서 처음으로 스무디를 팔았습니다. 매장에서 음료수를 팔기 전에 우리 비법을 최초로 공개한 자리였지요. 우리는 '이 스무디를 만들기 위해 직장을 그만둬도 될까요?'라고 쓰인 커다란 간판이 달린 노점에 앉아 있었어요. 간판 아래에 '그렇다', '아니다'가 쓰인 통 두 개를 두고 사람들이 음료수를 비운 잔을 원하는 대로 버리게 했지요. 그 주말에 '그렇다'라고 쓰인 통이 가득 넘쳤어요. 그래서 우리는 바로 다음 날 회사로 돌아가서 사표를 냈지요."

이노센트 스무디 병의 광고 문구는 인쇄광고처럼 재미있고 마음을 끄는 구석이 있다. 이 회사에는 고객 상담전화 대신에 바나나폰 이노센트팀이 있으며, 소비자가 전화하면 여러 회선으로 자동 연결된다. 따라서 전화가 상품기획 담당자에게 연결될지 우편물실로 연결될지 장담할 수 없다. 그리고 월요일 아침에 이 회사답게 유별난 사무실에 가보면 주 1회 운동모임의 일환으로 전 직원이 주차장에서 훌라후프하는 장면을 보게 된다. 이 회사는 윤리관이 강하지만 동시에 유머 감각을 잘 유지한다.

이 회사의 대의와 관련된 가장 중요한 프로그램은 작은 털모자를 쓴 이노센트 음료수 병에서 드러난다. 여기에는 고령자를 염려하는 추위와 싸우기(Age Concern's Fight the Freeze) 운동을 지원한다는 뜻이 들어 있다. 게다가 이 회사의 웹사이트에는 지루해하는 사람들을 위한 코너까지 있어 뉴스와 다운로드, 업계 정보와 자사의 마케팅 캠페인이 게재돼 있으며, 이 가운데 캠페인은 이노센트의 전형적인 말투인 '광고, 포스터, 사진, 우리가 만든 제품'으로 묘사된다.

이노센트는 다량의 광고보다 이벤트 마케팅이 더 흥미로우며 궁극적으로 보면 사업과 제품에 대한 입소문을 퍼뜨리는 데 더욱 효과적이라고 믿는다. 2003년 8월, 영국 최고 기온을 기록했던 주말에 런던 리젠트 공원에서 열린 이노센트의 무료 축제에 4,000명이 참석했다. '느긋한 재즈, 펑크, 라틴, 힙합'이 어우러진 장이었다.

이 페스티벌은 크라우드 서핑 혹은 이노센트의 소박한 말을 빌리면 '친구 사귀기'의 훌륭한 예다. 자사의 열성팬들이 어울려 놀면서 상표 사랑을 공유할 편한 환경을 만들어줬다. 관객들은 특이하게 유리로 덮인 아이스크림 운반차에서 이노센트의 주스와 스무디를 샀고, 모든 수익은 어린이 자선단체에 기부됐다. 프룻스탁(Fruitstock) 콘서트 홍보는 작은 지면 광고 세 개가 다였다. 나머지는 모두 입소문으로 퍼졌다.

이노센트 같은 회사가 옹호하는 '흥미로운 것', 즉 밈(meme)의 학술적인 정의마저 나와 있다. 원래 이는 진화 생물학자 리처드 도킨스(Richard Dawkins)가 《이기적 유전자(The Selfish Gene)》에서 만들어낸 용어다.

"우리는 새로운 복제기의 이름이 필요합니다. 문화 전달 장치

또는 모방 장치의 아이디어를 전달할 명사가 말입니다……. 밈의 예를 들면 선율, 아이디어, 유행어, 의류 패션 등이 있습니다……. 유전자가 정자나 난자를 통해 몸에서 몸으로 전달됨으로써 유전자 풀(한 생물 종의 모든 개체가 가지는 유전자 전체-옮긴이) 안에서 스스로 번식하는 것과 마찬가지로, 밈도 폭넓게 말하면 모방이라고 볼 수 있는 과정을 거쳐 두뇌에서 두뇌로 전달됨으로써 밈 풀 안에서 스스로 번식합니다. 학자가 좋은 아이디어를 듣거나 읽으면 이를 동료와 학생에게 전달합니다. 또 논문과 강의에서 거론합니다. 그 아이디어가 유행하면 두뇌에서 두뇌로 확산되며 스스로 번식한다고 말할 수 있습니다."

예레미야 오양(Jeremiah Owyang)은 〈대화의 영향력 추적 연구(Tracking the Influence of Conversation)〉라는 다우존스백서에서 위의 정의를 간략하게 만들었다. 그는 밈을 "개인에서 개인으로, 긴 대화 속으로 증대되고 확산되는 아이디어나 토론이다"라고 설명했다. 맬컴 글래드웰은 '가장 난처한 요소'를 말한다. 메시지의 특정한 내용이 이 메시지를 기억에 남게 만든다는 것이다.

42빌로우의 창업자 제프 로스는 밈이라는 용어를 사용하지는 않지만 기억에 남는 의사소통을 하는 방법을 확실히 안다. 또 그는 세상이 뉴질랜드의 고급 보드카를 좋아할 준비가 돼 있다고 믿을 만큼 기발했다. 소액 자본으로 운영되던 42빌로우 상표는 최근 바카디에 매각됐으며, 소문에 따르면 매입금은 1억 3,800만

뉴질랜드 달러라고 한다. 42빌로우의 인터네셔널 마케팅 매니저 디옹 내시(Dion Nash)는 이 상표가 그토록 성공했던 이유를 이렇게 들려주었다.

"우리는 돈이 전혀 없었죠. 그래서 대규모 광고전은 아예 생각할 수조차 없었어요. 심지어 지금도 지면 광고 몇 개 외에는 광고에 거의 돈을 쓰지 않습니다. 좀 진부한 표현이긴 하지만 돈이 없었기 때문에 창조력에 초점을 맞춰서 기발한 아이디어를 얻어냈고, 특히 인터넷의 힘을 사용해 소비자가 우리를 위해 직접 마케팅하게 만들었죠."

42빌로우 마케팅팀은 상표정착을 바이러스성 마케팅(기존 소셜 네트워크를 사용해서 상표인지도를 높이거나 기타 마케팅 목표(제품 판매 등)를 달성하는 마케팅 기법-옮긴이)에 전적으로 의지한다. 이들은 영국인에서 인도 콜센터 직원과 특히 동포인 뉴질랜드 사람들에 이르기까지 모두 놀림감으로 삼아서 관심을 끌어들인다. 단순한 필름과 편집 기술을 사용하는 바이러스성 비디오(viral video, 이메일이나 즉석 메시지나 블로그 등의 인터넷 공유로 인기를 얻는 동영상-옮긴이)는 아마추어 소비자가 제작한 것처럼 보인다.

이 덕분에 사람들은 자체 패러디 광고를 제작하는 데 쉽게 뛰어들고, 결론적으로 상표의 힘이 더욱 강화된다. 루마니아 팝송을 흉내 내는 인도 콜센터 직원들이 등장하는 동영상은 이 업체의 가장 유명한 바이러스성 비디오인데, 촬영시간 2시간과 단 몇 백 달러만 투자됐다.

42빌로우에게 가장 큰 어려움은 흥미로움을 유지하는 것이다. 즉 군중의 열의를 최고로 유지하는 마음을 끄는 아이디어를 얻어내는 것이다. 사람들이 작년 비디오를 좋아했다고 해서 계속 상표를 선호하리라고 보장할 수 없기 때문이다. 디옹 내시에 따르면 창조적인 도전은 계속 격렬해진다.

"우리의 바이러스성 콘텐츠를 공유해야 하는 사람들은 인터넷에서 자신들과 동류인 사람들에게 평가받고 있습니다. 이들이 만족스럽지 않은 자료를 배포하면 이들의 평판이 위험에 처합니다. 또 주류업체로 사회적 책임을 가지고 행동해야 합니다. 따라서 그저 가장 엉뚱하거나 자극적인 콘텐츠만으로 승부하는 것은 우리에게 해당되지 않습니다."

'흥미로운 존재가 되기'라는 말은 대단히 단순해 보이지만 이는 크라우드 서퍼가 되고 싶은 모든 사람이 주기도문처럼 생각해야 할 말이다. 흥미로운 사람들이 있는 흥미로운 회사는 모든 사람의 칭찬을 받고 항상 화젯거리가 된다. 흥미로운 회사는 선택권이 있으며 주저하지 않고 이를 표명한다.

생활 방식 전문가들이 친구와 동료들에게 흥미로운 사람으로 비춰지기를 갈망하는 사람들에게 가장 자주 하는 조언은 흥미를 가지라는 것이다. 이 이론은 우리가 다른 사람의 의견에 흥미를 보여주고 그들의 생각을 자기 아이디어의 출발점으로 활용하면 다른 사람에게 더욱 흥미로운 사람으로 비춰진다는 내용이다.

동일한 원칙이 사업계에도 적용된다. 흥미로운 업체가 관계를 맺는 사람들(고객, 직원, 지역 주민) 사이에 본능적인 흥미를 유지할 때 이 업체는 계속 흥미로운 존재로 남는다. 이런 업체는 훈계하기보다 사람들의 말에 귀를 기울이며, 사람들의 생각과 행동에 관심이 아주 많다. 또 이런 업체는 흥미로운 존재가 되려는 욕구를 제도화할 수 있다. 작가이자 환경운동가 폴 호켄(Paul Hawken)은 "훌륭한 경영은 문제점을 아주 흥미롭게 만들고 해결책을 아주 건설적으로 만들어 모두 참여해서 해결하고 싶게 만드는 기술이다"라고 설명했다.

P&G의 소비자 평가단 보컬포인트는 이 회사가 소비자의 세상을 들여다보는 창이며, 소비자들이 흥미로워하는 사항, 회사의 제품과 서비스를 최고로 흥미롭게 만드는 방법을 알아내는 수단이다. 보컬포인트 CEO 스티브 녹스(Steve Knox)는 이것이 비판적 군중의 관심을 끌어들이며 혼란스러운 마케팅전을 헤쳐 나가는 아주 효과적인 방법이라고 생각한다. "가장 강력한 마케팅 형태는 신뢰하는 친구가 해주는 추천입니다."

유니레버, 이노센트, 이케아, 42빌로우, 제트블루처럼 흥미로운 업체들은 항상 흥미로움을 유지함으로써 군중이 관심을 갖고 참여하게 만든다. 이 업체들은 "오랫동안 살펴보면 무엇이든지 다 흥미로워진다"는 플로베르의 금언을 증명한다. 그리고 이들은 흥미로운 존재가 될수록 흥미로운 아이디어를 지닌 흥미로운 사람들을 더 많이 끌어들이며 가장 흥미로운 직원을 고용하고 가장 흥미로운 언론 매체에서 다뤄지며 가장 흥미로운 블로그에서 화젯거리가 되는 선순환으로 이득을 본다. 이 업체들은 호의적인 입소문으로 명성을 유지할 수 있기 때문에 광고비 수백만 파운드를 절약한다. 이야말로 흥미롭다.

마케팅 서비스 대행사 선택하기

앞으로 대행사는 근본적이고 영원한 피할 수 없는 인생의 현실을 자세하고 확실하며 문화적으로 이해해야 할 것이다. 대행사는 선택의 본질, 설득의 본질, 사람들이 상표를 머릿속에서 구축하는 방법을 이해해야 할 것이다. 과거 50년 동안 등장했던 무엇도 무한하고 일반적인 진실에 영향을 미치지 않았다.
— 제레미 불모어(Jeremy Bullmore), 〈캠페인〉, 2008. 1. 25

마케팅 대행사가 등장한 이래 항상 '마케팅 대행사의 모형이 무너졌다'는 논쟁이 일었다. 구글 검색창에 '무너진 대행사 모형(agency model broken)'을 치면 250건이 검색된다(책을 쓰던 당시). 이 가운데 대부분이 독립적으로 활동하는 마케팅 컨설턴트가 운영하는 블로그였으며, 광고의 몰락과 30초짜리 텔레비전 선전의 종말, 광고대행사의 피할 수 없는 하락을 축하했다. 이런 현상은 항상 마케팅 관련 언론에서 큰 기사로 다뤄진다. 그리고 컨설턴트들은 운이 다한 대행사 사무실에 더는 틀어박혀 있지 않아도 된다는 사실을 기쁘게 생각한다. 컨설턴트들은 스스로 변절자로 여기지 않겠지만 침몰하는 '배'인 대행사를 떠나는 것에 확실한 정당성을 느끼는 것이다.

사실 마케팅 서비스 대행사는 극적인 변화에서 살아남는 놀라운 적응력을 보여왔다. 논평자들은 상업 텔레비전 등장, 광고대행사 제작 서비스와 미디어 서비스 분리, 인터넷 성장에 따라서 대행사 모형이 종말을 고할 것으로 예측했지만, 선두에 있는 마케팅 서비스 대행업체들은 여전히 번창하고 있다. 지난 몇 달 동안 모든 대형 대행사(WPP, 옴니콤, 퍼블리시스, 하바스, 심지어 인터퍼블릭(최근 몇 년 동안 심각한 재정난을 겪음))는 탄탄한 수익을 올렸다고 보고했다.

마틴 소렐이나 모리스 레비(Maurice Levy)처럼 대형 대행사를 운영하는 사람들은 사업가다. 이들은 돈을 추구한다는 말이다. 따라서 2012년 무렵이면 미국의 사업가는 현재 온라인 광고에 투자하는 것보다 더 많은 돈을 소셜 미디어에 투자할 것이라는 리서치 업체 포레스터의 주장이 사실이라면 이들이 운영하는 대행사가 소셜 미디어 광고 개발에 상당한 기술을 갖게 될 것은 확실하다.

퍼블리시스 그룹의 대표 모리스 레비는 회사가 변해야 한다는 것을 인정하지만 이 난국을 잘 헤쳐 나아갈 수 있다고 확신한다.

"우리의 역할은 강하고 단단하며 필요 불가결하게 남을 것입니다. 단지 우리는 적응만 하면 됩니다."

모리스 레비가 최근에 시작한 사업은 구글과 제휴하는 것이었다. 레비의 라이벌인 소렐은 구글을 광고업계의 '단기적인 친구이자 장기적인 적'이라고 했다. 제휴 내용에는 업무 교환과 기술 노

하우 교환이 포함돼 있다.

대형 대행사 그룹은 서비스 제공 범위를 확대할 능력이 있을 것이다. 그렇지만 전통적인 광고 제작 대행사는 어떻게 될까? 많은 논평자들은 새로운 커뮤니케이션 기술의 등장과 의사소통 과정에서 더 많은 상호작용과 참여를 원하는 고객의 요구 증가는 이런 대행사들이 충족시킬 수 없는 창조적인 난관이라고 주장했다.

또 이런 대행사들은 매스미디어업계에서 일어난 몰락을 무시했다고 비난받는다. 이들이 바이러스성 커뮤니케이션과 입소문 마케팅, 소비자 공동창조 같은 새로운 제작 형태를 받아들이지 못하고 30초나 60초짜리 텔레비전 광고만 고수했다는 것이다. 광고 제작팀이 자신들이 제작한 '필름(불가피하게 텔레비전 광고 작업이 대부분)'으로 계속 평가받고 보상받으며 스카우트된다는 사실은 이들이 구시대적 제작 모형에 집착한다는 비판을 뒷받침하는 증거다.

광고대행사 업계에는 두 가지 의견이 존재한다. 첫 번째 의견은 유리된 소비자의 관심을 끌어모으는 최선책은 아주 창조적이며 상상력이 뛰어난 시각 개념을 창출해야 한다는 주장이다. 물론 최고의 영화감독과 최상의 필름 편집 장비를 사용해야 한다고 보며, 이는 필연적으로 엄청난 예산을 의미한다. 존 헤가시는 비판이 많지만 30초짜리 텔레비전 광고는 여전히 효과가 높은 판매 도구라고 믿는다.

"문화가 빈약한 시대에 텔레비전 광고는 제품을 선전하는 가장 강력하고 층이 다양한 방법이다. 그리고 공동 경험은 근본적으로 아주 중요한 인간의 기본 욕구이기 때문에 매스미디어는 영원히 존재할 것이다."

고강도 접근법이라고 할 수 있는 이 방법의 지지자들은 대체로 애플의 1984년 광고를 예로 든다. 이는 리들리 스콧이 감독했으며 제작비는 당시 최고액인 약 80만 달러였다. 이 광고는 두 번(한 번은 1984년 슈퍼볼, 다른 한 번은 아이다 호의 작은 텔레비전 방송국에서)만 전파를 탔다. 그렇지만 애플 애호가들은 아직도 이 광고를 화제로 이야기한다. 그리고 광고 제작자들은 이를 영향력을 고려하면 엄청난 투자비를 정당화하고도 남는 '이벤트 광고'의 예로 회상한다.

20년 뒤 샤넬 5용 3분짜리 광고 필름에 유명한 감독과 영화 〈물랭루주〉의 스타(바즈 루어만과 니콜 키드먼)를 기용하느라 들어간 예산 1,800만 달러를 정당화할 때도 샤넬 내부에서 위와 비슷한 주장이 적용됐을 것이다. 이는 보는 이의 관점에 따라 사상 최고로 비싼(그리고 가장 방자한) 광고 또는 전 세계인의 이목을 집중시킨 할리우드식 3분짜리 마법이었다.

한편 광고대행사 업계의 두 번째 의견은 소비자주권 강화 시대에서 대행사의 임무는 개조와 공유, 패러디에 이바지할 콘텐츠를 창조하거나 아니면 제작 과정의 시작부터 소비자를 참여시켜야 한다는 주장이다. 포레스터는 이를 '연계된 대행사'라고 표현했다. 이 업체는 '메시지 제작에서 소비자와의 연계 조장으로, 압박하는 형태에서 상호작용을 끌어내는 형태로, 광고 편성에서 대화 촉진으로' 이동해야 하는 필요성을 깨달았다.

영화감독 바즈 루어만이나 샤넬 창조성의 정신적 지도자 칼 라거펠드(Karl Lagerfeld)가 개조라는 발상을 언짢아할 것은 불을 보듯 뻔하다. 니콜 키드먼이 등장한 광고를 네티즌이 패러디한 버전이 온라인에 등장할 테니 말이다. 상표의 독창적인 고결성을 어떻게 단순한 아마추어의 손에 맡기겠는가? 그렇지만 이렇게 거창한 자세를 덜 취하는 광고 제작자도 있으며, 이들은 광고의 임시 버전을 만들어 소비자가 패러디를 만들게 조장한다.

2007년 영국에서 가장 두드러졌던 광고는 팔론이 제작한 케드베리의 광고로, 드럼을 치는 고릴라가 등장한다. 이 단순한 콘셉트(고릴라 옷을 입은 사람이 필 콜린스의 노래 '인 디 에어 투나잇(In the Air Tonight)'에 맞춰 드럼 치는 흉내를 냄)는 바이러스성 현상을 유발하려고 의도적으로 기획한 것이었다. 팔론의 온라인 전문가들은 이 광고의 패러디 버전을 만들어 배포하는 방식으로 이런 현상의 촉진을 도왔고, 몇 주가 지나자 소비자가 제작한 다양한 편집본 90편이 유튜브에 등장했다. 영국 대중은 이 광고를 올해의 광고로 선정했으며 덕분에 매출이 9퍼센트 올랐다.

또 앞에서 소개한 도리토스 광고의 성공도 공동창작 광고의 힘을 보여주는 사례로 호평받는다. 시청자들이 2008년 슈퍼볼 기간에 등장한 광고에서 가장 마음에 드는 것으로 선정한 도리토스의 광고는 단지 50달러로 제작됐다. 도리토스의 광고대행사인 굿바이 실버슈타인은 공동창작 발상을 기꺼이 받아들인 것은 물론(고급 광고를 직접 제작하려는 유혹과 싸우며) 영리하게도 대회를 개최해 예술 커뮤니티나 제작 커뮤니티 사이에 경쟁심을 유발했다는 점을 높이 평가받을 자격이 있다. 최종 선발 명단에 오른 참가작들은 완전한 아마추어가 아니라 수상 경력 있는 단편 제작자들과 전문 음악인들, 이미 비디오 제작업계에 몸담은 사람들이 만든 것이었다.

현재 어지간한 대행사들은 전통 텔레비전 광고만큼 웹 기반 바이러스성 광고나 솜씨 좋은 스트리트 미디어를 활용한다. 이렇게 하지 않으면 고객들이 현명하게 발길을 돌려야 한다. 어떤 대행사 대표라도 고객을 위해 소셜 네트워크 또는 사용자 제작 콘텐츠를 활용할 방법을 모르겠다는 것은 말도 안 된다. 이런 사람들은 바로 회사 복도로 나가서 가장 가까이에 있는 20대 직원과 이야기해봐야 한다. 고객사와 비교할 때 마케팅 서비스 대행사가 지닌 최고 강점은 바로 젊음이다.

대행사는 젊은 층이 많은 직장이다. 런던에 있는 광고대행사에서는 40세가 되면 컨설턴트 일을 시작하거나 퇴직해서 콘월로 내려가야 한다는 말이 있다. 런던의 유수 대행사들을 훑어보면 이 말이 맞는 듯하다. 이 바닥에는 장년층이 상당히 적다. 마케팅 서비스 업계의 모든 부문과 마찬가지로 광고는 젊은 층의 직업으로 자리 잡아왔다. IPA가 가장 최근 실시한 조사에 따르면 영국에서 제작 대행사와 풀서비스 대행사, 기타 비 미디어 대행사 직원의 평균 나이는 34세였으며, 전 직원의 43퍼센트가 30세 이하였다. 영국의 미디어 대행사에서는 젊은 요소가 더 두드러진다. 직원의 평균 연령이 31세였으며, 전 직원의 61퍼센트가 30세 이하였다.

대행사의 경우 경험 부족은 복잡한 난관에 놓일 때 문제가 된다. 경영 컨설턴트는 재빨리 이런 기술 공백을 비용이 많이 드는 선임 컨설턴트로 보충해왔다. 그렇지만 젊은 직원들은 마케팅 대행사가 최신 미디어 트렌드에 맞춰 변화되게 도와야 한다. 25세 이내 대행사 직원은 휴대전화나 인터넷이 나오기 이전 세상을 전혀 모르며, 최신 소셜 네트워크 사이트에서 모바일 게임에 이르기까지 새로운 미디어 세상에 제공하는 모든 사항에 개인적으로 익숙할 가능성이 높다. 즉 새로운 미디어 사용자가 꼭 젊은 층이어야 할 필요는 없다는 의미다.

미국에서 컴퓨터 게임을 하는 사람의 평균 나이는 33세이며 게임을 가장 자주 구입하는 평균 연령은 38세다. 이와 마찬가지로 유튜브 시청자의 절반이 35세 이상이다. 그러나 새로운 경향은 대행사팀에서 더 젊은 직원들이 시작할 확률이 높다. 새로운 미디어 채널이 고객과 대행사의 이사회에서 화제가 될 때쯤에는 이미 대행사 절반이 이런 채널을 수용한 상태일 것이다.

광고대행사의 젊은 직원이 도울 수 없다면 대행사 대표는 홍보 대행사에 도움을 청하라는 조언을 받을 것이다. 홍보업계는 마케팅 권력의 집중지대에서 중대한 존재로 받아들여지려고 발버둥쳤다. 마케팅 책임자와 광고 선임 전문가는 홍보가 단순하고, 전략이 결여되었으며, 경험주의를 엄격하게 적용한다고 비판했다. 성격이 불분명하다고나 할까. 또 미디어 예산 수백만 파운드를 주무르는 대행사의 실무 책임자가 볼 때 마케팅 커뮤니케이션 프로그램에서 홍보의 요소는 별로 대수롭지 않을 수 있다.

그러나 이런 상황이 변하고 있다. 광고와 미디어 대행사의 현명한 대표는 편견을 제쳐두고 광고를 계획할 때 홍보의 실제와 원칙을 많이 적용한다. 홍보업계 종사자들은 의사소통이 통제될 수 없으며 회사는 기껏해야 의사소통 과정에 영향을 미치거나 형태를 정할 수 있을 뿐이라는 점을 항상 잘 알았다.

또 홍보업계 종사자들은 확산될 수 있는 아이디어(막대한 광고비용이 없어도, 한 미디어 채널에서 다른 미디어 채널로, 한 블로그에서 다른 블로그로 퍼질 수 있는 이야기)의 중요성을 높게 평가한다. 이들은 항상 제3자 추천이 지니는 힘을 강조했다. 즉 중간자와 전달자가 메시지만큼 중요하다는 것이다. 사실 홍보업체는 다른 마케팅 서비스 대행사에 비해 포레스터의 비전인 '연계된 대행사('상호작용과 대화를 촉진' 하는 능력이 있는 업체)' 에 훨씬 유사한 형태다.

미국에서 가장 두드러지는 광고 제작 대행사인 크리스핀 포터 보거스키의 CEO 알렉스 보거스키(Alex Bogusky)는 홍보 사고방식을 도입하면 가치 있다고 강하게 믿는다. 이제 그는 제작팀에게 아이디어를 설명하는 영상 초안을 보고하라고 더는 지시하지 않는다. 그 대신 광고 출시 아이디어를 덧붙여 보도 자료를 작성하라고 지시한다. 그는 이 방법이야말로 해당 아이디어가 유료 미디어에 국한되지 않고 널리 확산될 가능성이 있는지를 판단하는 최선책이라고 생각한다.

"우리 방침은 진정으로 영향력 있는 아이디어를 찾는 것이었습니다. 홍보 분야로 보면 일종의 생명이나 마찬가지인 아이디어 말입니다. 최초의 아이디어는 보도 자료로 소개됩니다. 미디어가 필요 없는 더 폭넓고 좋은 아이디어를 얻을 방법을 찾기 위해서이지요. 그러고 나서 여기에 미디어를 적용하면 '짜잔', 효과가 더 생기는 거죠."

러셀 데이비스(Russell Davies)는 오픈 인텔리전스 에이전시의 창업자이며 이전에 광고대행사 기획자로 활동했다. 그는 예산 규모가 광고 제작에서 더는 가장 중요한 요소가 아닌 세상에 익숙해지려고 고전하는 대행사를 위한 대안을 옹호한다. 데이비스가 영국에서 혼다의 '꿈의 힘(Power of Dreams)' 광고를 제작할 때, 고객사의 주요 목표는 유료 미디어에 지출되는 금액을 줄이는 것이었다. 대행사는 이를 실행하는 과정에서 높은 텔레비전 시청률에 의지하지 않고도 상당한 영향력을 발생하게 하는 목적을 달성해야 하는 어려움에 부딪혔다.

데이비스는 고객이 미디어 예산을 완전히 제거하기로 결정할 경우 펼쳐질 상황을 고심했다.

"마케팅 목표를 달성하기 위해 무엇을 할 것인가? 제품의 실제 출하에 상표 중심의 아이디어를 더 주입하라고 제품과 서비스 담당자를 설득할 것이다. 그리고 재미있고 오래된 광고의 보장고를 약간의 방송 광고 후원으로 바꿀 것이다. 영업 사원과 고객센터 직원, 배달 기사에게 상표의 내력을 확실히 교육하고 잘 알리게 할 것이다. 또 소매상들을 미디어 채널로 전환할 것이다. 어쩌면 어디에선가 1만 파운드를 빌려서 뭔가 대담하고 새로운 일을 할 것이다. 1만 파운드로 할 수 있는 것은 그것밖에 없기 때문이다."

광고 제작계의 이단아인 데이비드 루바스(David Lubars) 역시 러셀 데이비스의 조언에 동의할 것이다. 루바스는 메디슨가에서 가장 큰 대행사 BBDO의 접근법을 전환한 것으로 인정받는 광고 제작 책임자다. BBDO 사장 앤드류 로버트슨(Andrew Robertson)은 대행사를 현대화하는 임무를 맡기려고 루바스를 고용했다. 이 대행사는 막대한 예산이 들고 영향력이 강력한 텔레비전 광고와 동일한 의미가 돼 있었고 디지털 미디어의 등장으로 뒤처질 위기에 처해 있었다.

새로운 제작 형식을 개척하려는 루바스의 의지에 영향을 받아 BBDO는 열정적 실험을 시작했다. 이 대행사가 제작한 GE 광고는 새로운 접근법의 전형이다. 이 광고는 막대한 예산을 써서 유명인이 잔뜩 등장하는 매스미디어 광고를 전달하기보다 시청자 참여에 훨씬 초점을 맞춘다. BBDO는 GE극장(General Electric

Theater, 1950년대와 1960년대에 로널드 레이건이라는 B급 영화배우가 진행했던 1주일에 한 번 하는 30분짜리 텔레비전 시리즈)을 솜씨 좋게 개작해서 '1초 극장'을 만들었다. 특히 디지털 비디오 녹음장치를 가진 사람을 대상으로 제작된 1초 극장 광고에는 1초 프레임에 삽입한 여러 이미지가 들어 있었다. 이 이미지들은 시청자들이 광고를 정지하고 프레임별로 볼 때만 나타났다. 삽입 콘텐츠의 존재는 GE가 후원한 텔레비전 시리즈의 광고와 온라인에서 공개됐다.

워렌 버거(Warren Berger)는 〈비즈니스 2.0〉에 쓴 글에서 루바스 효과를 설명했다.

"루바스의 지휘 아래 BBDO는 힙합 웹비소드(webisode, 인터넷 전용 홍보 영상-옮긴이)를 만들었고, 유튜브에서 파격적인 필름을 찾아내 광고로 전환했으며, 문자 메시지에 응답하는 게시판을 개설했고, 거리를 거대한 사무용 비품으로 채워 뉴욕 사람들을 완전히 어리둥절하게 만들기도 했다……. 텔레비전 광고를 찍는 도중 우연히 마이클 잭슨의 머리에 불을 낸 적이 있는 광고대행사로 이는 상당히 자제하는 수준이다……. 유명 연예인도, 능숙한 할리우드 감독도, 멋진 문구도 없었다. 구매 권유가 전혀 없었던 것이다. 이 광고 필름들은 인디 필름 페스티벌에 등장한 단편이나 유튜브에서 우연히 발견되는 동영상처럼 보였다."

BBDO의 로버트슨과 루바스처럼 미디어 대행사 미디어에지: 시아(Mediaedge: cia, MEC)의 CEO 찰스 커티어(Charles Courtier)는 대행사 시장의 극적 변화에 대응해 현대화 프로그램을 실시해서 성공시키며 회사를 잘 이끌었다. 광고 전문 잡지 〈에디위크〉와 〈광고시대〉는 2006년과 2007년 MEC를 글로벌 미디어 에이전시로 선정했다. 커티어는 이를 이미 1999년에 고안됐던 전략이 공감을 얻어서 승인받은 것으로 생각했다.

"MEC는 많은 미디어 채널 속에서 폭발적으로 성장한 결과로 과거의 작업 방법을 변경하는 것 외에는 선택권이 없었다. 미디어의 정의를 누가 내릴 수 있겠는가? 83개 사무실에 있는 직원 5,000명에게 작업 방식을 변경하라고 설득하는 것은 쉬운 일이 아니었지만 우리는 스스로 다시 고안해서 새로운 이야기로 시장에 진입해야 했다.

우리에게 열쇠는 고객에게 전달하고 싶은 사항을 잘 설명하되 위압감을 주지 않는 문구를 찾는 것이었다. 고객사의 상표에 소비자들이 적극적으로 참여하게 만드는 우리의 역할을 설명하려고 '적극적 참여' 라는 문구를 선택했다. 이는 우리가 하루 종일 미디어를 생각하던 상황에서 하루 종일 고객사의 소비자를 생각하는 상황으로 발전하도록 도움을 줬다."

커티어는 MEC의 고객사 가운데 이런 새로운 방향을 받아들이지 않은 곳도 있다고 인정했다.

"일부 고객사는 우리가 적극적 참여라는 약속을 실행할 수 있는지 의문을 제기하거나 변화의 필요성을 인식하지 못했다. 그리고 솔직하게 말하면 MEC는 특히 전략 단계와 통합된 제공을 전달하는 부문에서 아직 해결하지 못한 사안이 있다. 구조적인 저장고는 대행사의 관리자들에게야 적합하겠지만 고객사에게 필요한 것은 아니다."

마케팅 서비스업계가 생긴 이래로 고객사에 필요한 사항을 파악하는 일은 항상 대행사 책임자들에게 가장 골치 아픈 문제였다. 본능적으로 대행사는 고객사가 돈을 주고 살 만한 결과를 전달하게 돼 있으며 바로 여기가 마케팅 부서에 존재하는 어느 정도의 위선을 감지할 수 있는 지점이다. 많은 마케팅 책임자가 컨퍼런스 연단에 서서 새로운 해결책을 받아들이고 고정관념을 벗어나서 생각해야 한다고 연설하지만 사실 대행사에 작업을 의뢰할 때는 상당히 보수적이다.

마케팅 책임자는 항상 대행사에게 "모험을 감행했으면 합니다……. 그러나 너무 큰 모험은 안 됩니다"라고 말한다. 또 이 때문에 칸이나 비슷한 마케팅 페스티벌에서 상을 받은 모든 광고의 제작자가 모험을 감행하도록 기꺼이 허락한 고객사 덕분에 그 자리에 섰다며 감사의 말을 한다.

대행사의 고객이 직면한 문제는 동시에 아주 다른 두 방향으로 끌려간다는 점이다. 한편으로 이들은 강렬한 경쟁과 소비자 행동의 패턴 변화와 분해된 미디어 시장에 제대로 대응하려면 혁신과 창조성이 그 어느 때보다 중요하다는 말을 듣는다. 다른 한편으로 이들은 이사회에서 동료 이사에게서 진행 중인 모든 사항을 구체적으로 설명하라는 압박을 받는다. 고객은 이사회에서 동료 이사들에게 엄청난 압박을 받는다. 최근에 미국광고주협회(ANA)가 발표한 보고서는 "마케팅 평가와 내부의 마케팅 책임 순서에 불만이 만연돼 있으며 진전이 있었지만 여전히 보완해야 할 상당한 격차가 있다"라고 경고했다.

마케팅 담당자들은 고위 관리자에 관한 한 경험적 엄격함이 부족하다. 컨설팅사 맥킨지가 영국마케팅협회 의뢰로 작성한 보고서는 "마케팅 담당자들은 창조적 능력을 최고로 생각하고, 대체로 다른 부서 동료의 분석 기술과 처리 기술을 부정하는 경향이 있다"라고 주장했다. 고객이 되는 게 쉽다고 누가 말하는가? 마케팅 담당 최고경영자의 평균 재직기간이 단 2년이어서 이사회에서 고위 경영진의 신임을 얻는 것은 둘째치더라도 당면 문제를 이해할 시간조차 부족하다는 변명은 문제 해결에 도움이 안 된다.

마케팅 서비스 대행사는 항상 사회와 미디어, 기술의 경향을 따라가야 했다. 소비자주권 강화(소셜 네트워크의 상승과 소비자 제작 또는 취향에 맞는 콘텐츠 상승으로 표출됨)로 생긴 난관은 상당히 중대하며, 전통적 광고로 규정되던 부문의 중요성이 계속 줄어들 것이다. 그렇지만 팔론, BBDO, MEC가 성공한 것을 보면 현명한 대행사(군중 참여 방법을 이해한 업체)는 지속해서 번창할 것이다.

6
가능성이 부족한 기업을 구제해줄 기술

영국에서 8~11세 어린이 네티즌 가운데 4분의 1이 소셜 네트워크 사이트에
프로필을 올려놨다.

— 영국 오브컴(Ofcom) 보고서, 2008. 4

도입 부분에서 인정했듯이 우리는 모두 기술을 좋아하지 않는다. 그러나 교황 베네딕트 16세가 전 세계의 젊은 천주교인과 교류하려고 문자 메시지와 디지털 예배 교회, 페이스북 형태의 온라인 커뮤니티를 활용하는 마당이니, 우리 두 사람도 신기술이 군중을 참여하게 하는 방식을 간과할 도리가 없게 됐다.

　우리는 먼저 CEO의 블로그를 살펴보고 이 블로그가 조직의 최고위층, 직원, 고객과 기타 이해관계자 사이에 진정한 대화를 조성함으로써 기업의 의사소통을 전환하는 범위를 분석할 것이다.

　소셜 미디어 열풍이 상당히 강렬한지라 시간을 내서 이 현상의 의미를 검토해봐야 한다. 날마다 수백만 명, 특히 주목해야 할 젊은 소비자들이 소셜 네트워크, 블로그, 위키스, 메시지 게시판, 미디어 공유 사이트에서 대화하고 콘텐츠를 공유한다. 이는 점차 군중이 빈번하게 출입하는 장소가 되었으며, 당연히 기업과 정치인은 서둘러 여기에 편승하려고 노력했다. 버락 오바마가 트위터와 페이스북, 기타 소셜 미디어를 사용한 결과는 상당히 효과적인 것으로 드러났다. 이는 특히 젊은 유권자의 정치 무관심을 극복하는 성과가 있었다. 그러나 소셜 미디어계는 용서를 모르는 장소이기도 하며, 지금까지 영리단체에서 실시한 소셜 미디어 사업은 서툴고 부적절했다.

마지막으로 우리는 앞으로 크라우드 서퍼가 이동 기술 발전과 텔레비전과 온라인 기술 결합을 활용할 방법을 살펴보기 위해 미래를 내다볼 것이다.

CEO의 블로그 활동

블로그 활동은 자신이 양성하고 싶은 공동체에 효과적으로 참여할 수 있게 해준다. 이런 공동체 몇 개를 예로 들면 직원, 협력사, 다음 세대의 기술 개발자와 지도자, 고객, 잠재적 고객이 있다……. 나는 내 블로그에서 이런 공동체와 즉각적이고 직접적으로 만나서 사업과 경영의 우선순위에서 기술 개발과 회사의 문화에 이르기까지 모든 내용을 토론한다.

– 조나단 슐츠(Jonathan Schwartz), 선 마이크로시스템스 COO

엄밀하게 따지면 진정한 블로그 활동을 하는 CEO는 상당히 드물다. 경영자로서 이메일 공문을 보내기야 하겠지만 개방적이고 정직한 태도로 군중과 대화에 기꺼이 참여하는 경우는 거의 없다. 기업 성공 축하는 물론 잘못된 일을 인정하는 등의 대화에 말이다. 〈포춘〉 선정 500대 기업 가운데 54개(10.8퍼센트) 업체만이 회사 블로그가 있으며, 그나마 CEO가 직접 글을 쓰는 경우는 극히 드물었다. 블로그란 말이 '개인'의 온라인 일지라는 점을 감안하면 약간 아이러니하다.

이처럼 CEO가 블로그 활동을 내켜하지 않는 자세는 부하 직원들에게까지 영향을 미친다. 최고경영자가 자발적으로 높은 자리에서 내려와 온라인 커뮤니티에 들어가 진짜 사람처럼 이야기하면 다른 직원들도 이와 똑같이 행동하기가 훨씬 수월해진다. 앞부분에서 살펴봤듯이 애플에서는 CEO 스티브 잡스가 회사 소식을 바깥세상과 공유하기를 혐오하는 바람에 사내의 블로거 희망자들이 어려움을 겪었다.

물론 CEO 블로거가 없는 회사도 훌륭한 크라우드 서핑 기업이 될 수 있다. 과거에 빌 게이츠는 블로그 활동을 한 번도 하지 않았다. 현재 마이클 델은 블로그 활동을 하지 않는다. 그렇지만 일부 CEO는 기회를 받아들였다. GM의 글로벌 프로덕트 개발 부문 부사장 밥 루츠(Bob Lutz)는 블로그 가치를 인식한 최초의 고위 경영진이다.

2005년 초에 루츠는 개방적인 대화에 참여하고 고객, 잠재적 고객과 아이디어를 공유하려고 GM의 고위 관리자들과 함께 블로그 GM 패스트레인(GM Fastlane)을 개설했다. 루츠는 GM에 돌아오는 이득을 확신했다.

"우리는 이 블로그가 대단히 효과적인 의사소통 도구이며 일반 대중을 이끄는 훌륭한 방법임을 알게 됐다. GM의 팬과 팬이 아닌 사람 모두와 여과되지 않은 대화를 나눴다."

또 그는 블로그 개설을 생각 중인 다른 고위 경영진에게 중요한 충고를 했다.

"비결은 기업 연설 같은 태도를 버리고, 대화체의 개방적이고 솔직한 어조를 유지하는 것이다. 숙련된 커뮤니케이션 전문 직원들의 손을 여러 단계 거치며 다듬어진 게 아니라 우리가 직접 쓴 글이기 때문에 우리 블로그를 읽은 모든 사람은 진가를 느낄 것이다.

이 블로그가 박진감 넘치게 만드는 다른 요소는 독자와 다른 블로거들이 올린 풍부한 댓글이다. 우리는 부정적 댓글이나 불만, 중상모략을 걸러내지 않는다. 우리는 그저 스팸과 사람들이 불쾌하게 여길 말을 사용하는 정신 나간 사람들의 게시물만을 차단한다. 좋은 소식과 나쁜 소식을 같이 싣는다는 게 중요하다. 낙관적 찬사만 올린다면 진실성에 타격을 입을 것이다. 그러나 진실성은 기업 블로그에서 가장 중요한 요소다. 진실성이 사라지면 블로그가 무의미해진다. 부정적 내용을 삭제한다면 진정한 대화가 사라지는데, 어떻게 그런 상황에서 제품이나 회사에 대한 사람들의 생각이 바뀌길 기대하겠는가?"

선 마이크로시스템스의 최고운영경영자(COO) 조나단 슐츠도 블로그 전파자다.

"선의 목표는 모든 사람이 네트워크에 참여하게 만드는 것입니다. 우리는 이 시기를 참여시대라고 부릅니다. 정보시대가 수동적이었다면 참여시대는 능동적입니다. 블로그 글 작성의 강점은 참여적 특성입니다. 참여시대를 토론하기에 훌륭한 기반이라는 점을 둘째치고라도 말입니다. 나는 고객을 자주 만나는데, 내 블로그에 올린 주제를 토론하고 싶어 하는 사람들이 있습니다. 내가 볼 때 가장 주목할 점은 블로그를 통해 고객에게 중요한 대화를 촉진한다는 것입니다. 또 내 블로그에는 다른 업계와 전문 분야, 다른 나라 독자들의 댓글이 상당히 올라옵니다. 그리고 이들은 우리가 배울 만한 다양한 관점을 제공하지요. 선은 아이디어 공개 교환, 대화에 참여하는 커뮤니티의 이해를 통해 사업 목표를 달성해갈 것입니다."

회사 대표가 개인 시간에 온라인 미치광이들로 구성된 소규모 독자를 대상으로 전자 게시판에 정기적으로 각종 글을 올리는 것보다 더 중요하게 할 일이 있다고 반박하는 사람도 있을 것이다. 어쩌면 새로운 미디어 실험을 어린 부하 직원에게 맡기고 전략 수립이나 직원 관리같이 성인다운 일을 처리하는 게 나을 수도 있다.

그러나 안타깝게도 회사에 관심 있는 사람들과 직접 이야기하고 그들의 의견을 들을(아무리 미치광이라도) 기회를 잡지 않는 바람에 많은 경영자들이 커다란 기회를 놓치고 있다. 실제 사람과 만난 것 중 대부분은 여과된다. 역사적으로 정당의 간부집단이 정치인이 실제로 사람을 만나서 이야기하는 것을 회피하게 했던 것과 마찬가지로, 현대 기업의 사무 부서는 CEO를 실제 고객과 떨어뜨리는 수완을 발휘했다.

일부 기업은 이런 문제 해결의 일환으로 고위 경영진을 적어도 1년에 한 번씩 현장으로 내보낸다. 맥도날드의 관리자들은 매장에서 앞치마를 두르고 햄버거를 뒤집으며, 소매점 관리자들도 대부분 판매점에서 시간을 보낸다. 기업 블로그는 이와 비슷한 목표를 달성하는 방법이다.

또 블로그는 경영자에게 새로운 미디어 작용 과정에 대해 소중한 개인교습을 해주는 셈이다. 궁극적으로 3년 뒤에 나올 〈하버드 비즈니스 리뷰〉 기사를 그냥 앉아서 기다리는 대신 블로그로 바이러스성 마케팅이나 군중제작 같은 비즈니스 개념을 효과적으로 이해할 수 있다. 소셜 미디어를 전혀 사용해보지 않았다면 이것이 자신의 사업에 무슨 의미인지 어떻게 이해하겠는가?

페이스북으로 조직된 고객 항의 운동에 직면한 HSBC의 한 중역이 보인 다음 반응을 앞에서 본 기억이 날 것이다.

"페이스북에 가서 그 주제로 토론할 수도 있었겠지만, 그곳은 미지의 영역이지 않습니까?"

사업은 의사소통 문제에 관한 한 미지의 영역을 따질 여유가 없다. HSBC의 고위 경영진이 시간을 내서 페이스북을 사용했다면 (또는 최소한 자녀가 페이스북을 사용할 때 같이 앉아만 있었더라도) 이 특정한 사안으로 기습 공격을 당하는 사태를 막을 수 있었을 것이다.

일부 평론자들은 CEO 블로그가 단지 단기적인 속임수라고 주장했다. 언론에 긍정적 기사가 나오게 하려고 고안된 홍보 장치라는 것이다. 초기의 일부 CEO 블로거가 블로그 활동을 접은 것은 사실이다. 그렇지만 초기 도입자들은 대부분 블로그를 계속 운영한다. 이들은 시장의 여론 형성자들 사이에서 블로그 독자수가 많다는 사실을 알면 안심할 것이다. 블로그가 실화를 폭로하고 주류 언론에서 다루는 사안을 다루는 것으로 유명해지면 이 성장세도 이어질 것이다.

더 중요한 점은 블로그가 참여를 권장한다는 점이다. 글쓴이가 기업의 보도 자료 말투를 사용하는 실수만 안 한다면 독자들은 일단 자신이 읽은 정보에 맞춰서 행동하는 경향이 있다. 그러나 마케팅 분야 저자 세스 고딘은 대부분 CEO가 보도 자료식으로 글을 쓰는 유혹을 이길 능력이 없다며 상당히 냉소적인 반응을 보인다.

"문제는 이것이다. 블로그는 솔직함, 긴급함, 스케줄, 동정, 논쟁(더 덧붙이면 유용성)을 바탕으로 할 때 잘 운영된다. CEO에게 이런 특성이 있는가? 짧고 보기 좋게 쓰자. 위에 나열한 다섯 가지에서 적어도 네 가지를 지킬 수 없다면 아예 블로그를 만들 필요가 없다. 사람들은 선택할 수 있으니(사실은 450만 가지 선택), 자신이 원하는 내용이 있지 않다면 여러분의 블로그를 읽거나 링크하거나 인용하지 않을 것이다. 연차 보고서에 대비해 실패거리를 아예 만들지 말자."

심지어 최근에 창립한 블로그위원회(Blog Council, 기업 커뮤니케이션 전문가가 새로운 통신로인 블로그 활용법을 잘 이해하도록 돕자는 목적으로 만들어진 단체)는 회원들에게 "회사를 대변하되 '회사'처럼 말하지 말라"라고까지 조언한다.

CEO 의견에 확실히 관심 있는 집단은 내부 독자다. 많은 CEO

가 블로그의 가장 소중한 독자는 직원이라고 말했다. 직원은 회사 경영자의 생각과 우려를 읽는 것은 물론 회사 외부 사람의 반응을 읽고 나서 회사가 실제로 어떻게 평가받는지 여실히 알 수 있다. 어쩌면 직원들은 사장이 받는 압박감에 동정심을 갖기 시작할 수도 있다.

기업 블로그는 조직의 상층부가 군중과 직접 만나게 해준다. 정치인과 마찬가지로 경영진도 대부분 새로운 기술과 부당한 내용도 들어 있는 비평을 담담하게 받아넘기는 무신경이 필요하다. 숙련된 크라우드 서퍼는 블로그가 여과되지 않은 피드백을 얻을 소중한 출처이며 회사의 관점을 설명하는 효과적 수단이라는 사실을 알게 될 것이다.

소셜 미디어 다루는 법

이제 회사가 전파하는 메시지가 아니라 친구 사이에 공유되는 정보가 점차 중요해지고 있다……. 지난 10년 동안 언론으로 사람들을 공략했지만 이제는 마케팅 담당자들이 대화의 일원이 될 것이다.

―마크 주커버그(*Mark Zuckerberg*), 페이스북 창립자 겸 대표

나오미 클라인은 상표를 반대하는 내용을 담은 《노 로고》에서 유명한 상표를 소유한 탐욕스러운 기업들이 대중 공간을 침범한 것을 불만스러워했다. 온라인 네트워크 세상에서 이루어졌던 각종 싸움도 이 책의 내용에 잘 들어맞았을 것이다. 광고주들은 싫지만 그냥 듣는 청중(예를 들어 라디오가 나오는 버스 안의 승객―옮긴이)을 싫어하므로 당연히 소셜 네트워크 현상에 상당히 흥분했다.

페이스북, 마이스페이스, 베보, 세컨드라이프 같은 사이트는 특히 광고주에게 인기가 많은 젊은 소비자들을 비롯해 전 세계에서 열성팬 수백만 명을 끌어들였다. 필연적으로 광고주는 이 열성 네티즌들이 가는 대로 따라갈 것이며, 일단 그런 사이트에 들어가면 수용적인 청중을 만날 것이다.

마이크로소프트 디지털 애드버타이징이 실시한 조사에 따르면, 소셜 네트워크 활동을 하는 영국 네티즌 가운데 73퍼센트가 상표의 자체 블로그에 방문해봤으며, 16퍼센트가 상표를 가진 기업과 어떤 형태로든 대화해봤다. 또 응답자의 70퍼센트가 개인 공간에 스폰서를 받은 콘텐츠를 올릴 것이라고 말해 소셜 네트워크 활동을 하는 사람은 자신의 블로그에 상표가 진입하는 것에 거부감이 없는 것으로 드러났다.

당연히 팬 층이 탄탄한 상표는 소셜 미디어에서 대화 소재로 엄청나게 많이 거론된다. 홍보 대행사 이미디어트 퓨처의 보고서에 따르면, 영국의 주요 소셜 네트워크 사이트(페이스북, 플리커, 마이스페이스)에서 가장 많이 화제에 오르는 10대 상표는 다음과 같다.

1. 구글
2. 야후
3. 애플
4. 마이크로소프트
5. 캐논
6. 소니
7. 델
8. 이베이
9. 디즈니

10. 포드

이 보고서의 필자는 이 목록에 기술 상표가 많이 들어 있는 이유를 논리적으로 설명했다.

"얼리어댑터 층이 소셜 미디어 안의 이해력을 주도한다. 이 집단은 주로 기술 애호가이며 천성적으로 정보와 식견 공유를 좋아한다."

예전부터 사람들은 늘 좋아하는 상표와 제품을 친구나 가족, 직장 동료와 이야기했으며, 서로 조언했다. 소셜 미디어가 등장하기 전에 회사 측이 자사 상표에 대해 사람들이 하는 말을 알아내거나 정치인이 정책에 대한 유권자들의 의견을 파악하는 유일한 방법은 인위적인 환경에서 실시하는 연구조사뿐이었다. 이제 사업가와 정치인은 사람들의 생각을 직접 들을 수 있다. 아무런 압력이 없는 상태에서 한 말을 여과하거나 검열하지 않은 그대로 들을 수 있다.

시장조사의 심각한 아이러니는 일반적인 응답률이 점차 하락한다는 점이다. 소비자들은 전화 설문조사에 답변하거나 번화한 거리에서 슬그머니 다가와 클립보드에 급하게 써내려가는 조사자들과 이야기하느라고 소중한 시간을 낭비하기를 싫어하기 때문이다. 그러나 바로 이 소비자들은 소셜 네트워크 사이트에 자신에 대한 정보(남녀관계까지)를 발표하기를 아주 좋아한다. 당연히 조사자들은 인터넷 채팅룸과 소셜 네트워크에서 사람들이 하는 말을 지켜보는 작업에 점점 많은 시간을 할애한다.

런던경찰국의 마케팅 대행사들은 런던 중심부 빈민 구역의 젊은 흑인 남성들을 총 반대 운동에 참여시킬 최선책을 강구하다가 가장 효과를 발휘하는 정보 공급원은 이 집단이 빈번하게 방문하는 소셜 미디어에서 나온다는 사실을 발견했다. 마음대로 사용할 수 있는 일반적인 정보 공급원(협회에서 발행한 연구 논문, 미디어 자료)은 페이스북이나 비슷한 사이트만큼 유용하거나 계몽적이지 않았다.

또 소셜 미디어는 마케팅 광고 효과를 추적·조사하는 데도 사용된다. 최근에 유니레버는 도브와 링크스 같은 자사 상표의 광고 효과를 조사하기 시작했으며, 광고 효과가 어느 선까지 확산되고 얼마나 공유되는지를 온라인의 비형식적인 네트워크에서 측정했다. 기존처럼 유료 미디어에 조사를 의뢰하는 대신 말이다. 유니레버 글로벌 마케팅 서비스의 부사장 사이먼 로톤(Simon Rothon)은 이렇게 말했다.

"유로 미디어의 경비만 보면 오해의 여지가 있을 수 있습니다. 디지털 세상에서 얻는 가치 있는 많은 자료가 무료이거나 거의 무료이기 때문입니다."

소비자의 필요와 관심을 파악하고 시장 트렌드를 따라가려는 모든 업체는 소셜 미디어를 모니터하는 제도를 정착해야 한다. 특히 마케팅과 영업, 연구와 경영 담당자를 비롯해 광고업계의 모든 종사자는 매일 적어도 일정한 시간 블로그와 위키스, 웹포럼과 기타 소셜 네트워크 사이트에 올라오는 이야기를 읽어야 한다. 또 자신이 소속된 회사를 아주 솔직하게 밝히고 나서 모든 토론에 자유롭게 참여해야 한다.

소셜 네트워크가 가장 싫어하는 것은 정직함 결여다. 블로거계는 온라인 군중이 발효한 행동 규범을 따르지 않는 사람을 절대 용서하지 않는 것으로 유명하다. 홍보 대행업체인 에델만(공저자 데이비드 브레인의 직장)은 악명 높은 블로그 '월마팅 어크로스 아메리카(Wal-Marting Across America, 월마트 팬을 자처하는 사람이 미국 전역을 여행하면서 들른 월마트 이용기 게재-옮긴이)' 사건에서 규칙에 위배되는 행동을 했다.

월마트와 에델만은 근로 환경을 놓고 오랫동안 노동조합, 노동자 조직과 싸움에 휘말려 있었다. 그러다가 이 논쟁의 월마트 측 견해를 발표하려는 목적으로 여행 블로그 '월마팅 어크로스 아메리카'를 개설했다. 그러나 에델만 측은 RV를 타고 미국 전역을 여행한 경험을 블로그에 실은 두 사람의 항공료와 자동차 대여료, 연료비를 월마트에서 지원했다고 밝히지 않았다.

블로그 집단은 홍보 대행을 맡은 에델만과 고객사인 월마트가 이 블로그에 직접 관련됐다는 사실을 완전히 솔직하게 밝히지 않았으며 네티즌들에게 월마트와 전혀 관계없는 블로그라고 착각하게 했다고 비난했다. 전 국가에 이어 전 세계 주요 언론이 이후 일어난 온라인상의 파란에 주목했다. 에델만 CEO 리처드 에델만은 자신의 블로그에 사과문을 올렸다.

"나는 지난 며칠 동안 에델만이 월마트 워킹 패밀리(Working Families for Walmart, 노동조합이 지원하는 월마트 비판 단체에 대항하려고 월마트와 에델만이 만든 월마트 옹호 단체—옮긴이)를 대상으로 기획한 전국 횡단 여행을 주제로 블로그 집단이 하는 이야기를 살펴봤습니다. 처음부터 두 블로거의 정체를 분명하게 밝히지 못한 것을 인정하고 싶습니다. 이는 고객사인 월마트의 잘못이 아니라 100퍼센트 에델만의 책임이며 실수입니다. 우리는 정직에 대한 미국 입소문 마케팅협회(Word-of-Mouth Marketing Association)의 지침을 지지한다는 점을 다시 밝힙니다. 이 지침을 작성할 때 에델만도 도움을 줬습니다. 정직함과 약속 이행에 최선을 다할 것을 선언합니다. 신뢰는 협상의 여지가 없으며 우리는 모든 업무에서 이런 책임이 제대로 지켜지게 하려고 노력하기 때문입니다."

점차 많은 상표가 소셜 미디어 환경에서 자체 사이트를 개설했다. 소셜 미디어는 대화(공동 관심을 가진 사람들 사이의 대화)를 중심으로 형성된다. 가끔 이런 관심이 상표와 합체되기도 한다. 코카콜라, 소니, 도브, 마마이트를 비롯한 많은 상표가 페이스북에서 성공적으로 활동해온 주된 이유는 이 상표들이 기존 열성팬 층의 관심을 수용했기 때문이다. 다른 상표들이 고전을 면치 못했던 주된 이유는 자신들이 활용하는 매개물, 즉 소셜 미디어의 속성을 이해하지 못했기 때문이다. 이런 업체들은 소셜 미디어를 상업적 메시지를 주입할 수 있는 그저 새로운 의사소통의 통로쯤으로 여긴다.

이미 세스 고딘은 재빠르게 다음 사안을 지적했다.

"마케팅 담당자가 하는 가장 큰 실수는 소비자 네트워크의 힘을 자신들이 통제하거나 소유하거나 조정할 수 있다고 생각하는 것이다. 이런 의도는 항상 실패한다. 소비자 네트워크는 당신 회사에 관심이 없으며, 돈에 넘어가지도 않기 때문이다. 현명한 마케팅 담당자는 통제가 아니라 고무에 목표를 맞춘다……. 소비자 네트워크는 통제당하는 것을 싫어한다. 이 네트워크를 장악하려고 힘들게 싸울수록 네트워크는 격렬하게 대항할 것이다."

유니레버는 차 상표 PG 팁스 마케팅 광고를 하면서 소셜 미디어의 예측과 통제가 불가능한 측면을 경험했다. 유니레버의 담당팀은 상표의 캐릭터(원숭이 인형)를 부활시키는 멀티미디어 사업의 일환으로 마이스페이스에 미스터 몽키(Mr. Monkey)를 개설했다. 예상대로 소셜 네트워크는 이 캐릭터를 재미있어 했지만 안타깝게도 얼마 지나지 않아 미스터 몽키는 원숭이가 살해당하는 다양한 방법을 찬양(단어가 적절하다면)하는 사이트 www.monkey-suicide.com에 등장했다. 사실 이는 상당히 재미있는 사이트이며, 유니레버 직원들은 영리하게도 아무런 조치를 취하지 않고 그저 자사 상표에 관한 사람들의 관심과 참여라고 여겼다.

그렇다면 기업은 권한이 없는 이런 콘텐츠에 어떤 반응을 보여야 하는가? 법적 조치를 취하겠다는 위협으로 블로거들을 침묵시키려는 시도는 항상 역효과만 불러일으키는 것을 앞에서 이미 살펴봤다. 제너럴 밀스의 쌍방향 마케팅 책임자 짐 쿠엥(Jim Cuene)은 자사가 여전히 마이스페이스 같은 사이트에 등장하는 제너럴 밀스에 관련된 소비자 제작 콘텐츠에 대처할 최선책을 강구하는 중이라고 인정한다.

"이는 대처법과 견해 표명 두 측면 모두에서 엄청나게 어려운 일입니다. 우리는 한 메시지만을 위해 만들어졌습니다. 이런 일에 잘 대처하게 돼 있지 않죠."

한편 소셜 네트워크의 소유자들 또한 투자 수익을 더 올리려는 욕심에 큰 실수를 저지르기도 한다. 페이스북은 각종 상표가 사용자의 동의 없이 광고를 퍼붓게 하는 기반인 '페이스북 비컨'을 만들어서 크라우드 서핑의 첫 번째 규칙을 깨뜨렸다. 페이스북은 소비자의 격렬한 반발 때문에 빠르게 번복해야 했으며, 현재 이 서비스는 소비자가 가입을 직접 결정하게 하고 있다.

소셜 미디어는 아직 유년기라고 할 수 있다. 특히 상업적 매개물로서의 역할은 더욱 그렇다. 물론 산업계 관측자들은 대부분 일단 소셜 미디어 사이트들이 기업이 메시지를 더욱 효과적으로 목표 집단에게 전달할 수 있게 할 검색과 내비게이션 기능에 필요한 개선을 하고 나면 소셜 미디어가 극적으로 성장할 것이라고 본다. 기업이 매스마케팅과 정반대인 통로로 수용적 청중에게 다가가고 싶으면 목표 집단을 설정할 수 있는 이런 기능이 결정적으로 중요하다.

기업은 필연적으로 실수하게 돼 있고, 이는 새로운 의사소통 통로로만 해결할 수 있다. 중요한 비결은 실수에서 교훈을 얻을 수 있느냐와 소셜 미디어 사용자의 말을 듣느냐다. 미국 베스트 바이의 제작 감독 게리 코엘링(Gary Koelling)은 이 점이 중요하다고 믿는다.

"소셜 미디어를 다루는 법을 누가 우리에게 가르쳐줄까요? 대행사요? 아닙니다. 바로 우리 고객입니다."

또 그는 소셜 미디어의 어려움을 헤치려고 노력하는 업체에게 간단하게 조언한다.

"반드시 시도해보려고, 작은 일이라도 해보려고 노력해야 합니다. 진실한 모습을 보여주면 고객은 용서할 겁니다."

미래 세상에서 살아남으려면

"나는 모든 답변을 아는 전문가가 아니라 내게 완전히 낯선 새로운 미디어에 대한 답변을 찾으려는 사람으로 이 토론에 참가했습니다. 회의실에 있는 많은 사람들과 마찬가지로 나는 디지털 이주자(digital immigrant, 성인이 돼서 디지털 기술을 접한 부모 세대—옮긴이)입니다. 내가 어렸을 때는 웹이나 컴퓨터가 없었습니다. 그 대신 나는 상당히 중앙집권화된 세상에서 자랐습니다. 몇몇 편집자들이 사람들이 알아도 되고 알아야 하는 사항에 결정권을 휘두르면서(불만 있으면 말하세요) 뉴스와 정보를 극심하게 통제하던 세상이지요.

반면에 내 두 딸은 디지털 원주민(digital native, 컴퓨터와 인터넷, 휴대전화가 없는 세상을 상상조차 못하는 10~20대—옮긴이)이 될 것입니다. 딸들은 초고속 통신으로 인터넷에 접속할 수 없는 세상을 상상도 못하겠지요."

미래에 펼쳐질 일을 알고 싶으면 미래학자들의 말에 신경 쓰지 말고 자녀들과 대화하는 것이 최선의 방법이다. 미디어 평론가들은 현재 학교에 다니는 어린이들을 '연결세대'라고 부른다. 이 어린이들은 디지털 미디어와 더불어 자랐으며 부모 세대에 비해 늘 익숙하게 받아들일 디지털 세상의 주인이다. 어린이가 미디어를 사용하는 양식을 관찰하면 두 가지 공통점이 드러난다. 활발한 소비와 다중처리가 그것이다. 두 특성 모두 미디어업계의 미래에 중요한 의미가 있다. '카우치 포테이토(couch potato, 소파에 앉아서 시간을 보내는 사람)'라는 말이 대체로 어린이의 텔레비전 시청 습관을 뜻한다는 점은 기이하다. 사실상 어린이는 미디어 소비에 관한 한 전혀 수동적이지 않기 때문이다.

미국의 광고간행물 애드 에이지(Ad Age)는 "신세대 어린이들은 시청자나 청취자나 독자가 아니다. 이들은 사용자다"라고 논평했다. 어린이들은 몇 년 동안 컴퓨터 게임과 최신 웹사이트에 열중한 결과 상호작용을 갈망하게 된다. 이 때문에 당연히 이들은 쌍방향 텔레비전 서비스에 접속하는 빨간 버튼(Red Button, 영국과 오스트레일리아의 텔레비전 리모컨에 달린 버튼으로 특정한 디지털 텔레비전 셋톱박스 조정-옮긴이) 서비스의 가장 열성적인 사용자가 됐다. 어린이를 대상으로 한 텔레비전 프로그램에서도 텍스트 투표 또는 텍스트 기반 대회가 주요 요소로 자리 잡았다.

또 오늘날의 어린이들은 다중처리에 아주 유능하다. 어린이들은 텔레비전을 보면서 동시에 소형 컴퓨터로 게임을 하고 만화책까지 읽는다. 미국에 본부가 있는 건강정보 및 연구단체인 카이저 패밀리 재단에 따르면, 8~18세 어린이의 4분의 1 이상이 일정한 시간에 두 개 이상의 미디어를 동시에 소비한다.

다중처리는 부분적으로 어린이 대상 미디어가 지나치게 넘쳐난 결과다. 15년 전까지만 해도 영국 어린이 대부분이 볼 수 있는 지상파는 네 채널이었으며, 등교 전과 하교 후의 정해진 시간에만 어린이 프로그램을 내보냈다. 오프콤에 따르면, 오늘날 가정의 64퍼센트가 디지털 채널을 시청해 어린이 전문채널 20개 이상에서 선택할 수 있으며, 이 가운데 많은 채널이 종일 방송을 한다. 이런 가족에서는 어린이 시청의 66퍼센트가 비지상파 채널에 국한돼 있으며, 이에 비해 성인의 비지상파 채널 시청은 47퍼센트에 머문다.

텔레비전 채널 숫자 증가는 초고속 통신으로 강화된 온라인 콘텐츠 입수의 극적인 확대로 반영된다. 2005년 7~16세의 49퍼센트가 집에 초고속 통신이 깔려 있다고 대답했지만 2003년에는 24퍼센트에 지나지 않았다. 어린이의 방이 최신 오락 기술로 가득 찬 멀티미디어 장으로 전환됐다는 사실은 놀랄 일도 아니다. 11~14세 어린이의 4분의 3 이상의 방에 텔레비전이 있으며 대부분 게임 장치에 연결돼 있다.

또 어린이들은 이동성 수용에 관한 한 변혁의 선두에 서 있다.

7~10세 어린이 4명 가운데 1명꼴로 이동전화를 가지고 있으며, 문자 메시지에서 불쾌한 유행인 '해핑 슬래핑(Happing Slapping, 일명 '묻지마 구타'로 10대들이 자신과 상관없는 행인을 구타하고 사진으로 찍어서 친구에게 전송하거나 인터넷에 올리는 행위—옮긴이)'에 이르기까지 이동성 행동은 취학 연령에서 시작됐다. 니켈로디언 같은 미디어 소유자들은 이미 시청자의 이동 오락 욕구를 만족시키려고 3G 이동통신 프로그램을 공급하고 있다.

어린이 때의 미디어 사용 양식이 성인이 돼서도 이어지는가? 실제로 그렇다면 앞으로 10년 동안 미디어 환경을 예측하는 최선책은 예측자들의 예상을 무시하고 어린이의 미디어 소비 양식을 관찰하는 것이다. 모두 이런 관점을 받아들이지는 않으며, 일부 논평자는 미디어 양식이 인생의 단계에 바뀐다고 주장한다. 예를 들어 자칭 미디어 다원론자 리처드 에어(Richard Eyre)는 텔레비전과 오락기, 만화 등 동시에 여러 미디어를 즐기는 다중처리는 "한때 나타나는 미숙한 행동으로 사회 공동체가 더 나은 의사소통 미디어를 선택하면 없어질 것이다"라고 믿는다. 그는 이어서 "아무리 마구잡이인 사람이라도 일정한 나이가 지나면 이런 식으로 미디어를 활용하지 않을 것이다"라고 했다.

어쨌든 어린 시절의 행동이 성인으로까지 이어진다는 발상을 인정할 경우 이 발상이 미디어에 던져주는 의미는 중대하다. 첫 번째로 디지털 채널이 필연적으로 성장하는데도 업계에서 말하는 이른바 전통 미디어가 설자리가 있을 것이라는 결론이 나온다. 텔레비전이 웹의 매력과 경쟁하고는 있지만 텔레비전 시청은 어린이들이 좋아하는 오락거리로 계속 남아 있다. 또 어린이의 행동을 관찰하면 인쇄 매체 또한 전망이 낙관적이다. 부분적으로는 J. K. 롤링(J. K. Rowling) 효과 덕분에 실제로 어린이들의 독서가 늘어나는 추세다.

미디어 소유주들은 유튜브, 베보, 3G 이동통신, 빨간 버튼 서비스 속에서 자란 어린 청중의 관심을 유지하려고 최고로 열중하면서 참여할 경험을 제공해야 한다. 텔레비전 프로그램은 점점 소란스럽고 빠르며 쌍방향 방식으로 변한다. 심지어 취학 전 아동용 채널도 현재 빨간 버튼 쌍방향 서비스를 제공한다. 컴퓨터 게임 제작자들은 기술 '확장 경쟁'에 발목이 잡혀 가장 흥미롭고 기분 좋은 경험을 지속적으로 제공하려고 경쟁한다. 미디어 소유주에게 가해진 이런 압력이 현재 어린이가 성인으로 성장하는 동안 경감되지는 않을 것이다. 이런 상업적 생존은 이동용과 가정용 모두에 높은 수준의 쌍방향 및 참여 서비스를 전달할 능력이 있느냐에 달려 있다.

주류 언론의 기술 기사에는 현재 기술이 통제 불능이거나 우리 삶을 너무 많이 침범하고 있다는 어조가 함축돼 있는 듯하다. 블랙베리(캐나다 RIM이 만든 진화된 스마트폰 이름—옮긴이)로 방해를 받는 주말이 가족의 활동성과 개인의 정신 건강에 미치는 영향을 장황하게 반복해서 거론한 기사가 많다. 많은 기사가 이 현상이 순간적 탈선이며 일단 말썽쟁이 컴퓨터광들이 제자리를 찾으면 조용한 일상으로 돌아가게 될 것이라는 관점인 것 같다.

기술 연구서와 분석 보고서를 대충 훑어보면, 현재 어떤 현상의 끝이 아니라 시작을 경험하고 있으며, 변화 속도가 증가할 것이고, 관점에 따라 기술이 더욱 '방해하거나', '유용하고 재미있는' 방향으로 진행될 것이라는 내용이다. 과거에 기차나 전화 발명은 모두 품위 있는 삶의 종말을 예언하는 계시로 여겨졌다. 현재 우리가 기차나 전화 발명에 대한 빅토리아시대의 편협한 태도를 기이하게 보는 것과 마찬가지로, 우리 자녀들은 지난 몇 년 동안의 논쟁을 이상하게 생각할 것이다.

영국에서 커뮤니케이션 분야의 감시자 오프콤이 2008년에 내놓은 보고서에 따르면 8~17세의 49퍼센트가 베보나 마이스페이스나 페이스북(페이스북은 오프콤이 현재 어린이의 부모 세대가 초기에 한 소셜 네트워크 활동을 감시하는 과정에서 사용한 유일한 사이트일 것이다) 같은 마이스페이스 사이트에 프로필을 올려놓고 있다. 오프콤의 시장조사 책임자 제임스 시케트(James Thickett)는 "소셜 네트워크는 삶에서 아주 중요한 부분이며 삶의 방식에 영향을 준다"라고 말했다. 그는 "어린이들의 삶은 20년 전의 삶과 아주 다르다. 소셜 네트워크는 일종의 사회 연대를 조성하는 방법이다"라고 덧붙였다.

기술의 미래 모습과 성과를 예측하기는 거의 불가능하지만(예측 가능하다면 누구나 주식으로 엄청난 돈을 벌었을 것이다), 기술 변화 속도가 느려지기는커녕 빨라질 것이라는 사실을 간과할 수 없다. 그렇다면 이 점은 소비자에게 어떤 의미가 있으며, 소비자는 이 신기술을 어떻게 사용해 자신들끼리의 관계와 자신과 기업, 조직의 관계에 영향을 줄 것인가?

첫 결과물은 소비자 및 이해관계자와 기업 사이의 증가된(줄어드는 것이 아니라) 침범과 상호작용, 대화다. 여기에서 말하는 기업은 소비자와 이해관계자가 자신들에게 중요하다고 생각하는 곳이다. 이런 경향의 원동력은 이동 인터넷 기술로 전환한 것이다. 이동통신과 인터넷은 여전히 독립된 두 생태계로 운영되며, 때로 서로 영향을 주지만 대체로 각자 자율적이고 독립적이다. 거론되는 다른 수렴 기술(텔레비전과 인터넷 결합)은 이 두 막강한 기술에 비교하면 아무것도 아니다. 따라서 앞으로 3년은 인터넷과 이동통신이 함께하는 세상이 될 것이다.

이동전화 제조업체 노키아의 회장이자 CEO인 요르마 올릴라(Jorma Ollila)는 이 새로운 세상에서 확실하게 기득권이 있다.

"이동성은 사람들의 일상생활을 상당히 변화시켰습니다. 미래에 이동성은 생활의 모든 양상에서 일부분이 될 것입니다. 업무는 물론이고 레저의 일환이 되는 거지요. 사람들은 사실상 장소와 시간을 막론하고 디지털 인포메이션과 오락을 창출하고 공유하며 소비할 것입니다."

이동성 향상과 이동 커뮤니케이션 형태 증가는 행동의 기본적인 변화를 의미한다.

미래재단에 따르면 영국인의 평균 야외 레저 활동 시간이 앞으로 15년 동안 31퍼센트 증가할 것이다. 현재 사람들이 하루 동안 외식하거나 영화관과 술집, 클럽에 가는 데 소비하는 시간은 평균 58분이지만 2020년이 되면 하루 75분으로 늘어날 것이다. 쇼핑과 통근에 사용한 시간이 현재의 하루 평균 51분에서 66분으로 29퍼센트가 증가할 것이다. 결과적으로 집에서 식사하는 평균시간은 현재 50분이 조금 넘는 수준에서 2020년에 25분으로 절반이 줄어들 것이다.

또 노키아의 윌 해리스(Will Harris)는 이렇게 주장했다.

"이동전화는 우리가 일생 동안 접할 최고의 기술 향상이다. 간단히 말하면 이동전화는 변화의 동인이며, 그 변화는 무척 긍정적이다. 일부 기술은 이동전화만큼 대중적이고 널리 보급됐으며, 또 다른 기술은 특정 부문이나 틈새의 변화를 촉진하기도 했다. 그러나 커다란 반향을 일으키며 광범위하게 채택되고 대량으로 발전한 측면에서 보면, 산업혁명 이후 이동전화 기술만큼 전 세계인의 삶을 대단히 급진적으로 변화시킨 기술은 없다."

해리스는 미래 이동전화의 변경된 사용 방법과 이동전화가 문화와 사업에 미칠 영향을 알아내는 실마리로 최근 등장한 소그룹에 주목한다. 그는 이 집단을 이동전화 슈퍼 사용자라고 한다.

"슈퍼 사용자는 자신의 친구들이 매일 또는 시간별로 뭘 하는지 다 아는 세상에서 살며…… 특정 유형의 사람은 지속적으로 연락을 주고받을 이 능력 덕분에 생각이 동일한 사람들의 마음을 휘어잡는다. 슈퍼 사용자는 슈퍼 사용자와 친구인 경향이 있다. SMS(휴대전화 문자 서비스)가 그들의 관점을 바꾼 게 아니라 그저 지속적으로 연락을 주고받는 능력이 서로 결합시킨다."

SMS, 즉 문자 메시지는 해리스가 말하는 슈퍼 사용자의 원동력이 된 기술이다. 그리고 해리스는 이 형태로 의사소통하는 중요한 사회적 의미를 강조한다.

"다음의 상황을 상상해보자. 당신이 사장과 문자 메시지를 주고받았다고 해보자. 160자의 허물없는 말 속에서 두 사람의 관계는 과거와 완전히 달라질 것이다. 기존 사장과 당신의 관계를 규정하던 요소들이 사라진 것이다. 또 당신이 누군가에게 문자를 보낸 순간 광범위한 사회 규칙이 아니라 SMS 미디어의 규칙 속으로 상대방을 참여시키는 것이다. 메시지를 160자 이내로 보내야 하기 때문에 모든 전통과 계급이 산산이 무너진다."

과거나 현재나 SMS는 슈퍼 사용자가 가장 많이 사용하는 이동 애플리케이션인 반면, 점차 광범위하게 확산되는 2.5G와 3G 이동전화 네트워크를 사용하는 최고로 빠른 브라우저는 더 기본적인 웹 툴이며 애플리케이션은 이미 진정한 이동장치다. 페이스북 같은 소셜 네트워크 사이트는 블랙베리 등의 개인 디지털 장치용 애플리케이션을 이미 만들고 있다. 이런 애플리케이션은 사용자가 자신의 상태를 업데이트할 수 있게 해주며, 이동전화의 새로운 사진과 동영상 애플리케이션을 최신 이미지와 동영상 공유 사이트로 링크할 수 있게 해준다.

이동전화의 동영상을 웹사이트로 다운로드할 수 있는 능력은 현재로서는 틈새시장이지만 얼마 지나지 않아 카메라로 사진을 찍은 다음 컴퓨터에 다운받는 것처럼 자연스러워질 것이다. 애플은 2007년에 아이폰과 아이터치를 출시했으며, 두 제품 모두 와이파이(wi-fi, 홈 네트워킹과 이동전화, 비디오 게임 등에 쓰이는 유명한 무선기술—옮긴이)를 이용해 사용자가 인터넷 서핑을 할 수 있다.

두 제품은 세상 사람을 더욱 가깝게 만들었다. 그렇지만 현재 주머니에 든 이동장치로 인터넷을 제대로 즐길 날은 대역폭의 기술적 한계와 와이파이의 여전히 고르지 못한 적용 범위 때문에 지연되고 있다(그러나 점점 많은 소매상들이 와이파이를 무료로 제공하는 도시에서는 이런 현상이 빠르게 바뀌며, 일부 도심과 시는 전 지역에서 연결되기도 한다).

이동전화와 웹의 사업 모형이 아주 다르다는 사실은 커다란 장벽이다. 이동전화 서비스 제공자들은 사용자의 음성 사용 시간과 데이터 사용량에 따라 청구한다. 반면 웹은 일반적으로 저렴한 월별 기본료를 제외하면 무료다. 이동전화의 사업 모형에 웹의 사업 모형을 도입하면 이동 서비스 제공업자들이 순식간에 파산으로 치달을 것이다. 어쨌거나 두 모형 사이의 장벽이 극복된다면 사회와 사업계의 변화가 더 빠르게 진행될 것이다.

예를 들어 현재 직원들의 인터넷 사용을 감시하고 제한하는 기업은 직원들이 그저 주머니에서 이동전화만 빼서 온라인에 접속하는 세상이 오면 이런 감시와 제한이 아주 힘들어질 것이다. 직장에서 인터넷 사용이 생산성에 미치는 영향에 대한 최근의 논쟁이 즉시 아무런 의미가 없어질 것이며, 직원이 디지털 '권리' 또는 '자유'를 가졌다는 발상에 여전히 반대하는 기업문화로는 최고의 인재를 끌어들이거나 적응하기기 어려워질 것이다.

문자나 음성, 사진이나 비디오로 공유하고 자신을 표현할 애플리케이션이 결합돼 항상 어디에서나 연결되는 현상은 기술적으로 거의 실현 가능하다. 이 점을 감안하면 사람들이 개인적으로 또는 군중의 일원으로 기업이나 단체와 상호작용하는 능력과 열망이 기하급수적으로 늘어갈 것이다. 고객과 이해관계자가 성가실 만큼 다루기 어렵고 방해된다는 생각이 드는 사람은 차라리 사업계를 떠나는 것이 낫다. 미래에는 이런 상황을 피할 수 있는 회사가 거의 없을 것이기 때문이다. 사업계와 정치계의 많은 사람이 현재 크라우드 서핑은 아직 선택의 자유가 있는 사항이라고 생각하겠지만 이 변화는 혼자 힘으로도 그런 망상을 산산이 부술 힘이 있다.

그러나 군중에게 영향력 있는 변화의 조짐이 보이는 것은 이것만이 아니다. 이동전화 외에 텔레비전도 바야흐로 전환될 징조가 보이며, 이 변화 또한 군중에게 커다란 영향력을 미칠 수 있다. 텔레비전은 등장했을 때부터 대부분의 가정에서 상당한 중심점 역할을 했다. 부엌 식탁 또는 식사 장소를 제외하면 가족이 모여 시간을 보내는 장소는 전형적으로 소파와 텔레비전이 함께 있는 공간이다. 몇 년 동안 텔레비전 뉴스와 스포츠 방송, 코미디와 드라마가 사회를 통합하는 일종의 접착제 역할을 했다는 사실은 아주 잘 알려져 있다.

텔레비전 있는 곳이 가족이 함께 만나는 장소이기는 하지만 이는 PC에 비교하면 상당히 단순한 단말기일 뿐이다. 그러나 PC는 침실이나 서재에 숨겨진 경우가 많고 아직까지도 한 사람에게 상당히 국한된 장치다. 오래전부터 이런 약점을 해결하고 참여의식과 연계의식을 거실에 가져다줄 존재로 디지털 텔레비전이 기대를 모았다. 이미 영국에서 16~24세의 40퍼센트가 텔레비전 광고와 상호 교류해봤다고 답한다.

그러나 이 가운데 많은 경우가 비교적 수준 낮은 기술인 문자 메시지를 이용해 리얼리티 쇼 〈빅 브라더〉에서 누군가를 탈락시키는 투표를 하거나 〈엑스팩터(X-Factor)〉 같은 장기자랑 쇼에서 날조된 차기 슈퍼스타를 고르는 데 사용한 정도다. 많은 광고주는 빨간 버튼 쌍방향 서비스로 실험을 해왔지만 확실한 결론에 이르지 못했다. 수백만 명이 좋아하는 운동 경기를 보다가 신형 카메라로 촬영할 때 '빨간 버튼을 누르시오' 라는 지시에 기꺼이 응하겠지만 이에 비해 선전이 나올 때 빨간 버튼을 누르느라고 텔레비전 시청을 방해받는 걸 좋아할 사람은 거의 없다.

그렇다면 쌍방향 텔레비전이라는 흥미진진한 미래상이 아직도 실현되지 않았는가? 첫째, 쇼핑과 게임, 도박 등에서 점점 많은 수익을 창출하려는 꿈에 현혹된 여러 방송사가 서로 다른 기반 환경을 개발해놓은 터라 광고주 처지가 난처해졌다. 동시에 텔레비전 시청자가 볼 때 기능이 떨어지고 느려졌다. 실행하려면 사용자가 전화선을 연결해야 해서 전화가 불통되고 연결 요금이 추가로 나왔다. 어쨌든 가장 높은 장벽은 어디에서나 사용할 수 있게 된 인터넷이었다. 인터넷은 기능성이 엄청나게 뛰어난데다가 푹 빠지게 되고 소비자에게 친화적 환경을 제공했다.

결과적으로 몇몇 경우(쌍방향 게임과 도박으로 엄청난 수익을 올리는 영국의 스카이 텔레비전 등)를 제외하면 쌍방향 텔레비전 시장은 부진을 면치 못하고 침체됐다. 많은 방송사가 쌍방향 텔레비전을 광고 수단으로만 가지고 있다. 그렇지만 성과도 있었다. 쌍방향 텔레비전의 경험은 어쭙잖은 명칭인 인터넷 프로토콜 텔레비전(IP텔레비전)의 도래와 함께 부흥기를 맞을 준비를 갖췄다. 이는 본질적으로 보면 초고속 통신(광대역 연결)을 이용한 텔레비전이다.

제한된 광대역 속도의 장벽이 무너지면 소비자는 오늘날 인터넷 검색처럼 텔레비전 서핑을 할 수 있게 될 것이다. 공학자들이 흔히 '수렴'이라고 하는 텔레비전과 인터넷이 결합된 형태는 사용자가 원하는 것을 원하는 때에 볼 수 있게 해주는 것은 물론 추가 콘텐츠를 무한정으로 포함하고 있다. 핵심은 많은 채널이 아니라 소비자가 원하는 대로 볼 수 있다는 점이 될 것이다. 이렇게 되면 쌍방향 텔레비전이 다시 관심을 받게 될 것이다.

또 텔레비전 스크린을 인터넷에 연결하는 장치도 나오고 있다. 마이크로소프트의 엑스박스도 여기에 속하는데, 이 제품은 온라인 게임에 프로그램 녹화와 다운로드 능력을 솜씨 좋게 결합한다. 이와 비슷하게 애플 텔레비전은 텔레비전을 통해 인터넷에 접속할 수 있으며 거실에 앉아 아이튠 같은 애플의 핵심 애플리케이션을 사용할 수 있다. 침실이라는 개인 공간에 숨겨져 있던 휴대용 음악 장치와 PC가 밖으로 나오면서 게임과 음악이 다시 커다란 스크린으로 돌아오는 것이다.

위(Wii)의 닌텐도는 출시 이래 사람들이 다시 거실에 모이게 하는 장치와 애플리케이션도 잘 팔릴 수 있고 생활 습관을 변화시킨다는 점을 증명했다. 사용하기 쉬운 핸들 조정기가 달린 위가 출시되기 전에 많은 사람들은 게임은 사춘기 남자아이들이나 하는 것이며 이들이 게임을 통해 폭력과 공포, 미숙한 환상의 재미를 즐긴다고 생각했다. 이와 반대로 위는 훨씬 더 가족 중심적이고 그저 즐거운 게임을 통해 가족이 기계 장치와 공동 경험을 중심으로 몰려들게 만들어낸다.

엑스박스와 플레이스테이션을 내놓은 훨씬 더 안정된 두 경쟁사에 비해 위가 놀라울 정도의 성공을 거둔 사례는 사람들이 과거의 텔레비전과 소파가 결합된 장소로 가족을 모이게 하는 기술을 더 좋아한다는 점을 보여준다. 또 가족이 기업과 기타 단체와 상호교류하는 방식에 흥미로운 의미가 있다.

휴가 같은 아이템 구매에는 PC로 몰려드는 가족까지 고려해야 하지만 이는 소파에서 텔레비전 리모컨은 물론이고 원격조작 마우스를 정기적으로 사용할 수 있다면 더 쉬워질 것이다. 크리스마스나 휴가 때 가족이 텔레비전 원격 회의로 전 세계 친척과 친구를 만날 수도 있다(기술적으로 이미 가능). 그리고 소파에 모여 앉아 온 가족 구성원이 경험했던 형편없는 서비스에 항의하는 글을 온라인에 올리는 것이 발휘할 막대한 힘을 상상해보자.

많은 집단이 소셜 미디어가 실제로는 전혀 사회적이지 않다고 비난했다. 페이스북에서 '친구(평생 직접 만나지 못할 수도 있다)'의 개념은 기술이 사회 조직에 미치는 분열된 영향의 한 사례다. 그러나 텔레비전 스크린 덕분에 또다시 기술이 가족과 집단을 한데 모으는 역할을 할 수 있다. 이 점을 이해하고 촉진하는 기업, 단체, 정치인은 엄청난 이득을 얻게 될 것이다.

우리 생각에 미래의 군중이 수용할 것 같은 마지막 기술 경향은 의사소통의 기본 방식인 문자 메시지에서 동영상과 사진, 음성이 동일하게 중요해지는 세상으로 이동하는 것이다. 자신의 동영상을 유튜브에서 방송하고, 스카이프 같은 웹 서비스로 화상회의를 하며, 플리커 같은 사이트에서 사진을 공유하는 것은 모두 잘 정착된 행동이지만 초고속 인터넷 사용자에게 제한된 활동이다. 초고속망이 확장되고 동영상 압축 기술이 발전되면 의사소통과 표현, 공동체의 훨씬 더 지각적인 형태를 즐길 수 있을 것이다. 사진과 동영상이 감정에 미치는 영향력을 감안해보면 이는 미래 소비자 운동의 가장 도전적인 면이 될 것이다.

크라우드 서퍼가 꼭 기술광이 될 필요는 없다. 그렇지만 기술이 이해관계자의 행동과 태도를 결정짓는 과정을 모르는 크라우드 서퍼는 성공할 수 없다. 그저 주변에 영리한 과학 기술자가 포진돼 있지 않는 한 말이다. 이런 기술자들을 확보하지 못했다면 더 많은 시간을 자녀들과 보내야 한다. 교육계 권위자 마크 프렌스키(Mark Prensky)는 루퍼트 머독의 말을 차용해 다음 사실을 상기시킨다.

"어린이는 디지털 세상의 원주민이며 우리 성인은 이주자다."

크라우드 서핑은 규칙이라기보다 사고방식

파도를 막을 수는 없지만 서핑을 배울 수는 있다.

—존 *카바트 진(Jon Kabat-Zinn)*

이 책은 한 바에서 술을 마시며 무엇 때문에 아무도 사려 깊은 정신(그 상황에서는 아이러니하지만)으로 소비자주권 강화의 결과를 분석하지 않는지 이야기하다 쓰기로 결정했다. 제도와 군중 사이의 권력 균형이 이동했으며, 다들 사업계의 '명령과 지배' 모형이 더는 의미 없다는 현실을 인정하는 것 같았다. 그렇다면 주권 강화 경향은 기업과 단체에 진정으로 어떤 의미가 있단 말인가? 이 경향이 열정적으로 소셜 미디어를 전도하는 사람들의 관점대로 실제로 우리가 알고 있는 사업과 정치의 종말을 가져올 것인가?

　역사학자 테일러(A. J. P. Taylor)는 저술 동기를 묻자 자신이 생각하는 바를 알려고 글을 쓴다고 대답했다. 실제 우리 둘은 이 책을 저술하는 동안 사업계와 정치계에서 벌어지는 실상을 잘 이해하게 됐다. 또 운 좋게 세계에서 가장 큰 기업들과 미국과 유럽에서 정치 유세에 참여한 사람들에게 가깝게 접근할 수 있었다.

세바스찬 코와 런던2012조직위원회의 동료들이 그저 단순한 로고 하나 때문에 군중의 맹렬한 분노에 부딪힌 일은 적어도 사업가와 정치 지도자 관점으로는, 세상이 통제 불능이라는 완벽한 사례라고 생각하게 만들었다. 일반 대중과 운동 조직이 자신감과 권력을 얻는 다른 많은 사례가 상당히 많이 발견됐다. 오늘날에는 개인 항의자라도 카메라 폰과 인터넷을 사용하며 세계에서 가장 강력한 기업까지도 공개 사과하게 만들거나 여론이 안 좋은 정책을 바꾸게 만들 수 있을 정도다.

법적 조처라는 위협으로 소비자주권 강화의 물결을 저지하려 했던 기업들은 거의 모두 실패를 맛봤다. 차라리 이런 기업이 맥도날드가 활동가들과 법정 공방을 벌이던 기업에서 비평을 가장 현명하게 다루는 기업으로 발전한 과정을 살펴봤으면 확실히 큰 이익을 얻었을 것이다. 또 이런 기업은 온라인 기자 제프 자비스의 사려 깊은 말을 명심하면서 '자사를 싫어하는 고객을 사랑' 하는 법을 배워야 한다.

이 책에서는 자비스의 말을 가장 많이 인용했다. 그가 핵심을 찌르는 인터뷰를 하는 것은 물론이고 소비자 관점에서 기업을 보는 능력이 뛰어난 인물이기 때문이다. 그가 겪은 델 헬 일화는 많이 다뤄졌지만 여전히 우리는 이 사례연구가 가치 있다고 생각한다. 특히 마이클 델이 개방과 협력이라는 새로운 문화를 제도로 정착시키는 과정에서 델이 봉착한 어려움을 완전히 솔직하게 털어놨기 때문이다.

우리는 소셜 미디어를 다룰 때 마이크로소프트와 애플의 완전히 상반된 철학에 아주 흥미가 있었다. 마이크로소프트가 직원 5,000명 이상의 블로그를 수용하고 만화가 휴 맥클리오드(블루 몬스터 창안자)같이 특이한 사람과 협력한 것은 그 정도 규모의 회사로서는 놀라운 일이다. 이에 대비해 애플은 수수께끼 같은 존재다. 이 회사 직원들은 반항적이고 자유분방한 반면 경영자는 천재적인 통제광이다.

이 책에서는 다른 회사에 비해 애플을 다루는 데 시간을 더 소비했음을 인정해야겠다. 애플은 소비자주권 강화에서 가장 일반적인 형태(블로그, 고객과 공동제작 등)를 받아들이지 않았는데도 성공 가도를 달리고 있다. 〈와이어드〉의 제목 '죄다 잘못된 길만 가는 애플이 왜 항상 좋은 결과를 얻는가'는 유별나게 다른 규칙으로 운영하는 이 회사에 완벽하게 들어맞는 표현이다. 애플의 다른 규칙은 특정한 환경과 독특한 운영자의 산물이다. 이는 다른 기업에는 먹혀들지 않을 것이라는 말이다. 애플처럼 소비자주권 강화를 무시하면서도 상업적으로 번성하는 기업이 더 많이 나타난다면 우리는 이 책에 나온 관점을 수정하고 책을 다시 써야 할 것이다.

기업의 가장 중요한 관중은 내부 직원이라는 말이 자명하더라도 소비자주권 강화를 주제로 작성된 자료는 대부분 이 내부의 요소를 간과해왔다. 화이자의 사례연구가 특히 흥미로운 이유는 제약업계에 종사하는 인적 자본의 순수한 가치 때문이다. 화이자 같은 기업은 수많은 자금을 과학자와 연구 전문가 교육에 투자한다. 그 결과는 상당히 인상적이며 소셜 미디어 기술이 사내 의사소통을 효과적으로 되살리는 과정을 보여준다. 드디어 직원 제안함을 비품 창고에 되돌려도 될 때가 온 것이다.

이 책을 쓰면서 민주당의 2008년 대통령 후보 선정에서 힐러리 클린턴과 버락 오바마 사이의 대결에 큰 관심을 갖게 됐다. 오바마가 새로운 미디어와 국민이 변화 운동의 주역이라고 설득하는 기술로 미국의 신세대 유권자와 연계된 능력은 크라우드 서핑을 실행에 옮긴 완벽한 사례처럼 보였다. 이 덕분에 버락 오바마가 백악관에 입성하게 될지 모르지만(미국 중산층을 점령한 군중을 결집하자면 어려움이 엄청날 것이다), 유럽의 캐머런과 사르코지처럼 오바마도 雙方向, 즉 상호적인 정치 시대에 완벽하게 들어맞는 것 같다. 사실상 雙方向 정치는 정치 토론이 왕성하게 일어나던 이전 시대로 돌아가는 셈이다.

소비자주권 강화 수용이라는 측면에서 일반적으로 정당이 기업보다 앞서 있다. 정당은 냉담한 유권자를 결집해야 하는 어려움 덕에 군중에게 직접 다가서는 행동에 나서게 됐다. 정치인들이 어쩔 수 없이 가두연설을 하게 된 것이다. 일부 정치인은 이 과정에서 어려움을 겪었다. 가두연설에서 고든 브라운은 적대적 군중 앞에서 최선을 다하지 못했다. 이런 자리에서는 공격에 둔감하고 차분하게 대처해야 하는 법이다. 또 많은 사업가가 새로운 풍조에 대응하느라 고전을 면치 못했다. 역사학자 니얼 퍼거슨의 말을 빌리면, 이들은 자신들이 '오류에 빠지기 쉬운 존재이며 세상은 무질서하다' 라는 점을 받아들여야 한다. 이런 사업가 가운데 많은 사람이 경영은 통제하고 예측성과 확실성을 찾는 것이라고 생각한다. 대조적으로 크라우드 서퍼는 이런 곤경에 자극받고 고무된다.

우리는 크라우드 서핑은 규칙이라기보다 사고방식 또는 정신 상태라고 믿는다. 따라서 이 책을 '크라우드 서퍼가 되는 10대 규칙' 과 경영 컨설턴트가 애용하는 업무 처리도와 작업 공정도로 마무리하는 비즈니스 입문서처럼 만들지 않으려고 노력했다. 우리는 사업가와 정치인의 경험에서 배우는 것이 훨씬 더 유익하다고 생각한다. 크라우드 서핑을 하는 일률적 방법은 없다. 크라우드 서핑을 하려면 실용주의와 융통성이 필요하고 실수에서 기꺼이 배우려는 의지가 있어야 한다. 최고 능력을 갖춘 마케팅팀일지라도 때로 실패하기 마련이다.

바이러스성 마케팅, 사용자 제작 콘텐츠, 소비자조언위원회, 제품 공동제작, 이 밖에 소비자와 직원이 참여하는 형태의 활용을 다룬 훌륭한 사례연구가 아주 많다. 이 책에 이런 내용들이 잘 소개됐기를 바란다. 또 우리는 독자가 토론에 참여해 자신의 생각을 말해주기를 바란다. 크라우드 서핑의 진정한 정신에 입각해서 우리도 www.crowdsurfing.net에 블로그를 개설했다.

인터넷 군중을 이끄는 마케팅

크라우드 서핑

초판 1쇄 인쇄　2009년 9월 10일
초판 1쇄 발행　2009년 9월 17일

지은이　　마틴 토마스 · 데이빗 브레인
옮긴이　　신승미
펴낸이　　이대희
펴낸곳　　지훈출판사

기획편집　　허남희
디자인 제작　심정희
마케팅　　신진식, 윤태영
교정, 교열　이상희
경영지원　　안지영, 김정미
공급처(서경서적)　전화 02-737-0904　팩스 02-723-4925

출판등록　　2004년 8월 27일　제300-2004-167호
주소　　서울시 종로구 필운동 278-5 세일빌딩 지층
전화　　02-738-5535~6
팩스　　02-738-5539
E-mail　　jihoonbook@naver.com

편집저작권ⓒ2009 지훈출판사
ISBN　978-89-91974-27-2　13320